Gygi

A Manual

Paravents

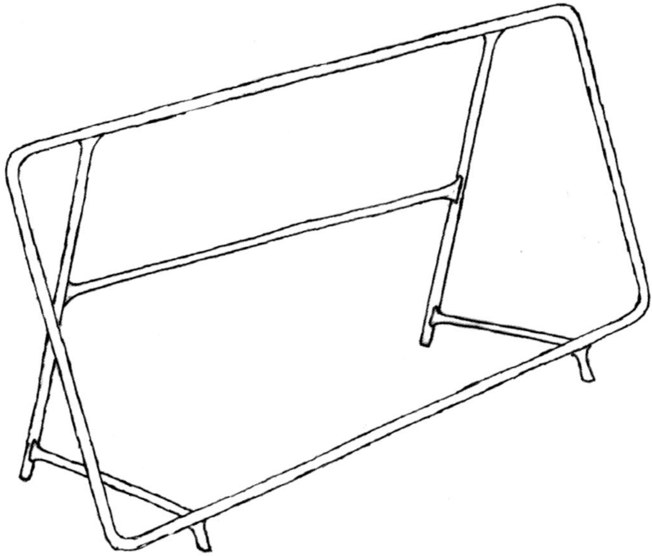

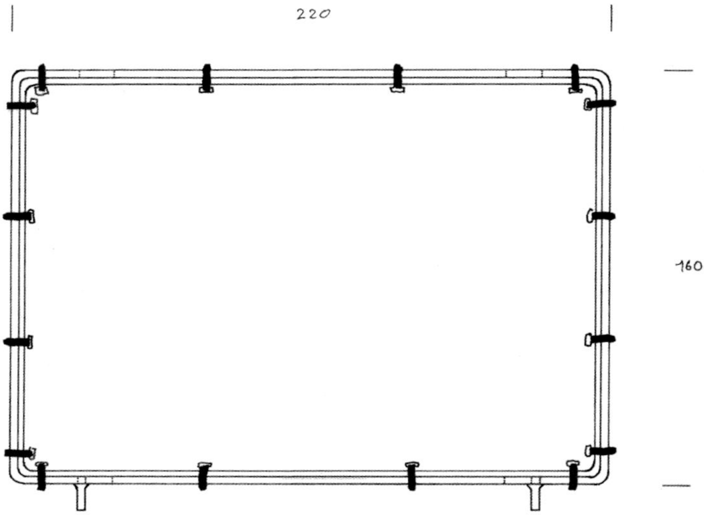

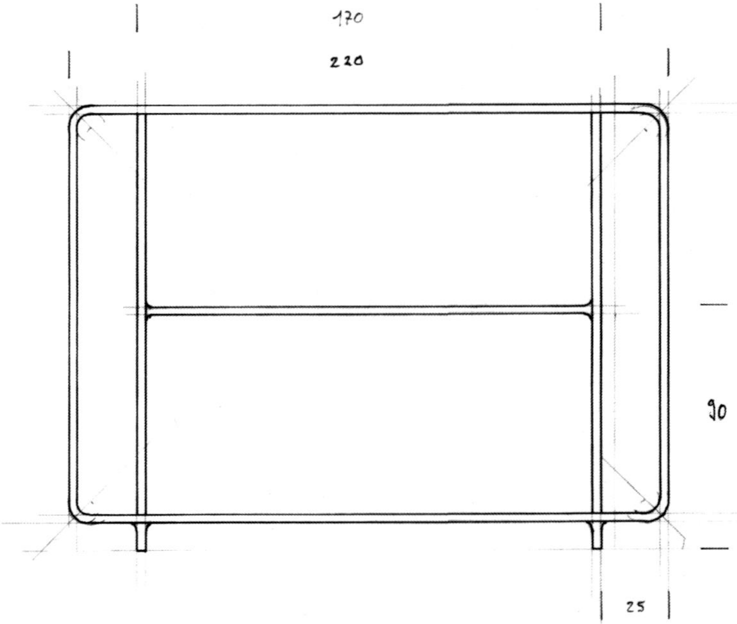
170
220
90
25

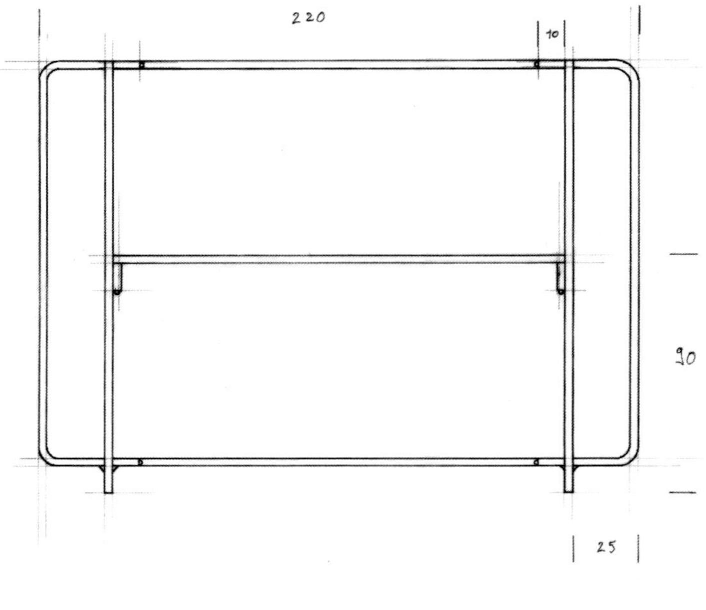
220
10
90
25

Podium

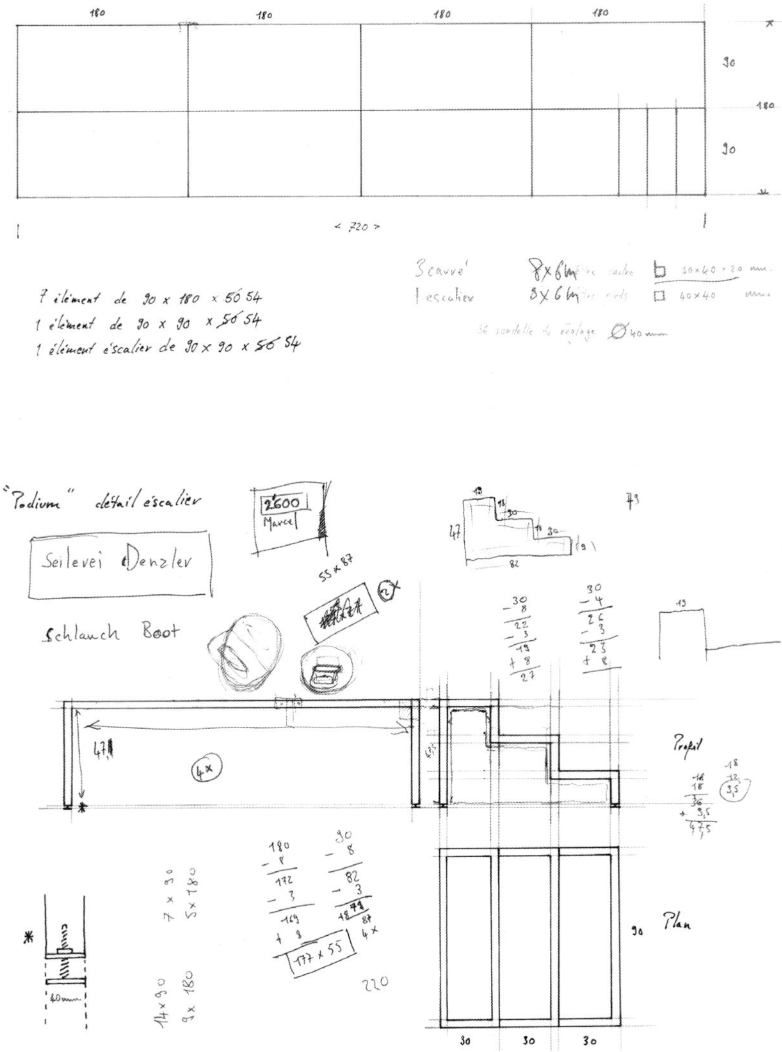
180
180
180
180
90
180
90
< 720 >
7 élément de 90 x 180 x 54
1 élément de 90 x 90 x 54
1 élément escalier de 90 x 90 x 54
3 carré
1 escalier
"Podium" détail escalier
2600
Marcel
Seilerei Denzler
55 x 87
Schlauch Boot
Profil
177 x 55
220
Plan
30
30
30

Abri

6x 6 mètres

tube ☐ min. 30 mm.

(ou plus si trop de flexion sur 4 mètres)

Regarde pour la tôle ce qui existerait pour couvrir 4350 x 2030 mm. mais ne pas commander.

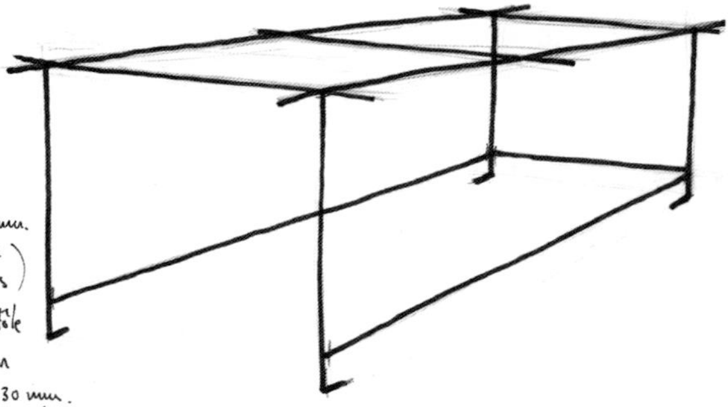

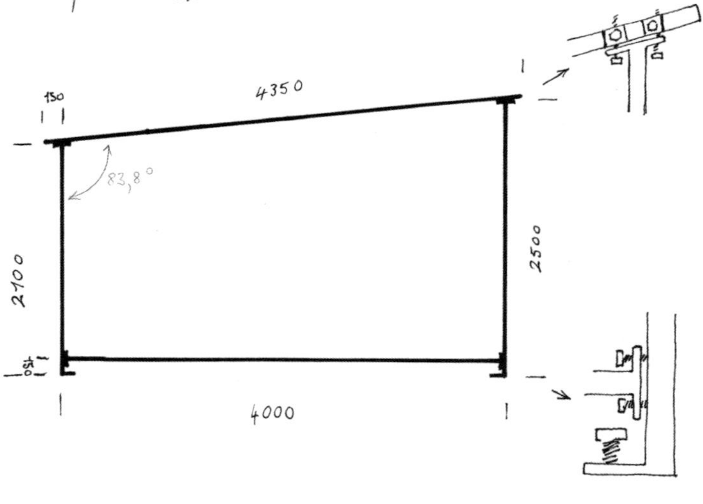

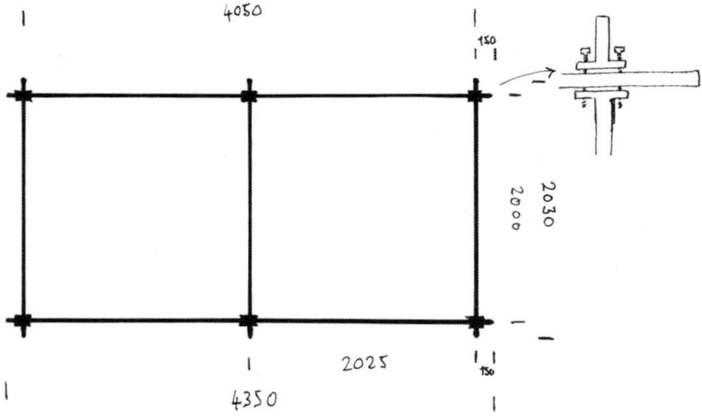

Tente polyvalente

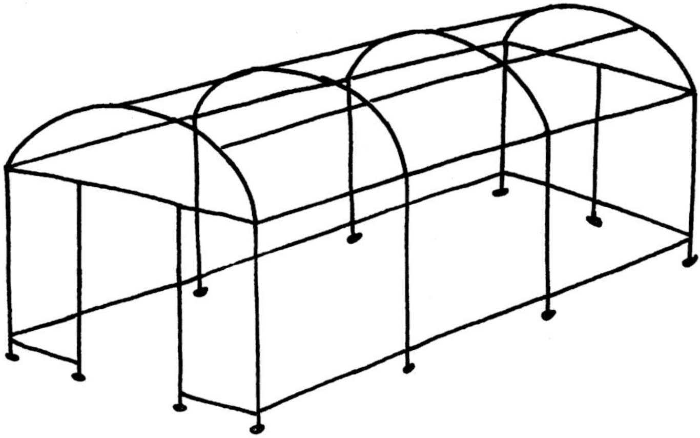

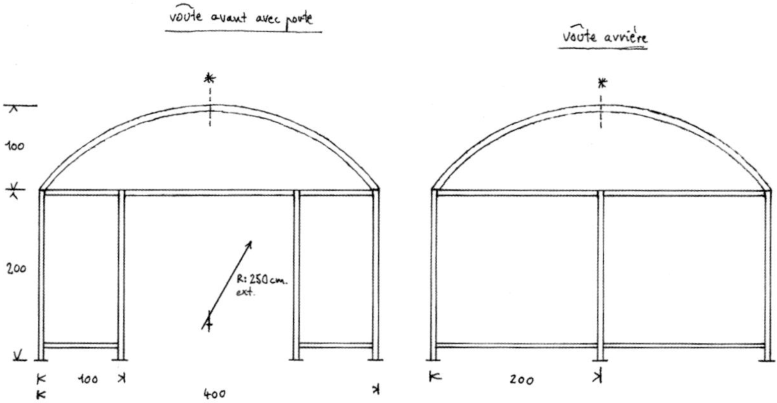

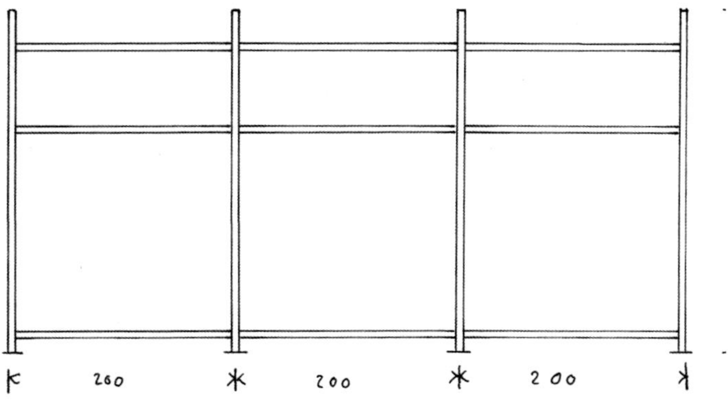

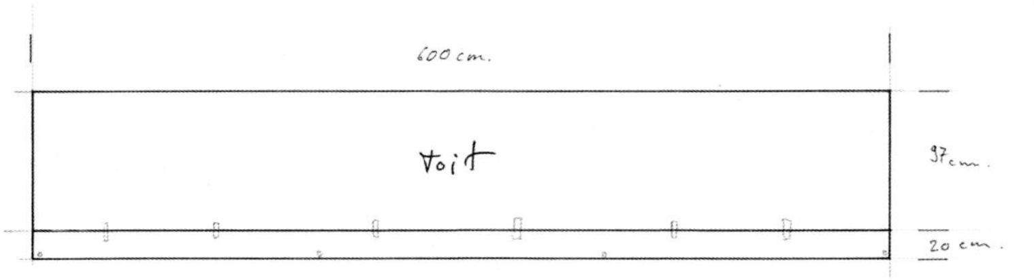
600 cm.
Voit
97 cm.
20 cm.

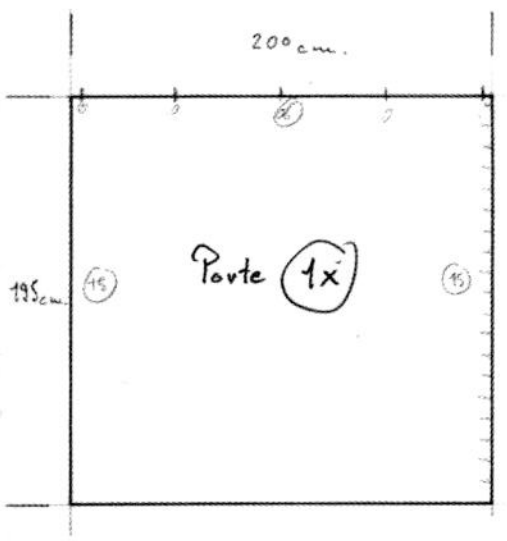
200 cm.
Porte 1x
195 cm.
15
15

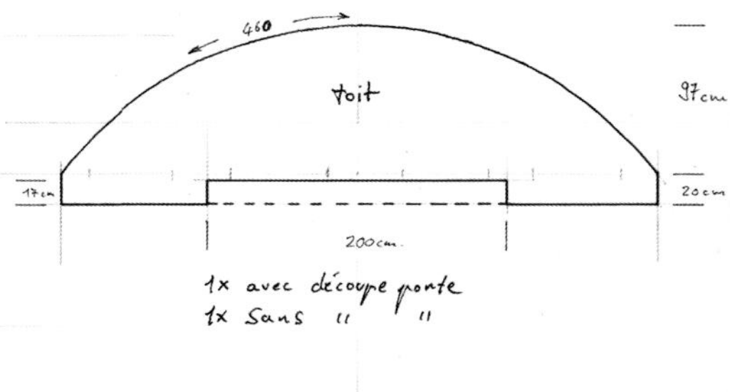
460
Voit
97 cm
17 cm
20 cm
200 cm.
1x avec découpe porte
1x Sans " "

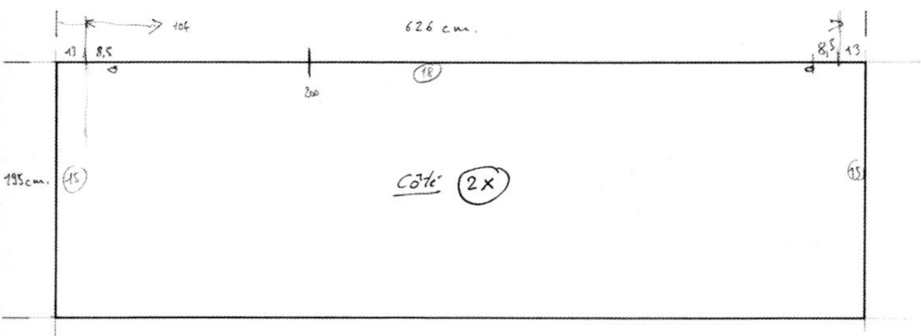
104
626 cm.
13
8,5
8,5
13
200
18
195 cm.
15
Côté 2x
15

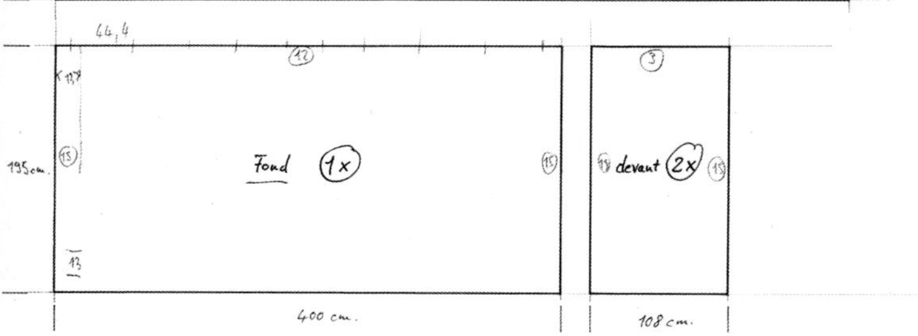
44,4
12
195 cm.
15
Fond 1x
15
13
400 cm.
3
15
devant 2x
15
108 cm.

Dérouleur de tapis rouge

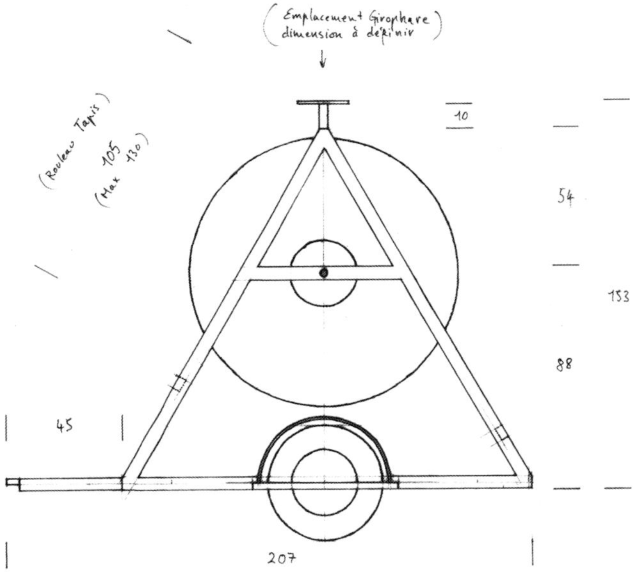

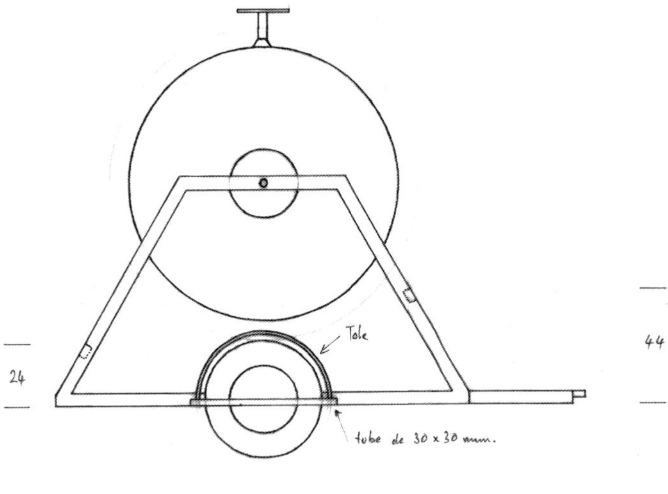

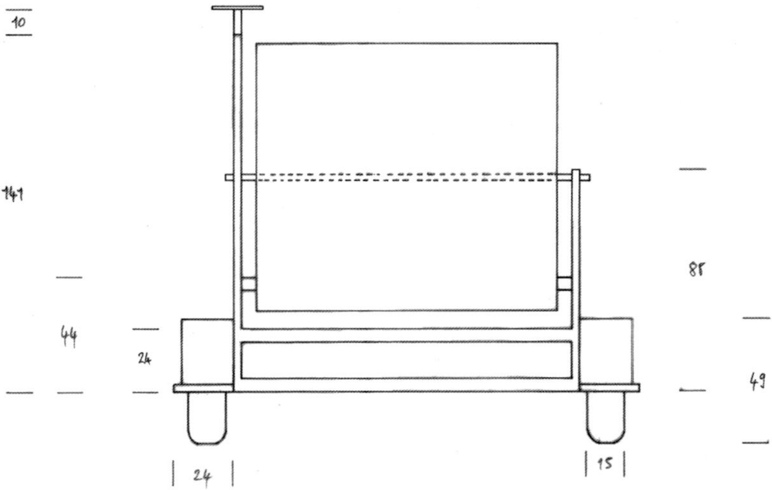
10
44
24
49
24
15

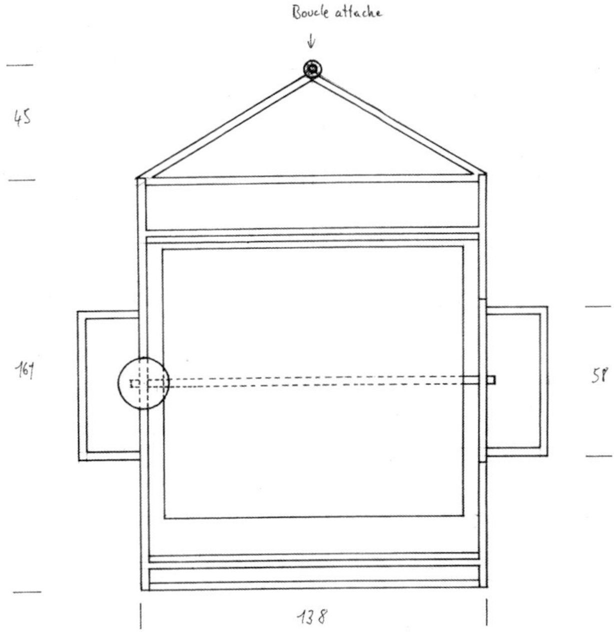
Boucle attache
45
138

Clean Point

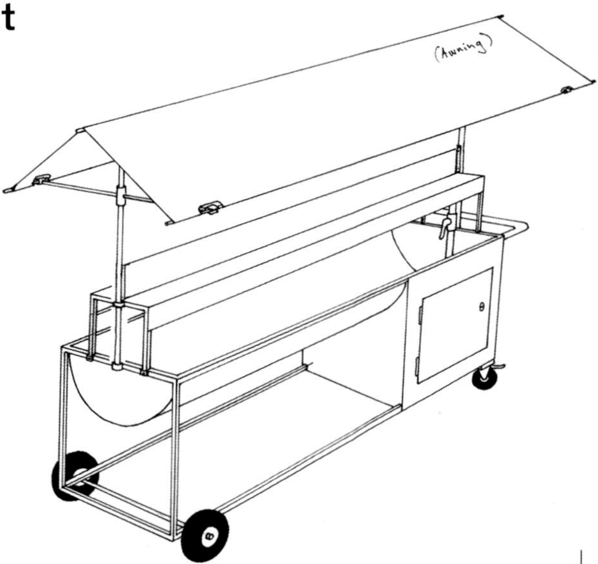
(Awning)

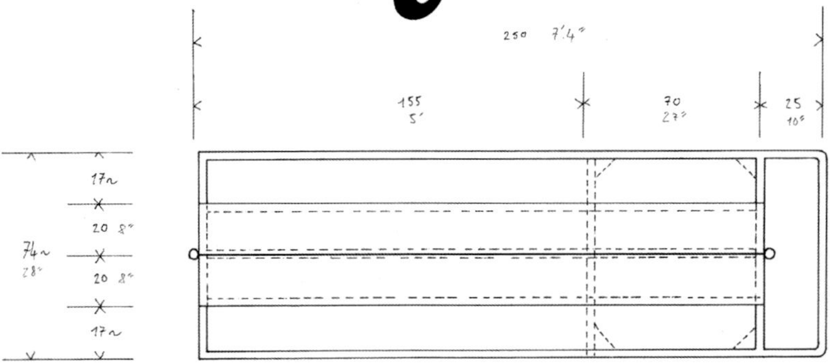
250 7'4"
155 5'
70 27"
25 10"
20 8"
20 8"

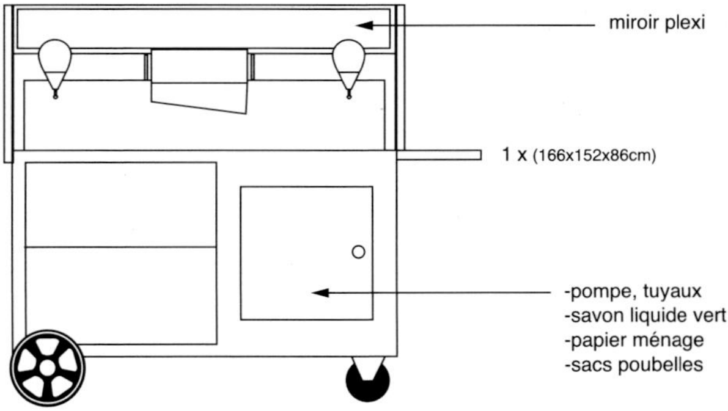
miroir plexi
1 x (166x152x86cm)
-pompe, tuyaux
-savon liquide vert
-papier ménage
-sacs poubelles

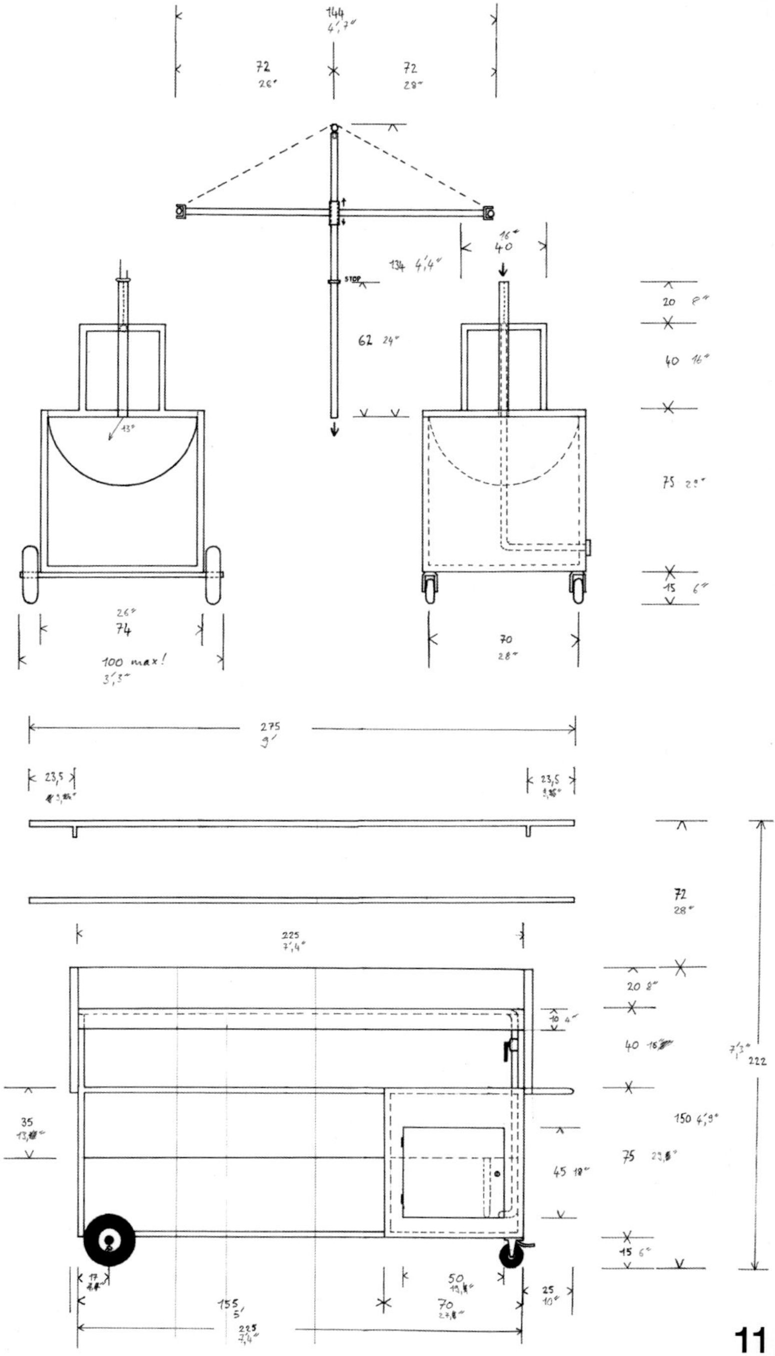

144
4'7"
72
28"
72
28"
134 4'4"
STOP
62 24"
16"
40
20 8"
40 16"
75 29"
15 6"
26"
74
100 max!
3'3"
70
28"
275
9'
23,5
23,5
72
28"
225
7'4"
20 8"
10 4"
40 16"
7'3"
222
35
150 4'9"
45 18"
75
15 6"
17
50
155
5'
70
25
10"
225
7'4"

Arabatt-Al-Woudour

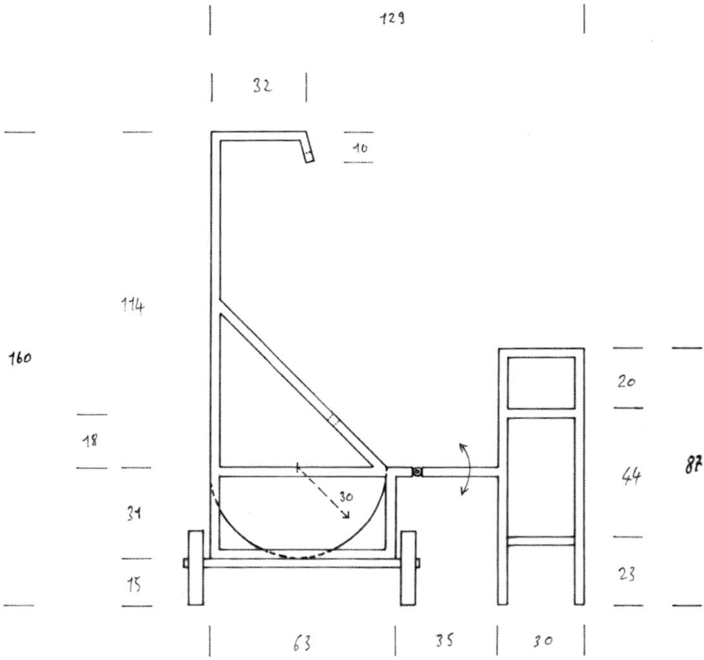

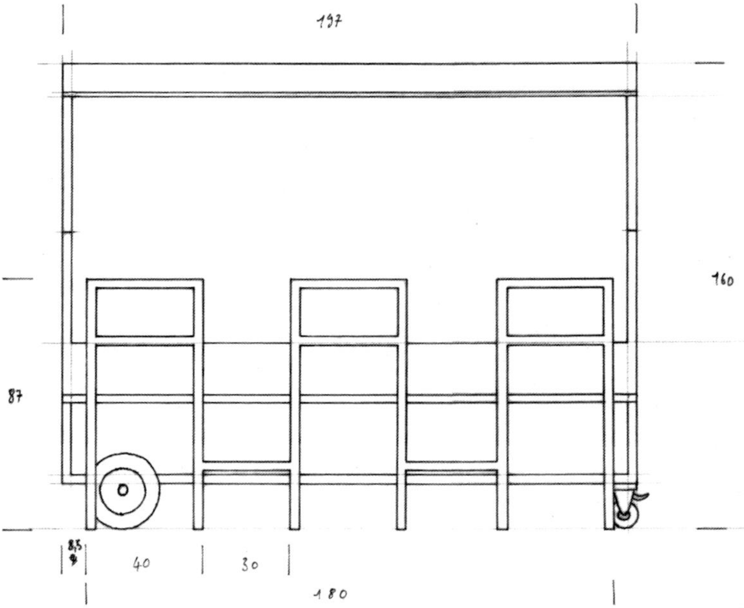
197
160
87
8,5
40
30
180

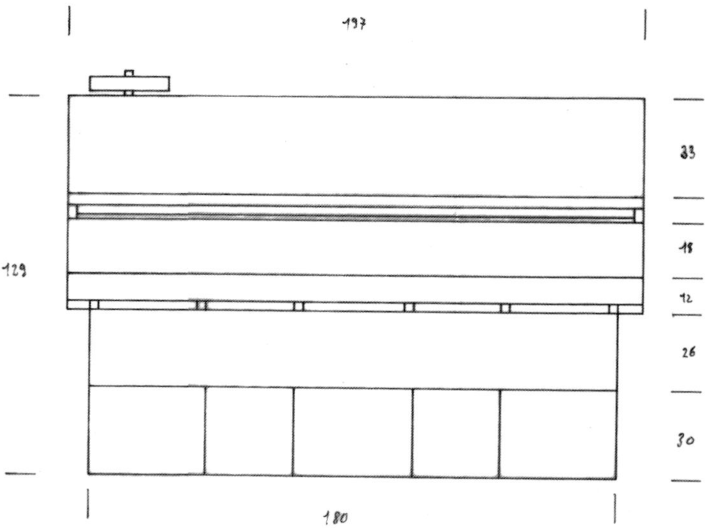
197
33
129
18
12
26
30
180

Gradins

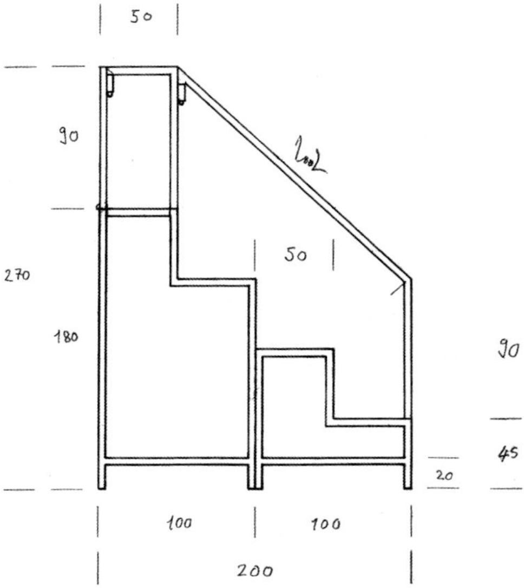
50
90
2002
270
50
180
90
45
20
100
100
200

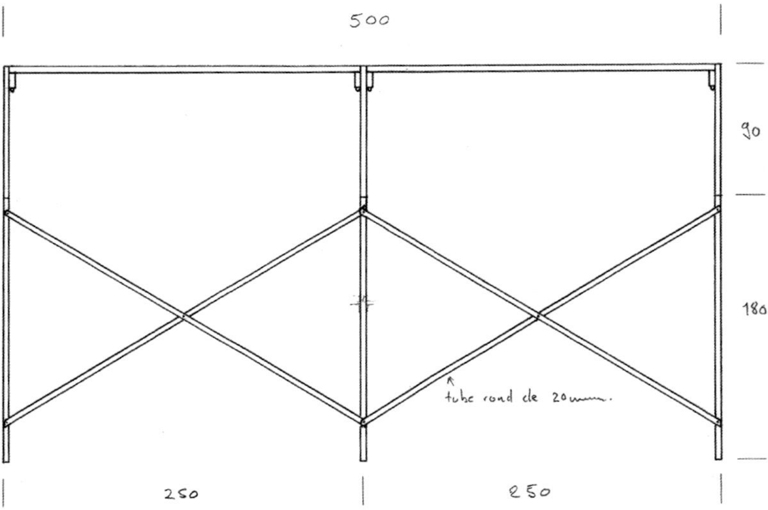
500
90
180
tube rond de 20mm.
250
250

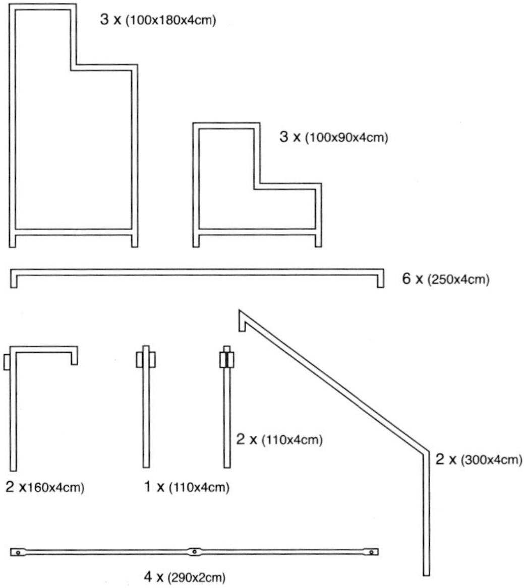

Bois

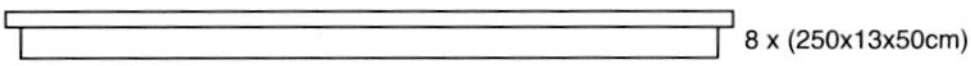

Visserie

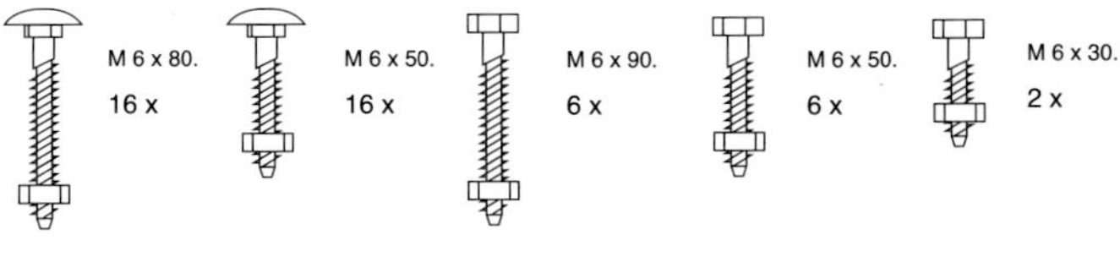

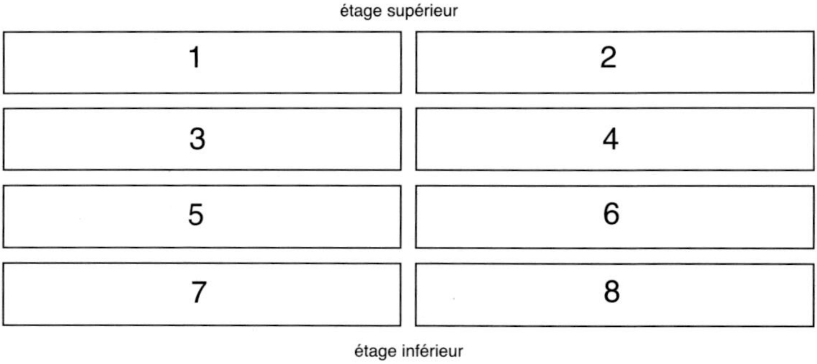

Snack mobile

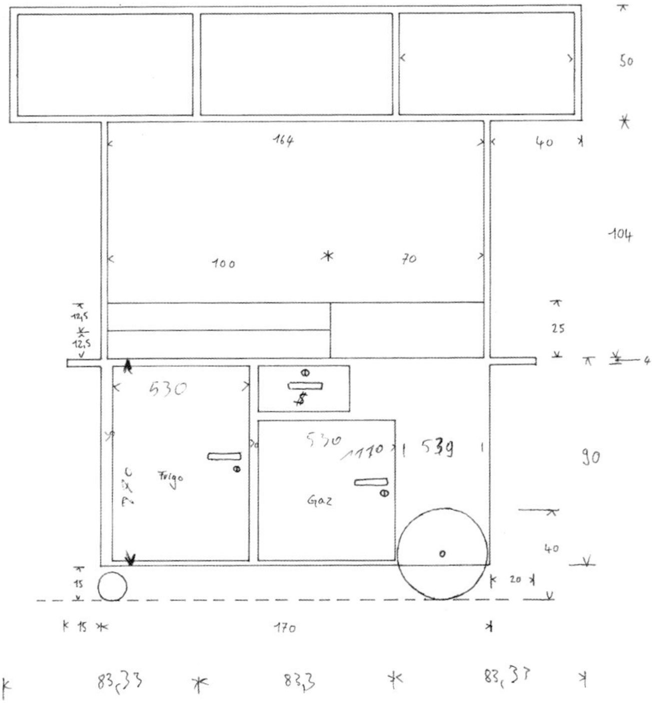

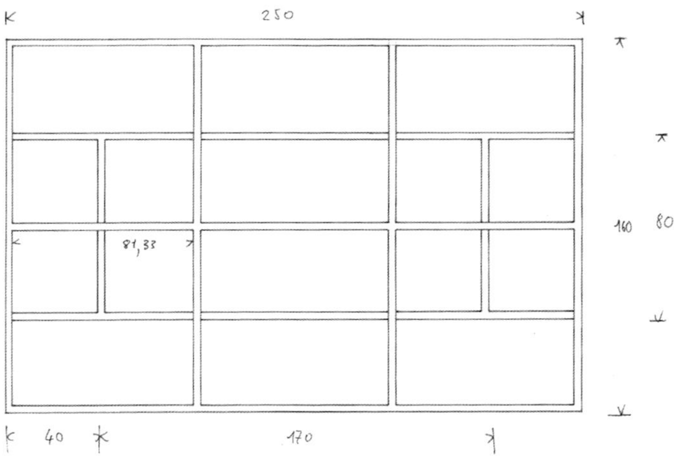

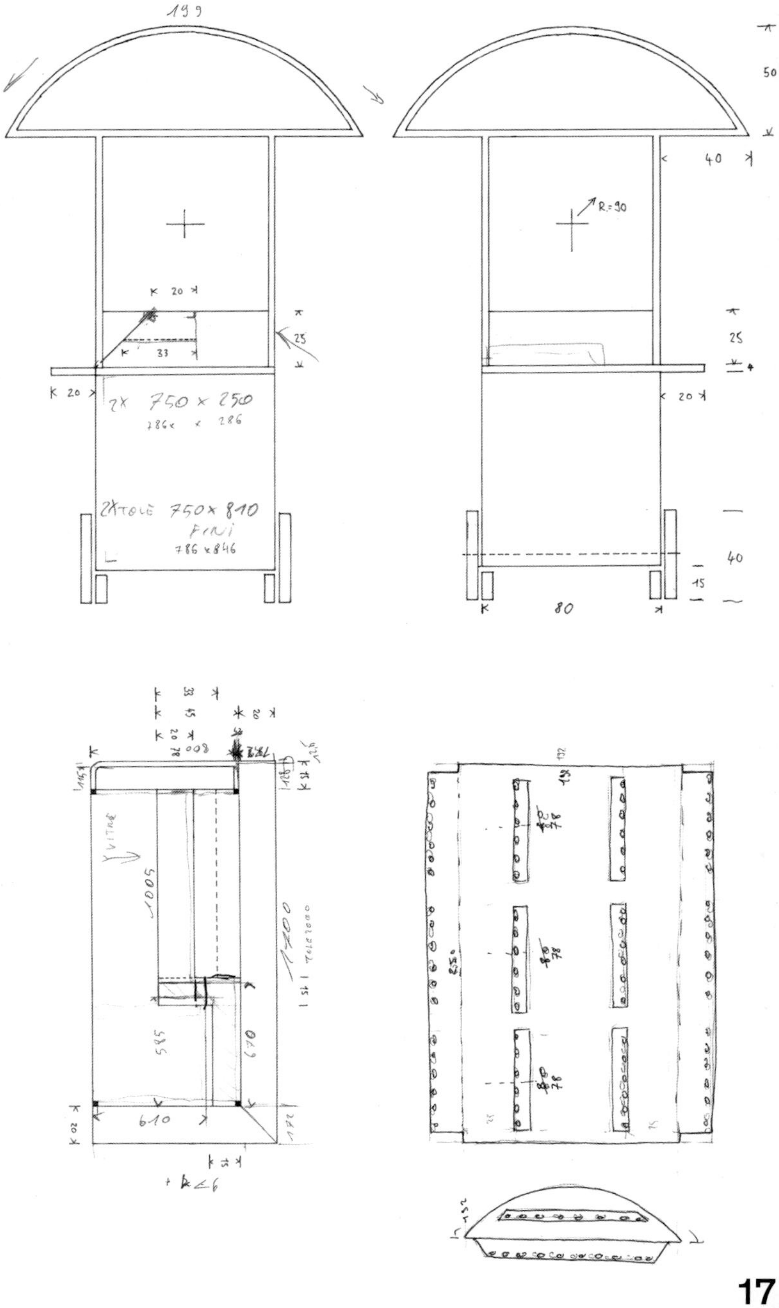
199
50
40
R=90
20
25
33
4
2x 750 x 250
786x x 286
750x 810
FINI
786 x 846
80
15
1005
1200
585
610

Puit de vœux

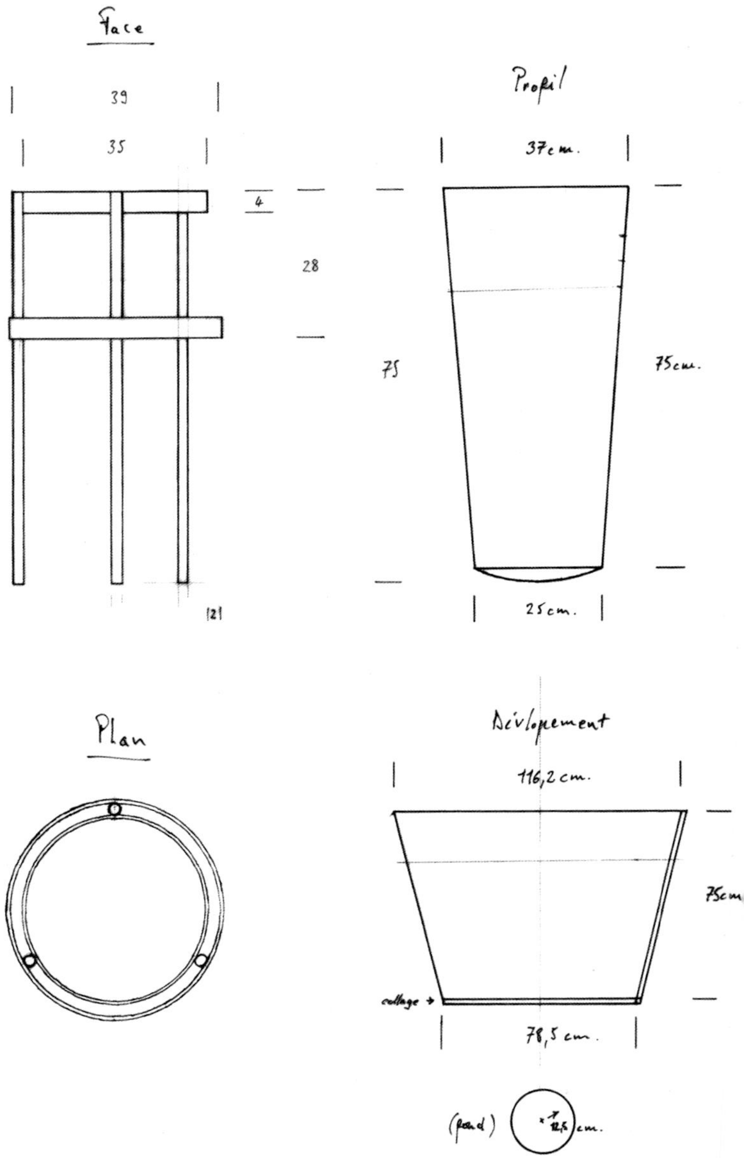
Face
39
35
4
28
75
Profil
37cm.
75cm.
25cm.
Plan
116,2 cm.
75cm
collage
78,5 cm.
(fond)

Table-poubelle

Bois

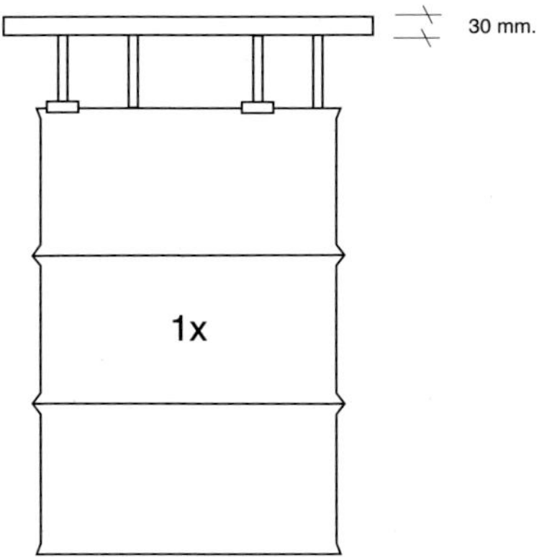

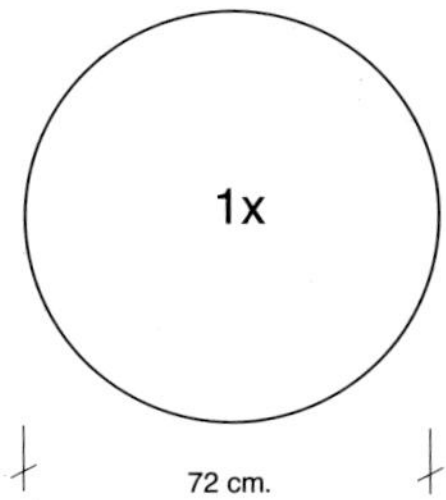

Tonneau = Diamêtre 59,5 cm. Hauteur 90 cm.

Métal

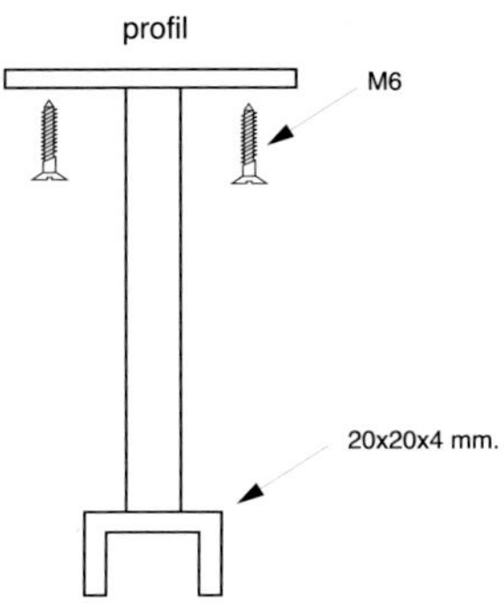

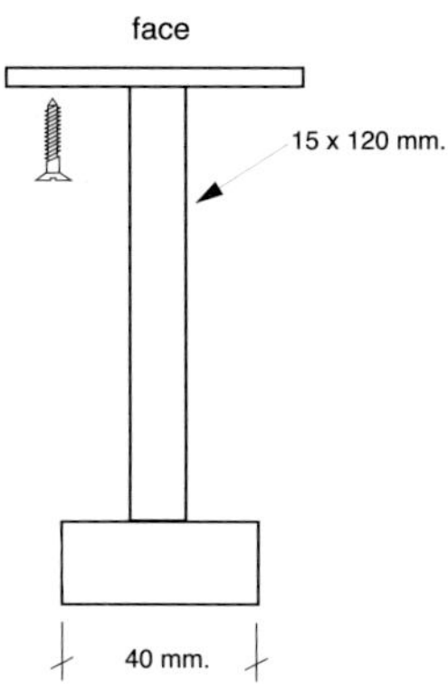

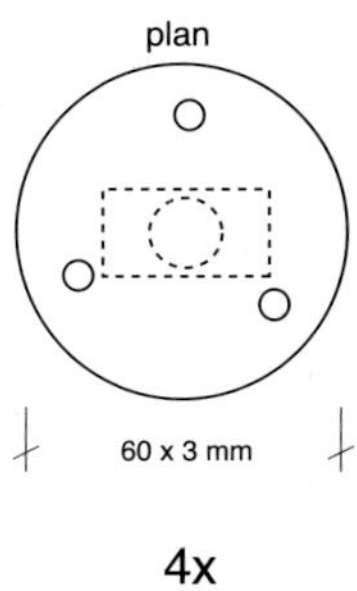

4x

Second Generation Airbag

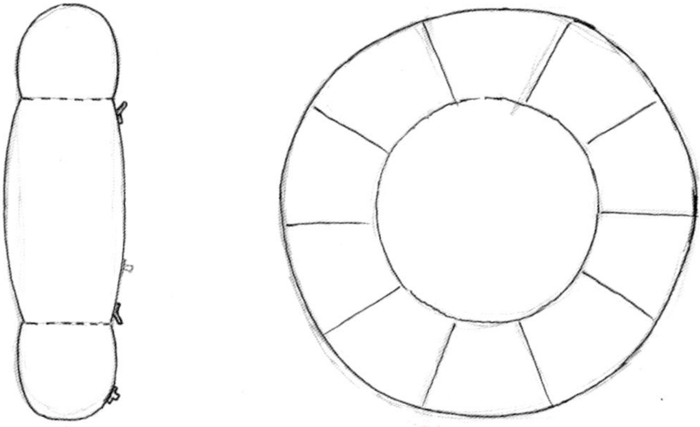

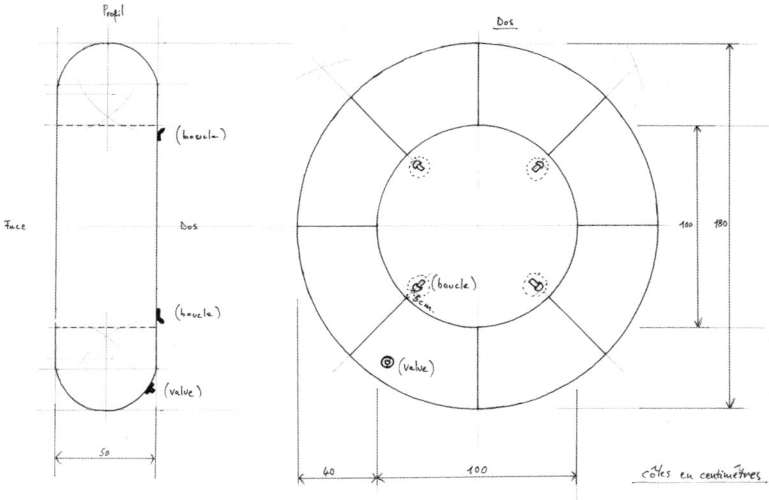

Sabot

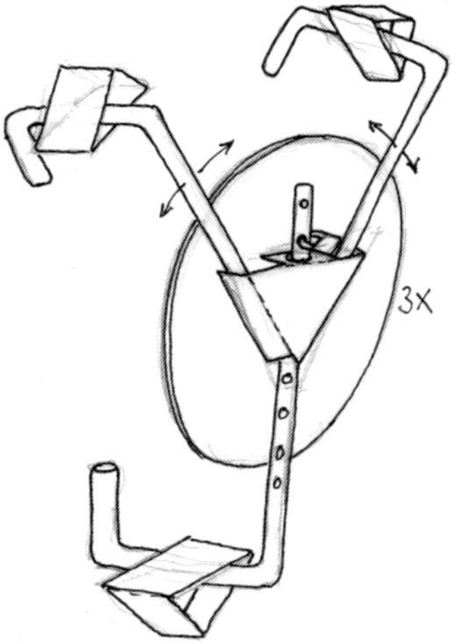
3X

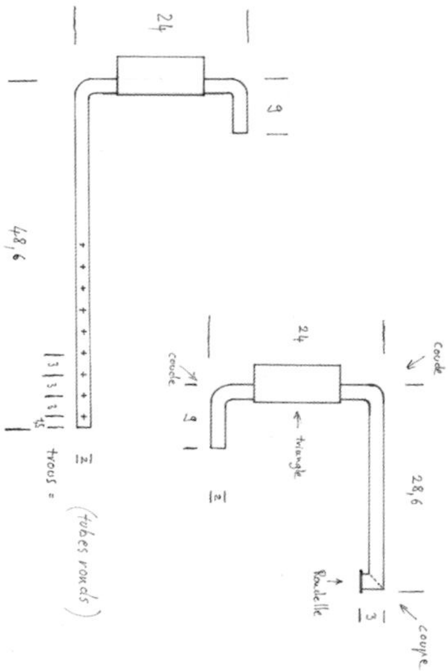
24
9
48,6
trous =
(tubes ronds)
coude
triangle
28,6
Rondelle
coupe

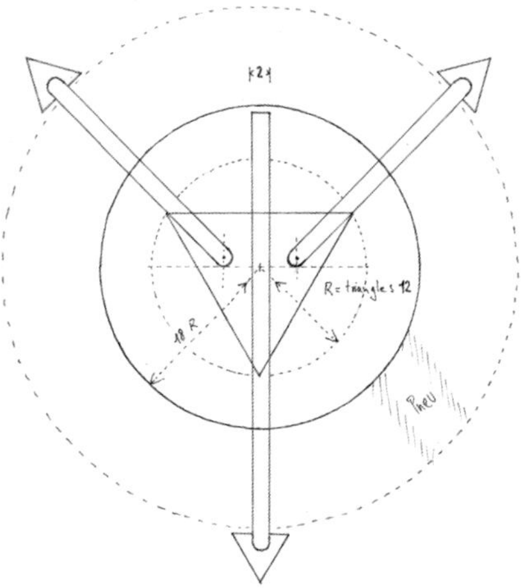
R = triangles 12
18 R
Pneu

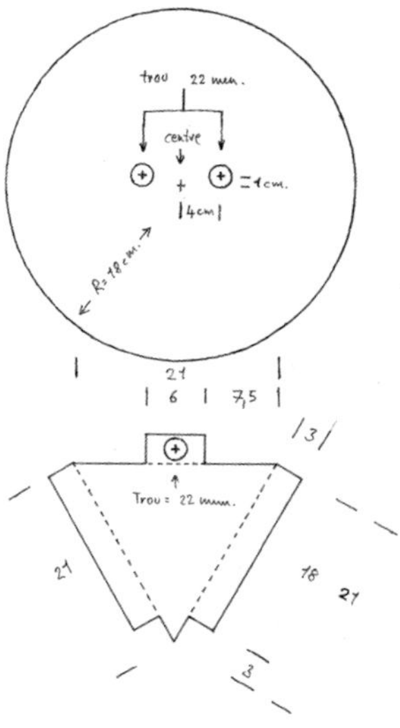
trou 22 mm.
centre
= 1 cm.
4 cm
R = 18 cm.
21
6
7,5
3
Trou = 22 mm.
21
18
21
3

Vidéothèque mobile

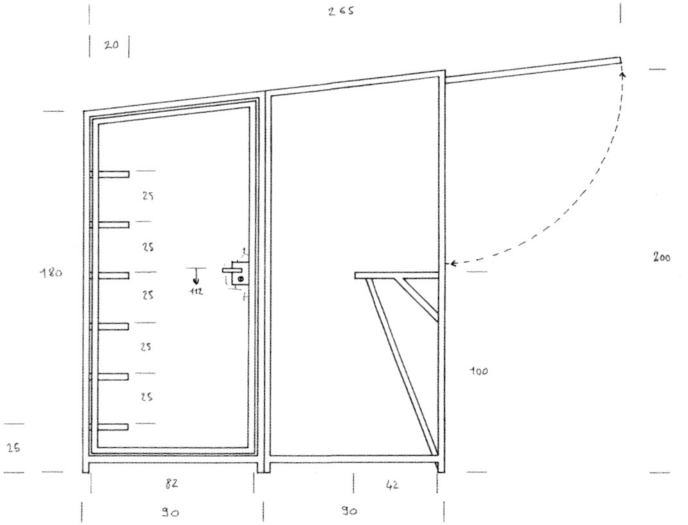

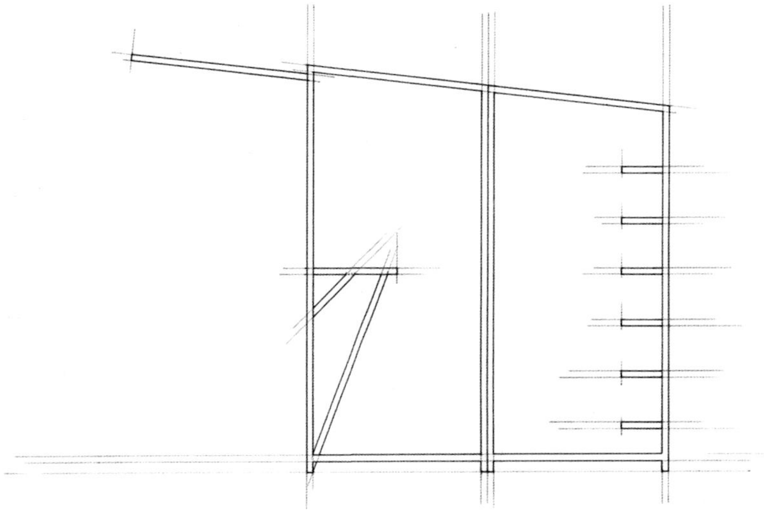

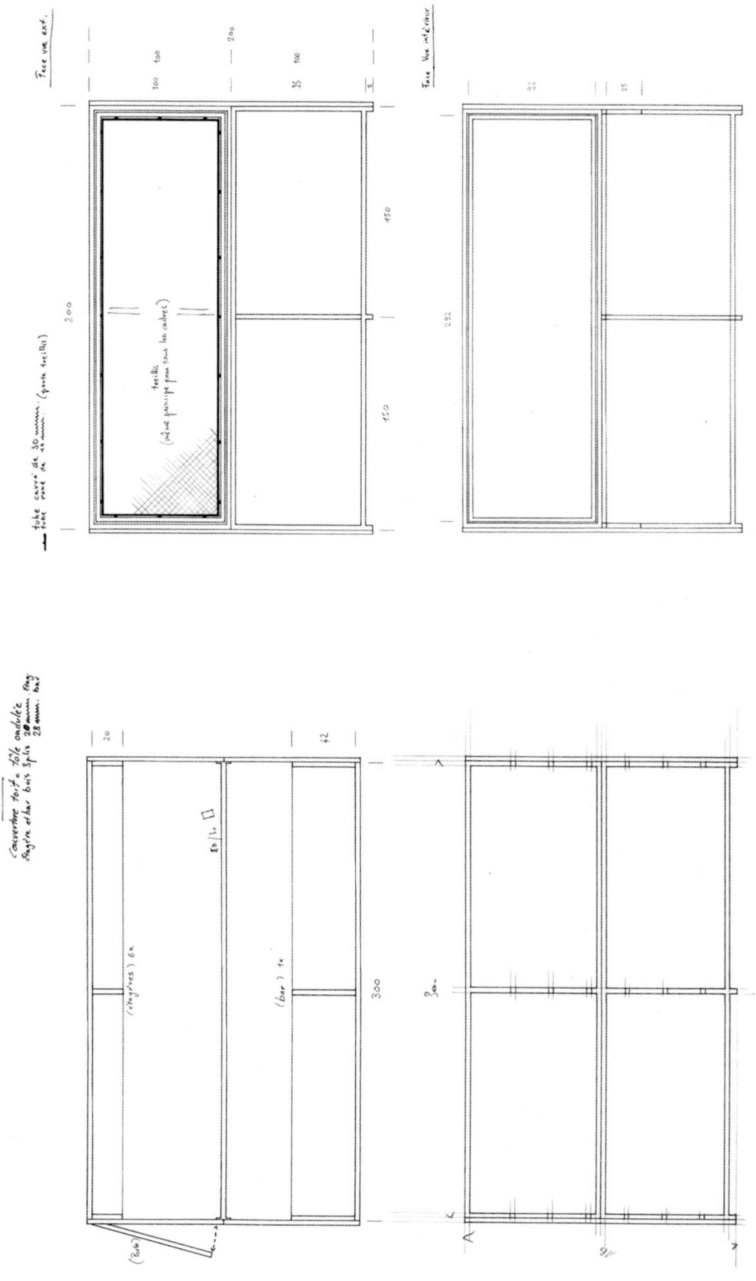

PLAN
Face vue ext.
Face Vue intérieur
treillis
300
150
150

Table de consultation vidéo

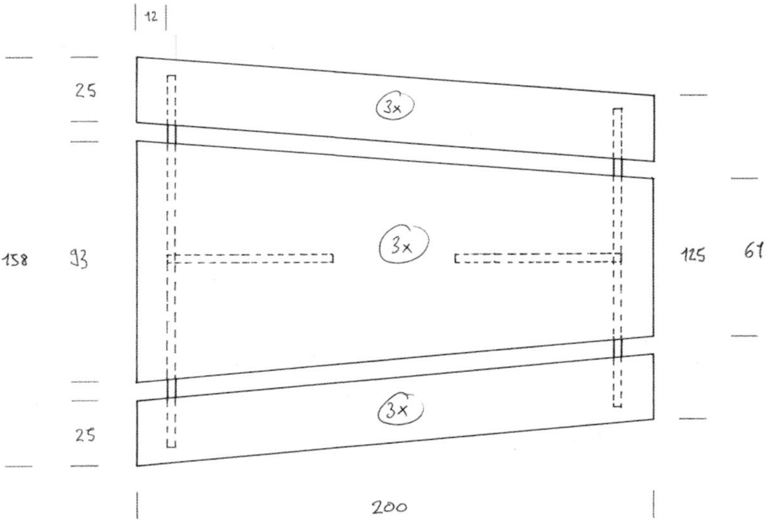

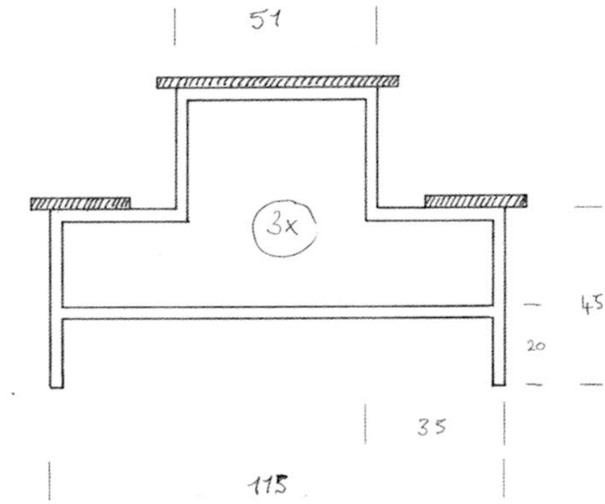

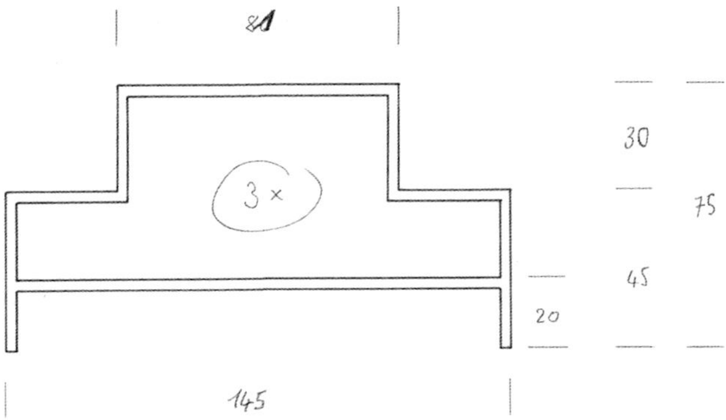

Rack vidéo

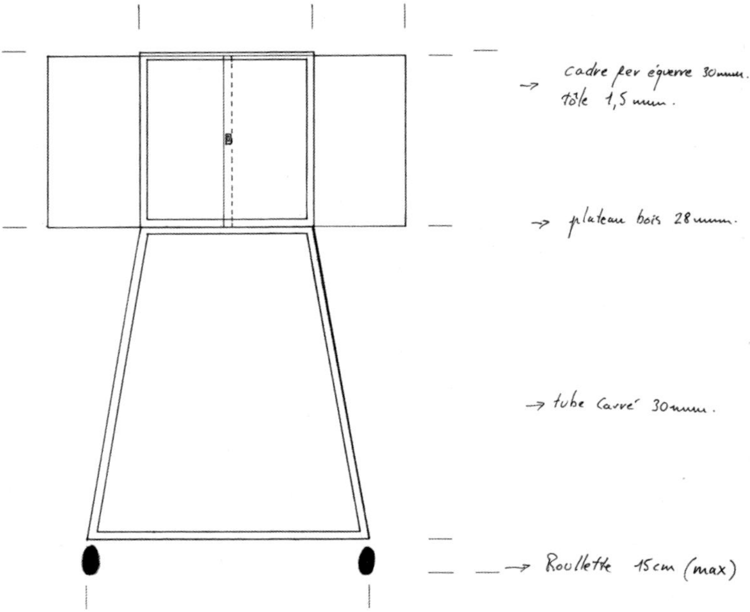
→ cadre fer équerre 30mm.
tôle 1,5 mm.
→ plateau bois 28mm.
→ tube carré 30mm.
→ Roullette 15cm (max)

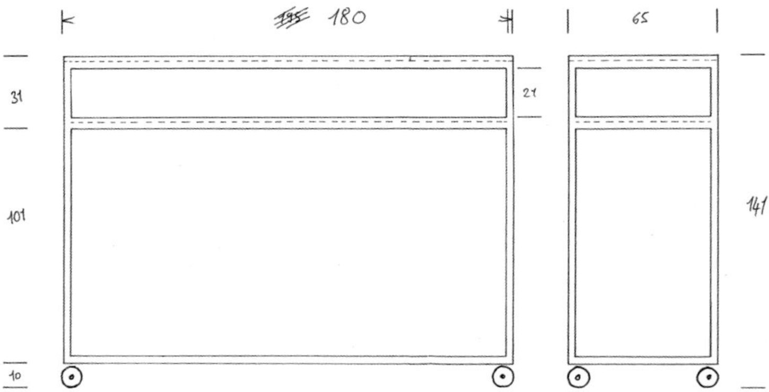
180
65
31
21
101
141
10

Tente bar

Bois et zinc

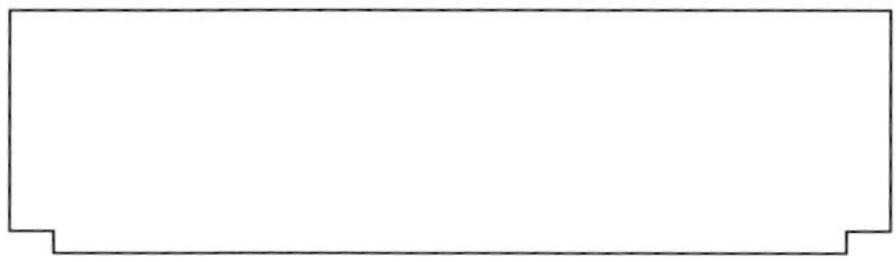

Métal brut

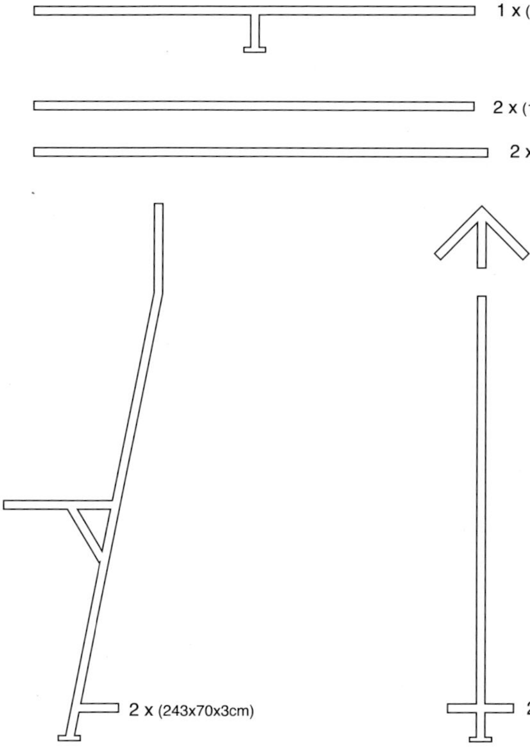

Bâches

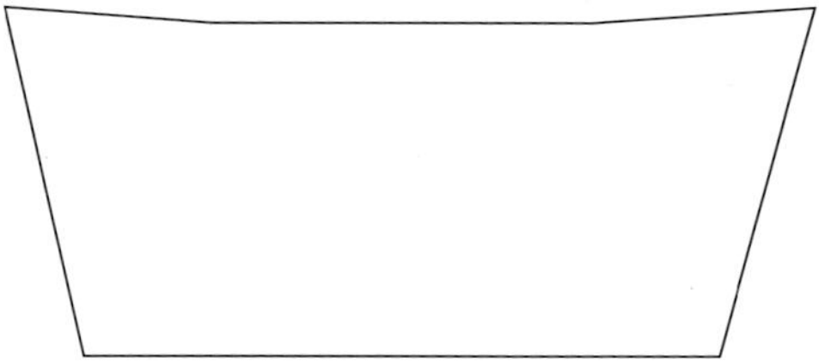

1 x (338x210cm)

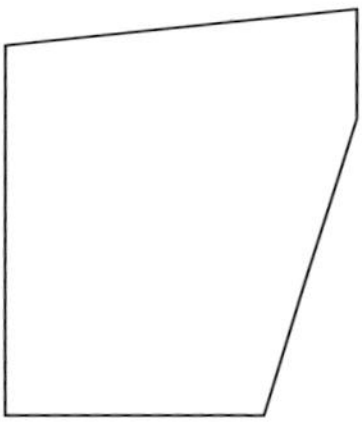

2 x (180x210cm)

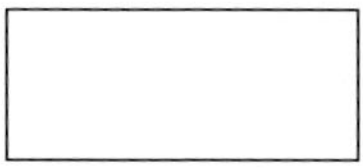

1 x (192x107cm)

1 x (260x200cm)

Sangle

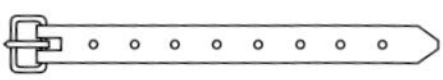

21x (35x2cm)

Néon

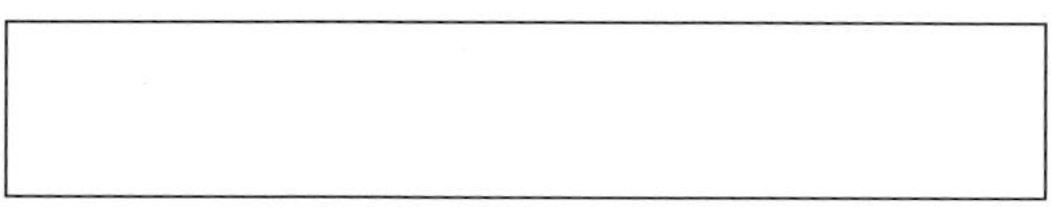

1 x (126x20x12cm)

Tribunal

Mobiliers bois

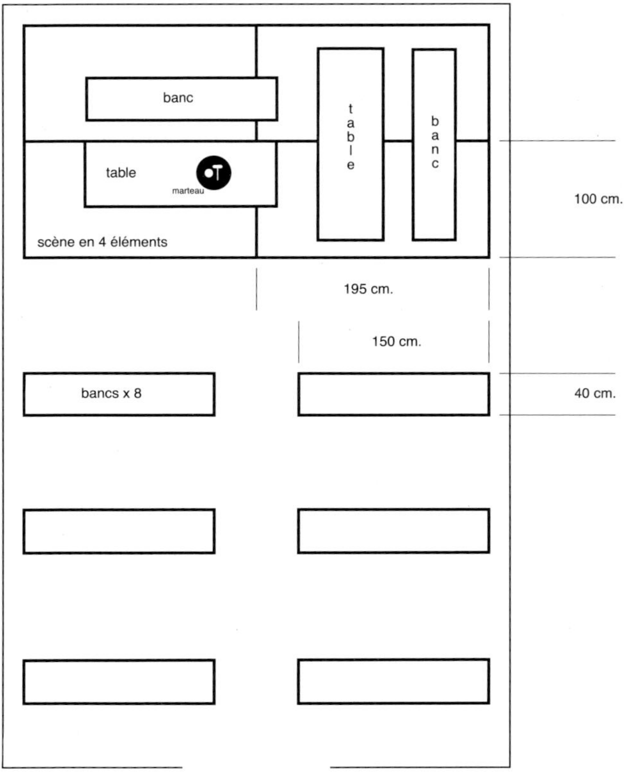

Néon

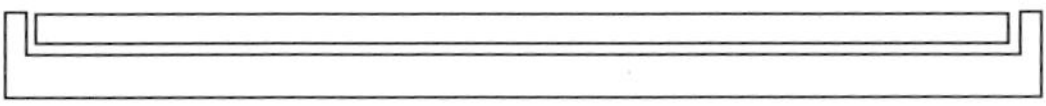

6 x (120cm)

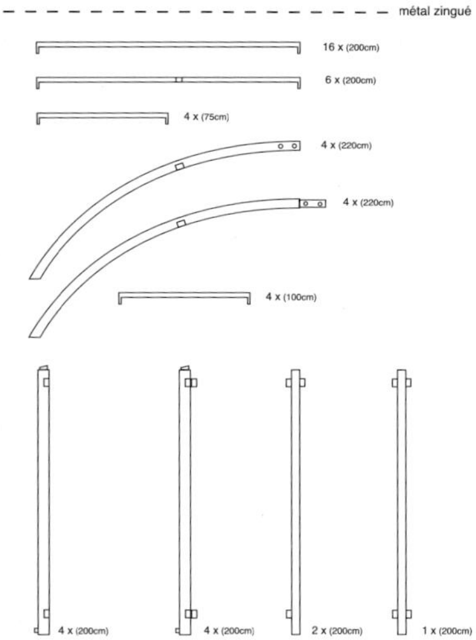

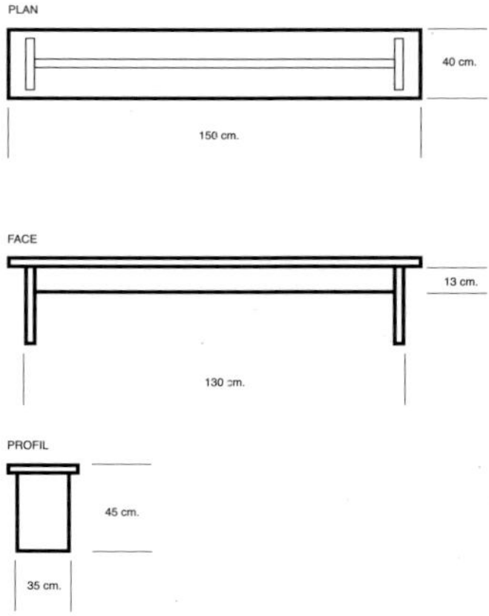

BANCS TRIBUNAL
Exemple de fabrication pour un banc sur 8

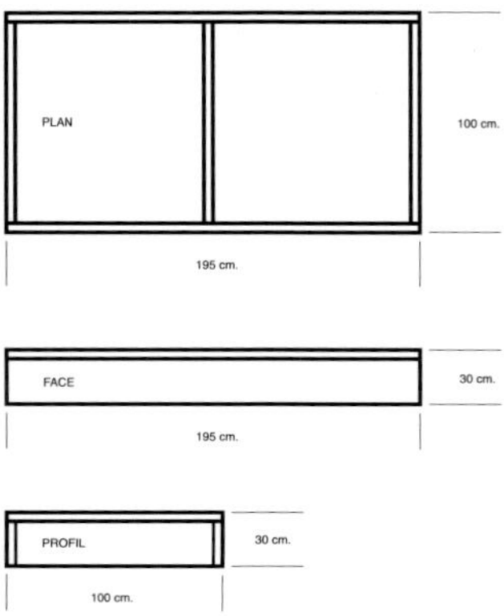

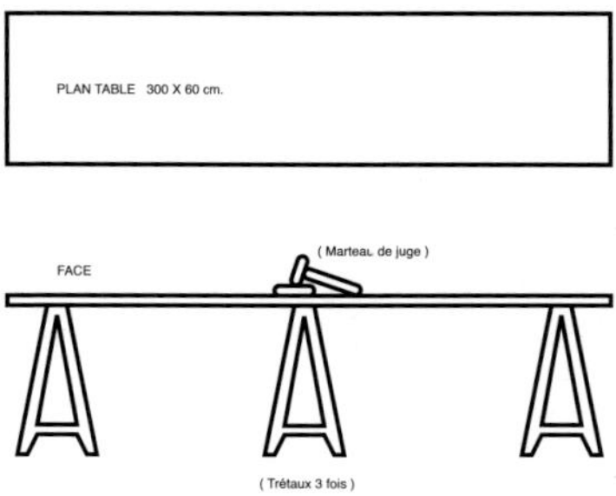

TABLE TRIBUNAL avec accesoirs

SCENE TRIBUNAL
Exemple de fabrication pour 1 élément sur 4

Palissades

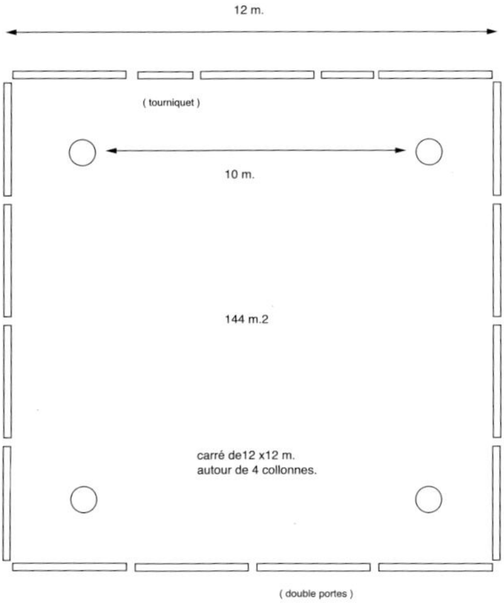

14 modules
1 demi module
1 module avec double portes
1 module tourniquet

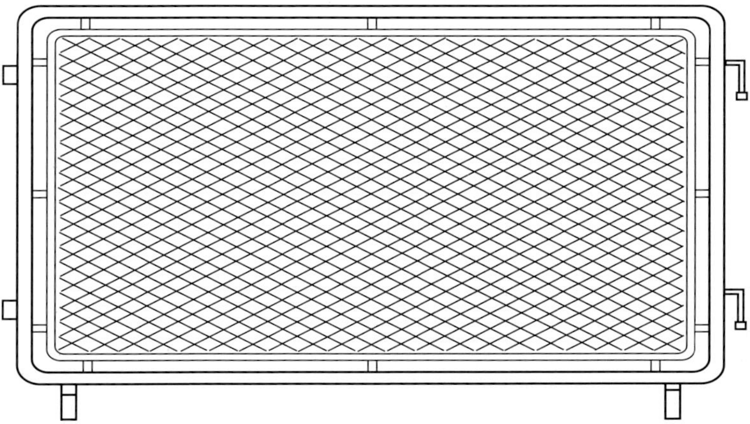

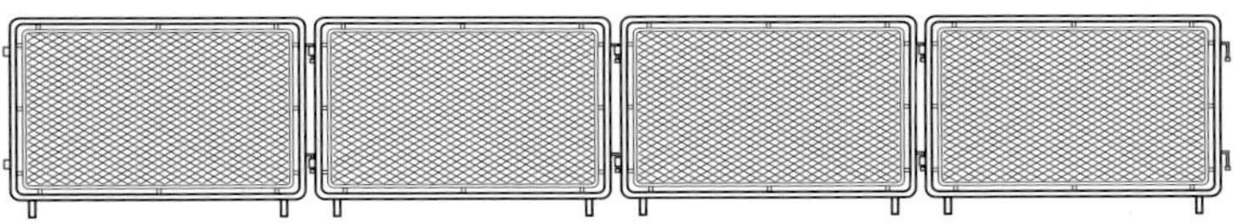

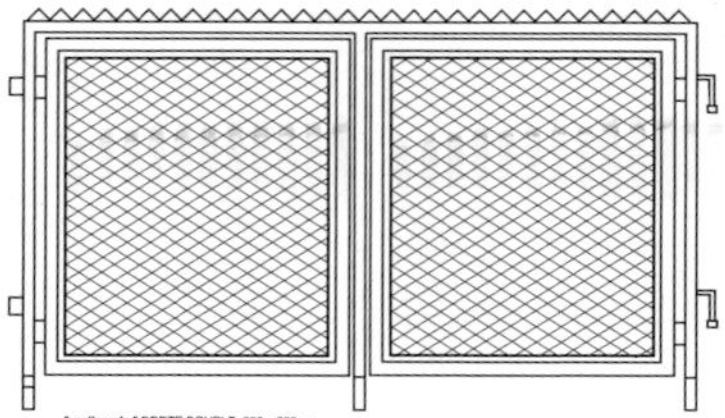

" palissade " PORTE DOUBLE, 300 x 250 cm.

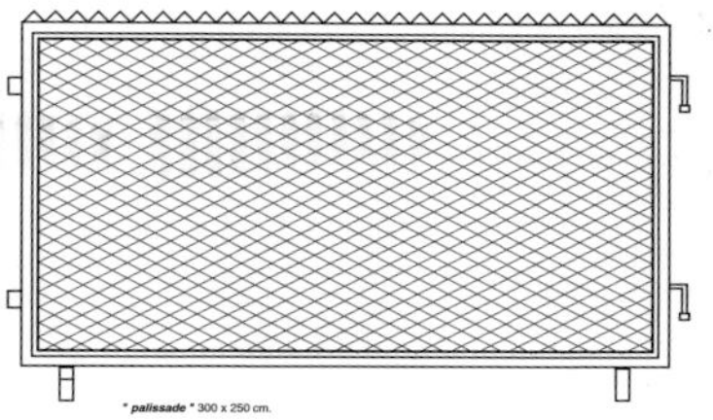

" palissade " 300 x 250 cm.

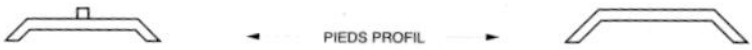

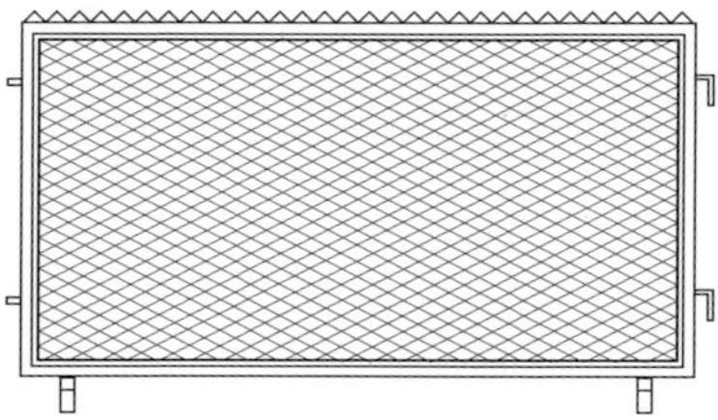

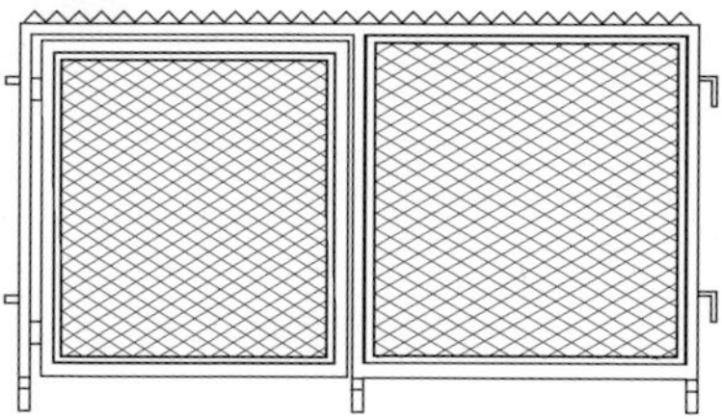

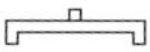 Profil pieds 80 cm.

14 modules de palissade simples en métal zingués + 2 modules avec portes. 16 x: 220 x 300 x 80 cm.

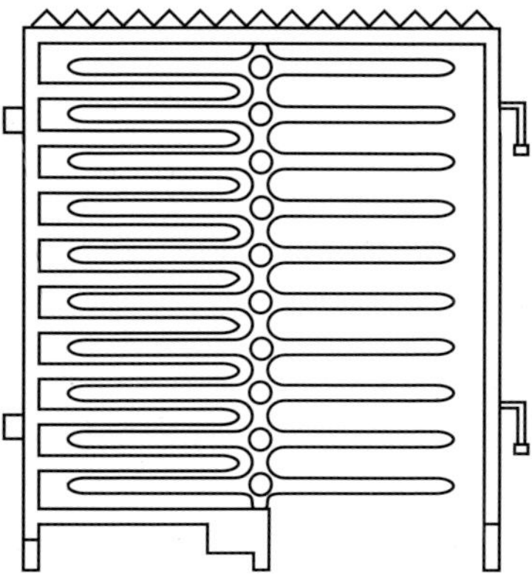

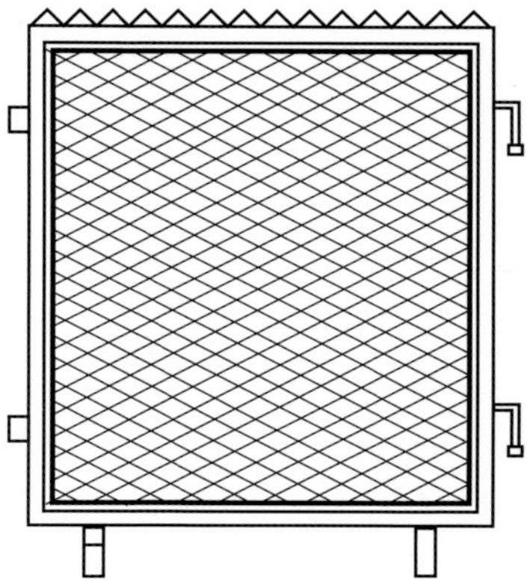

" palissade " PORTE TOURNIQUET 160 x 250 cm.

Mur de sac avec meurtrière

3 demis sacs
29 sacs
5 sacs en angles
2 cadre bois de 40 x 40 x 80 cm.

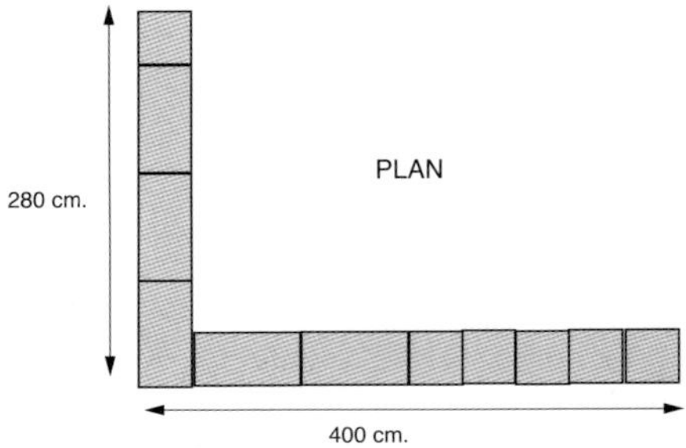

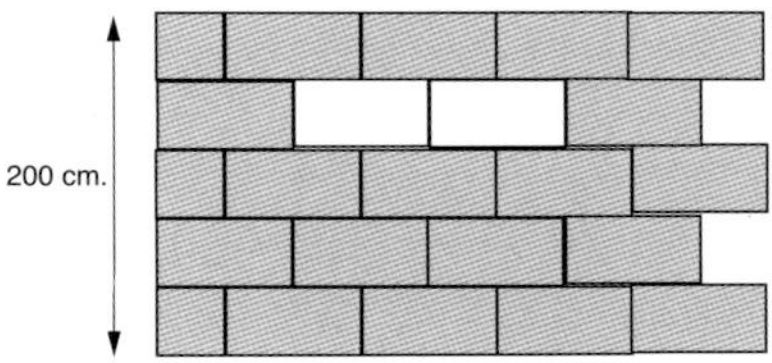

FACE

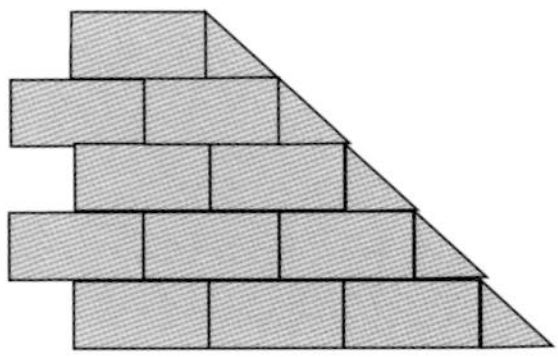

FACE

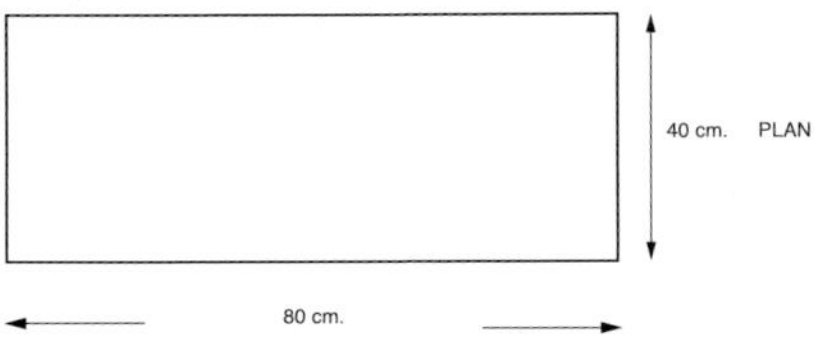

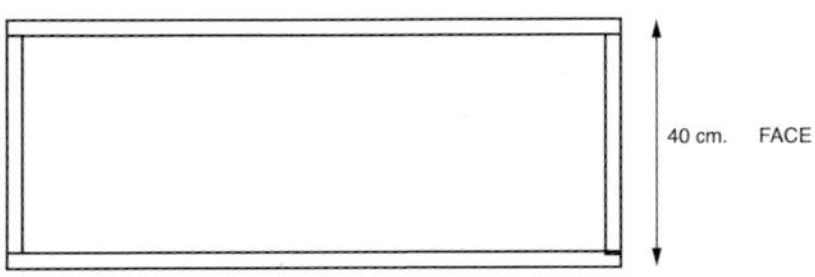

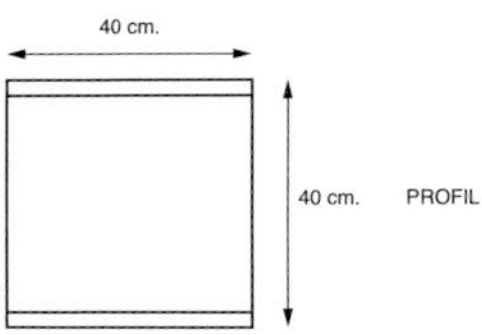

Meurtrières en bois vissés 2 X.

Distributeur de bougies

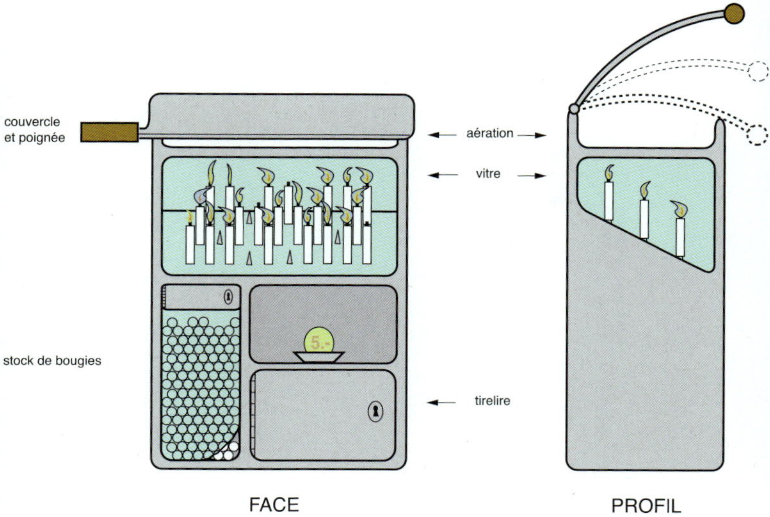

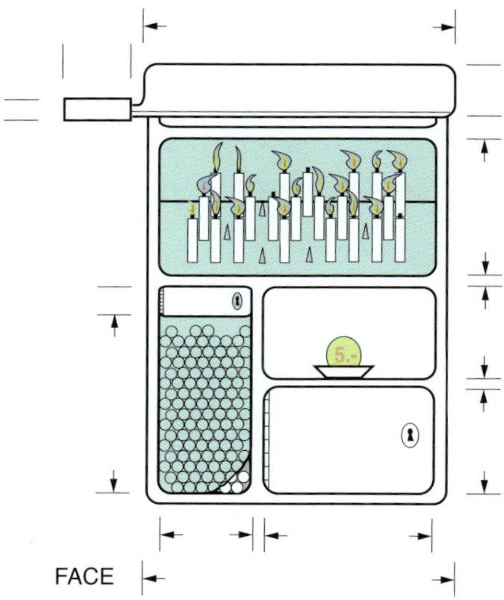

Free Market

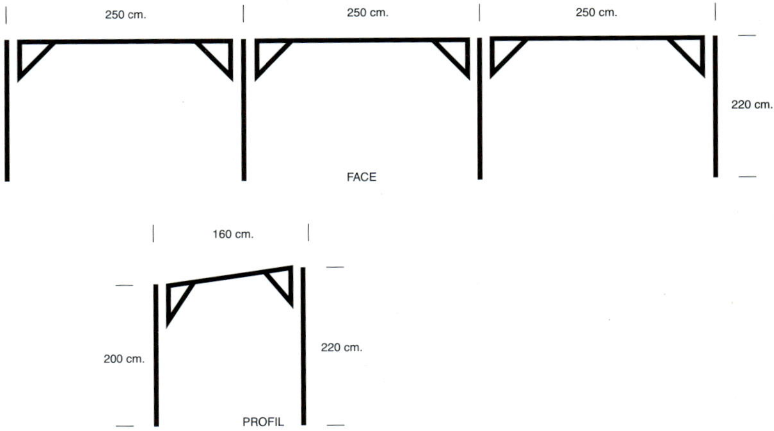
250 cm.
250 cm.
250 cm.
220 cm.
FACE
160 cm.
200 cm.
220 cm.
PROFIL

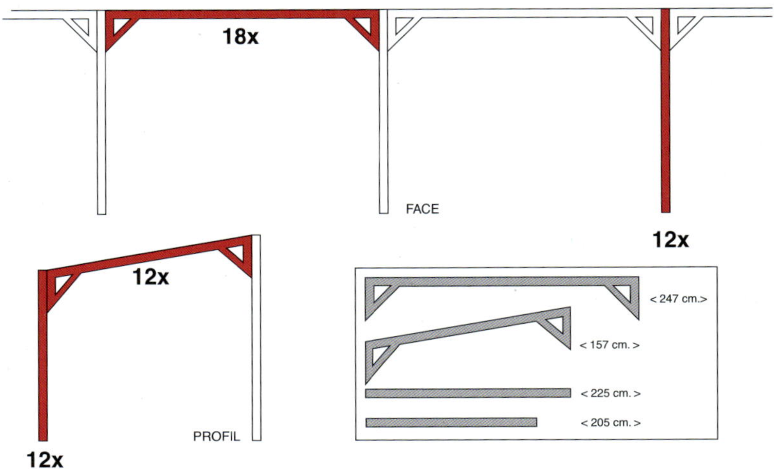
18x
FACE
12x
12x
PROFIL
12x
< 247 cm.>
< 157 cm. >
< 225 cm. >
< 205 cm. >

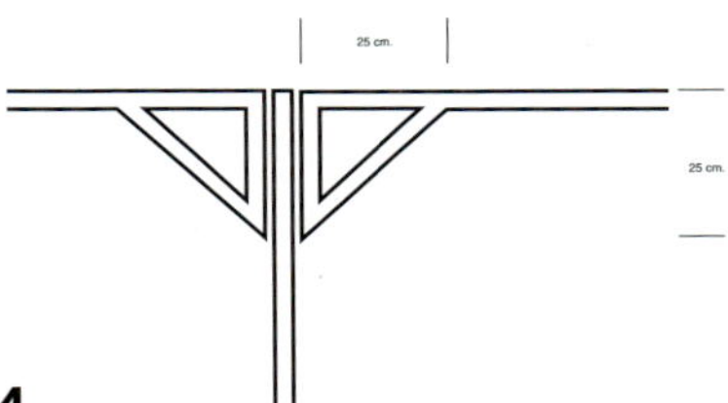
25 cm.
25 cm.

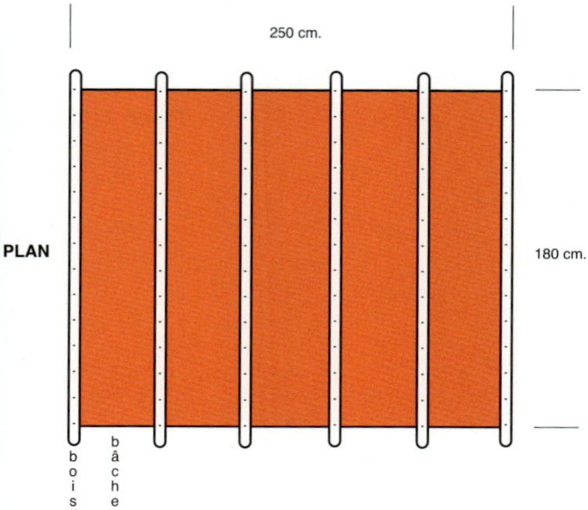

Baguettes de bois de 190 cm, de long.
Pour 9 modules,108 pièces.
Rubans d'accrochages, 72x.

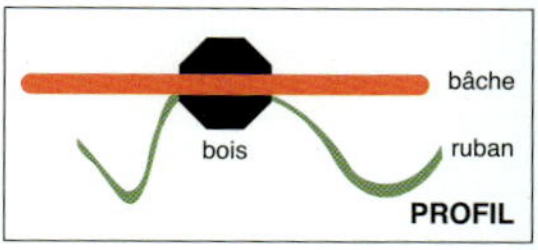

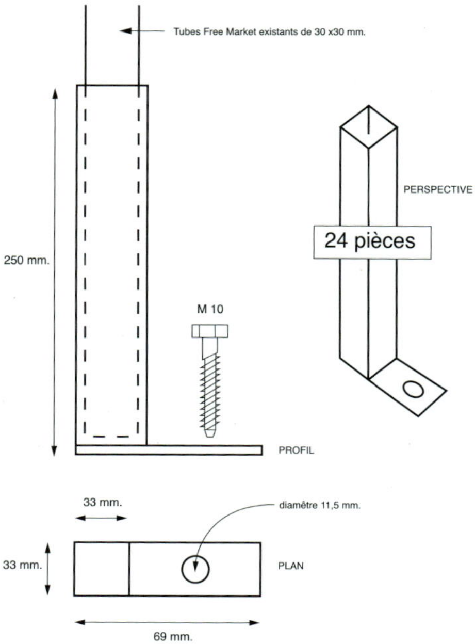

Scène 1

Plancher bois

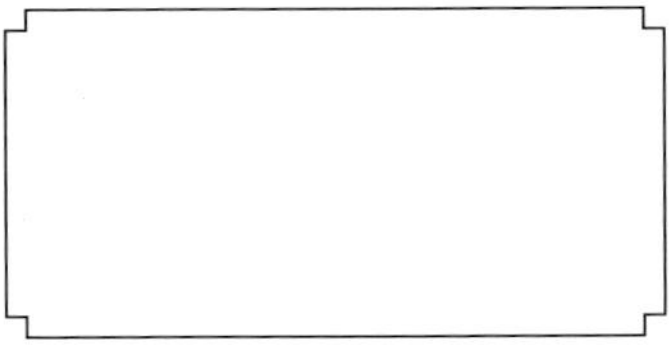

4 x (100x 200cm)

Bâche

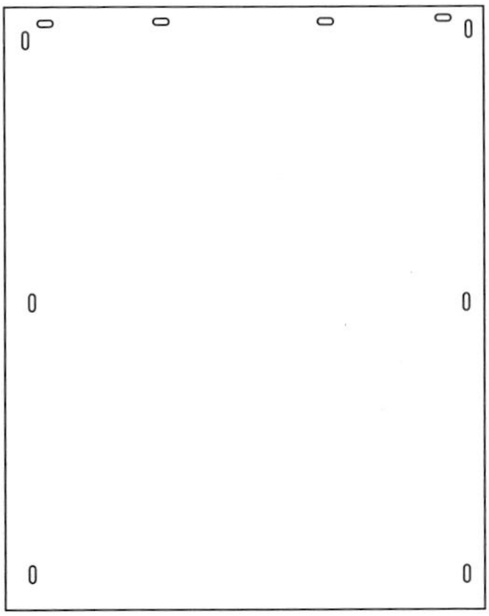

2 x (100x247cm)

Sangle

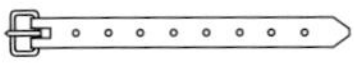

17 x (35x2cm)

Néon

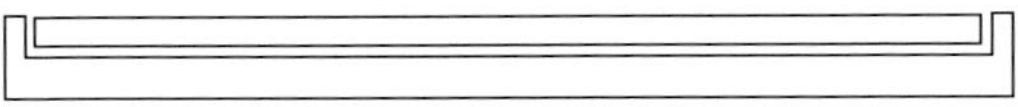

2 x (120cm)

Métal brut

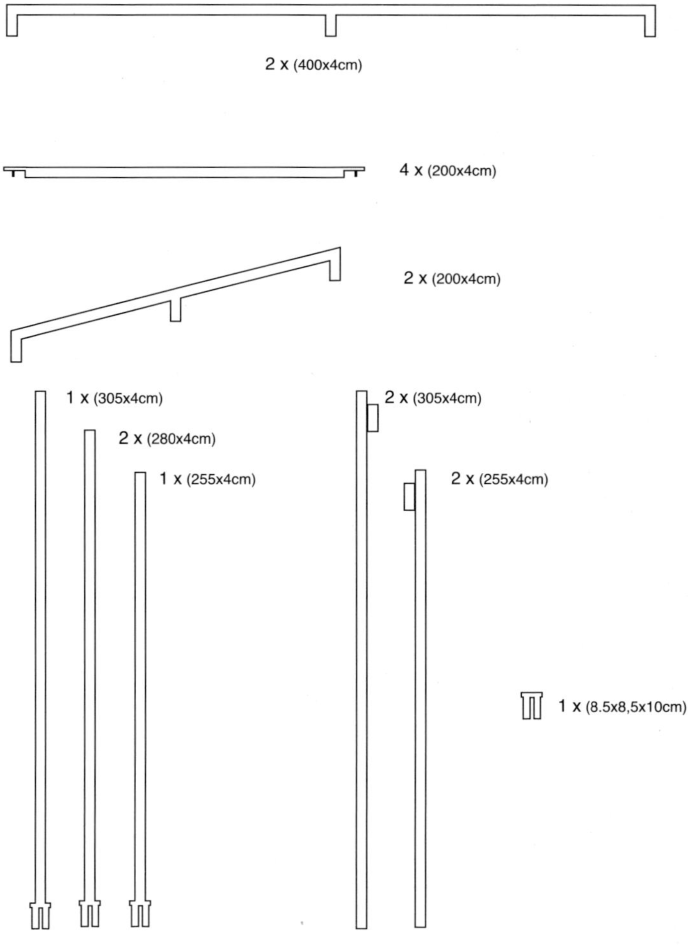
2 x (400x4cm)
4 x (200x4cm)
2 x (200x4cm)
1 x (305x4cm)
2 x (280x4cm)
1 x (255x4cm)
2 x (305x4cm)
2 x (255x4cm)
1 x (8.5x8,5x10cm)

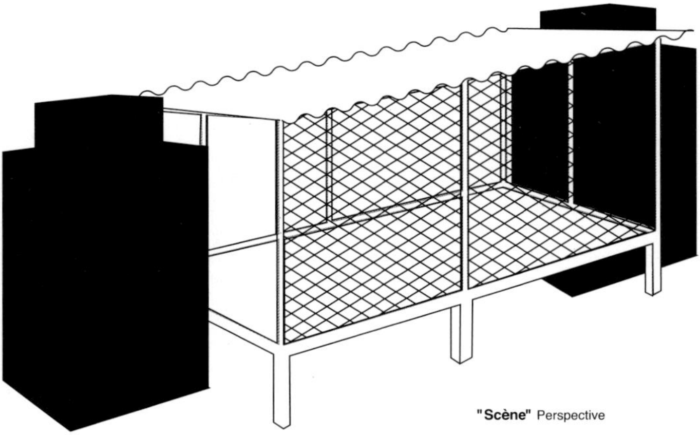

"Scène" Perspective

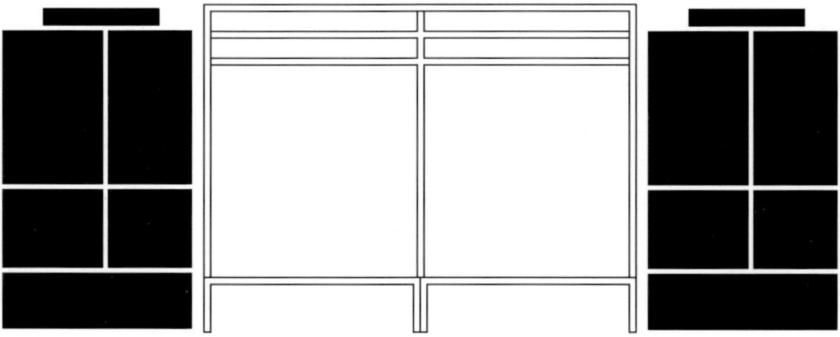

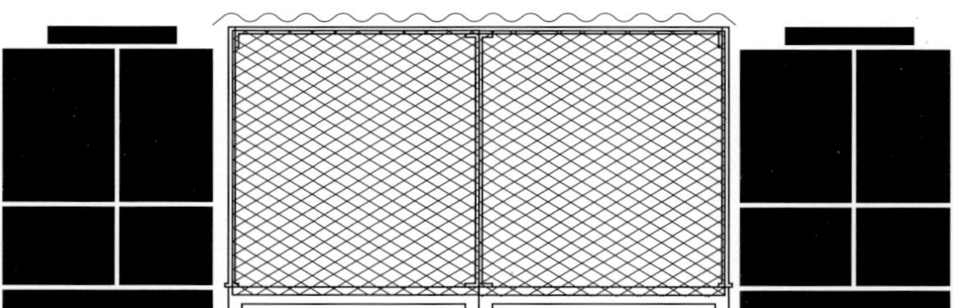

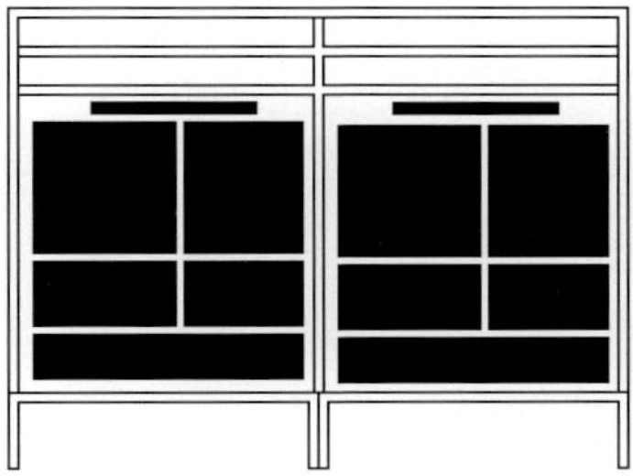

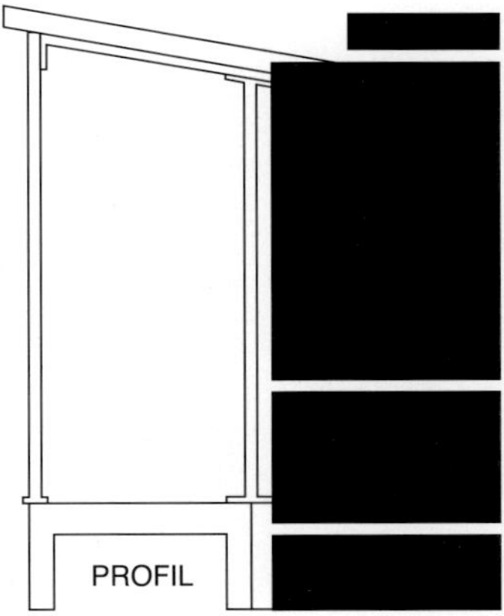
PROFIL

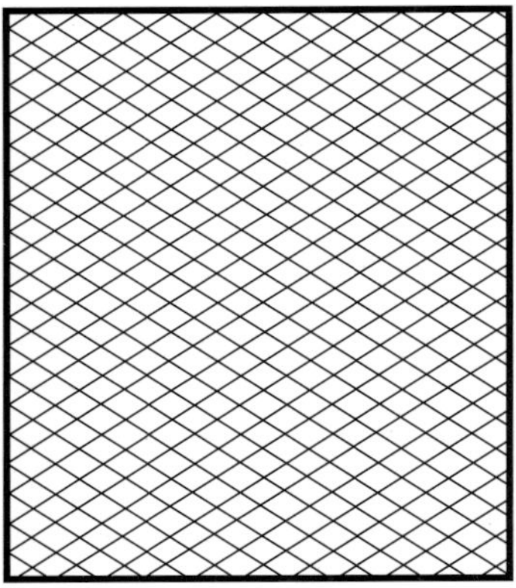

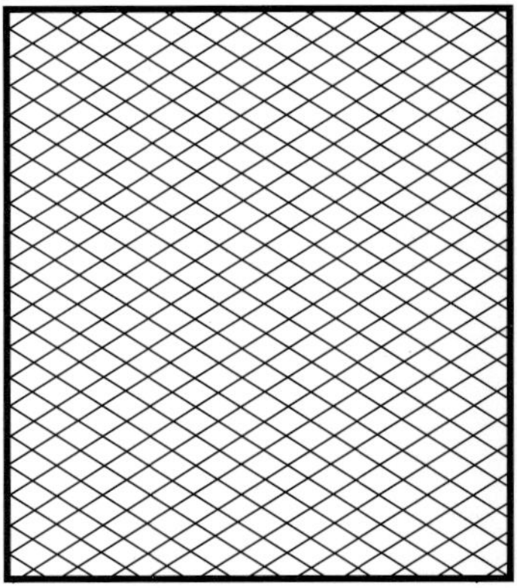

Scène 2

b

Tubes encastrables dans les pieds de scène

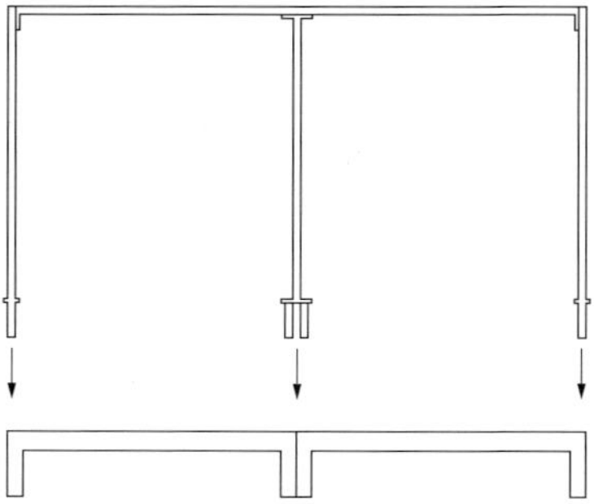

FACE

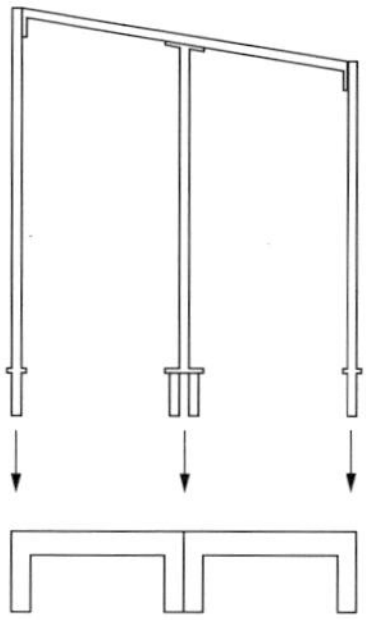

PROFIL

Grillage en métal galvanisé + fer plat et sangle pour assemblage démontable.

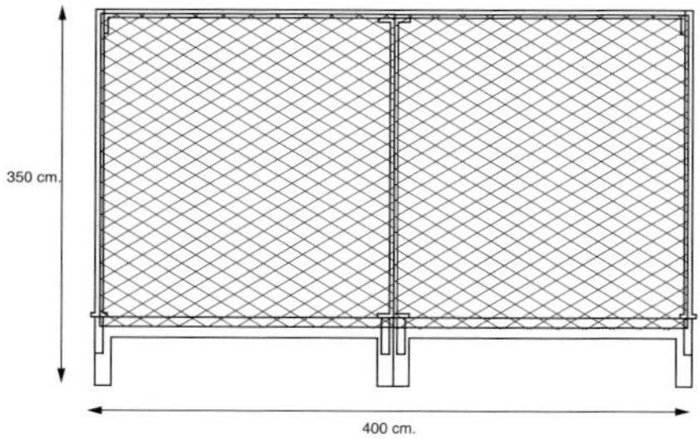

FACE

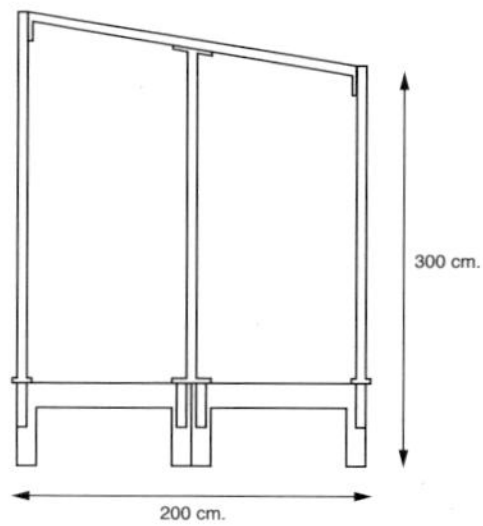

PROFIL

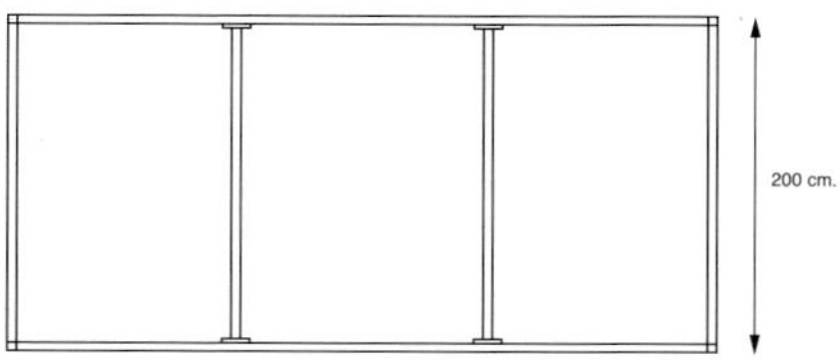

PLAN TOIT

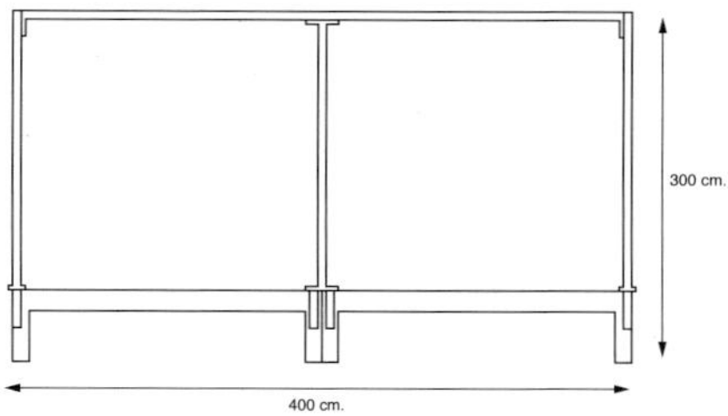

DOS

Plan pour 1 module de scène avec systeme d'attache pour grillage.

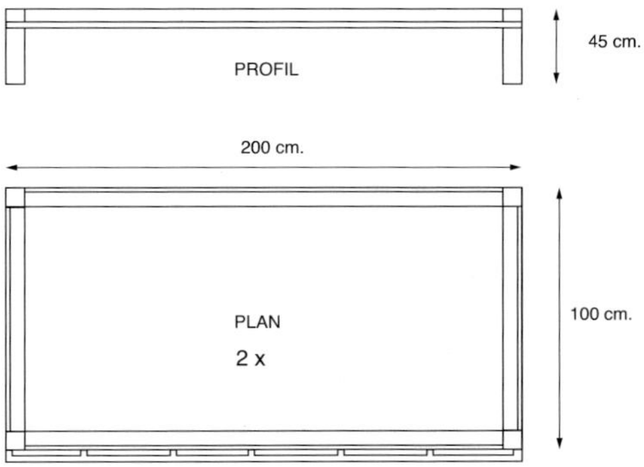

Plan scène en 4 modules de 100 x 200 x45 cm.

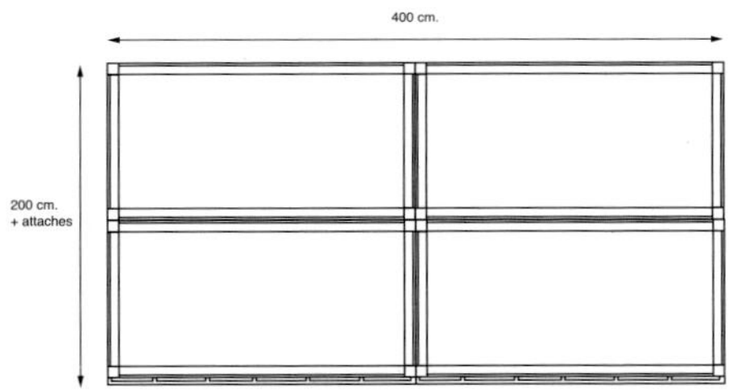

Plan pour 1 module de scène simple

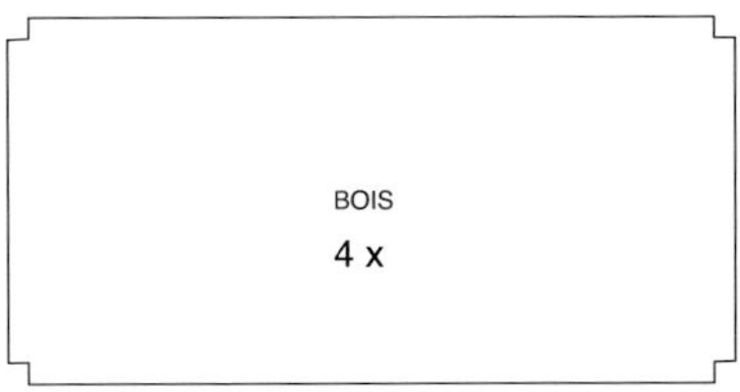

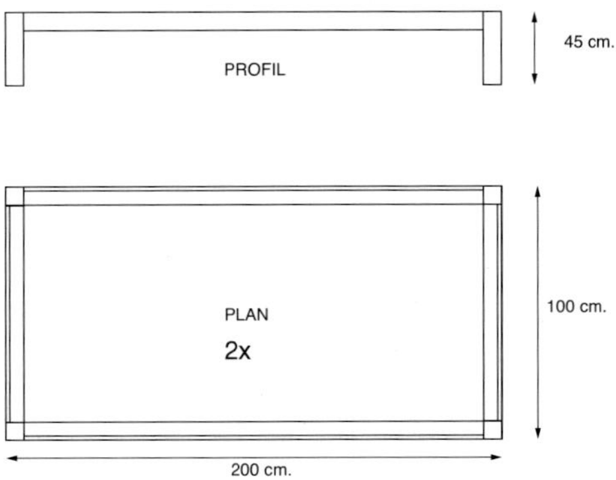

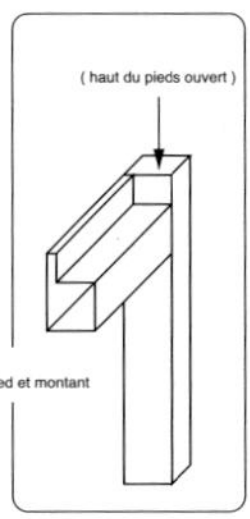

Porte-HP et girophare

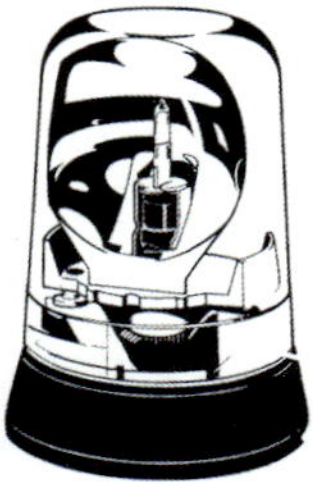

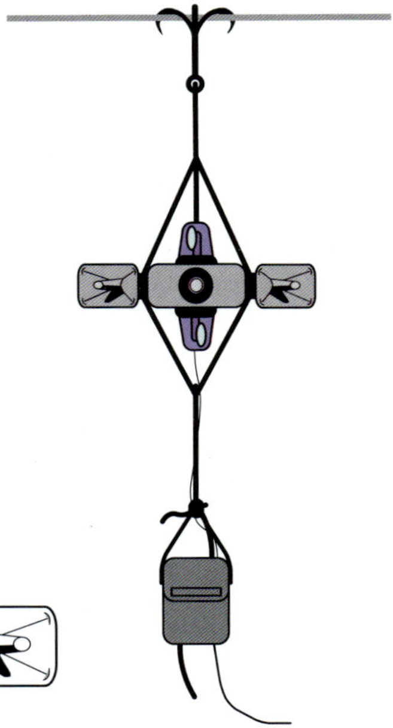

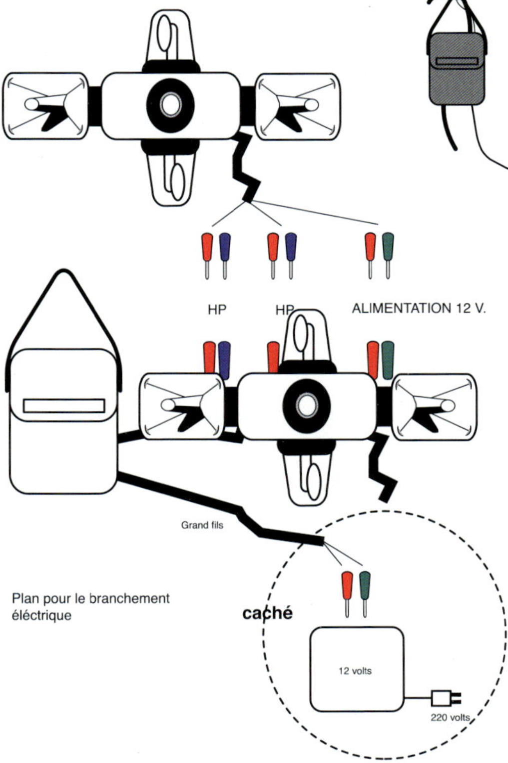

Plan pour le branchement éléctrique

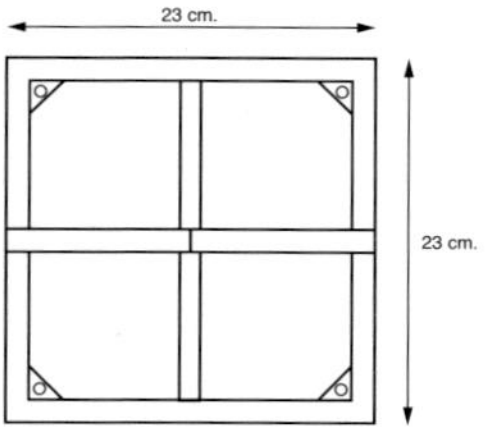

plan

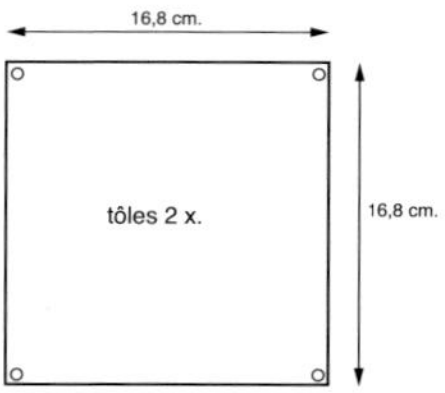

plan

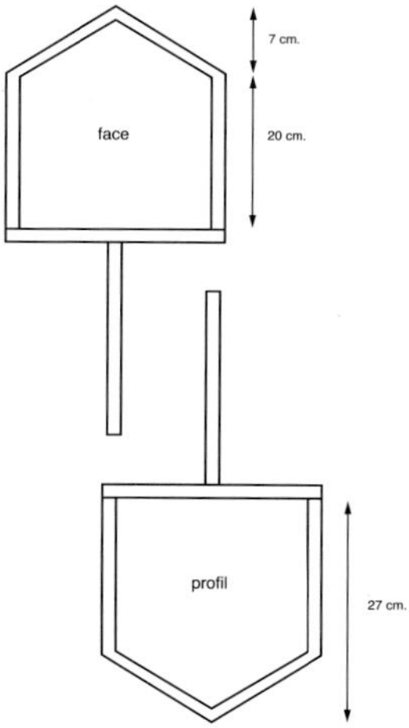

profil des coins interieurs

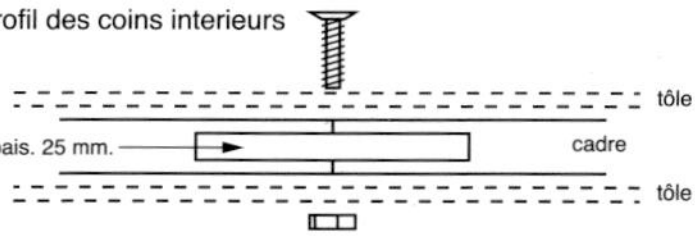

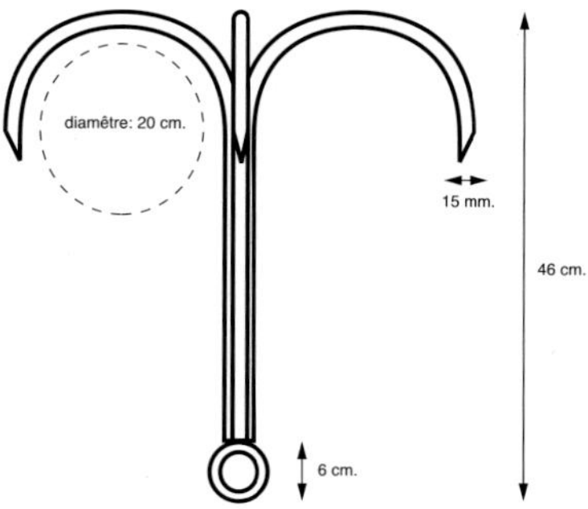

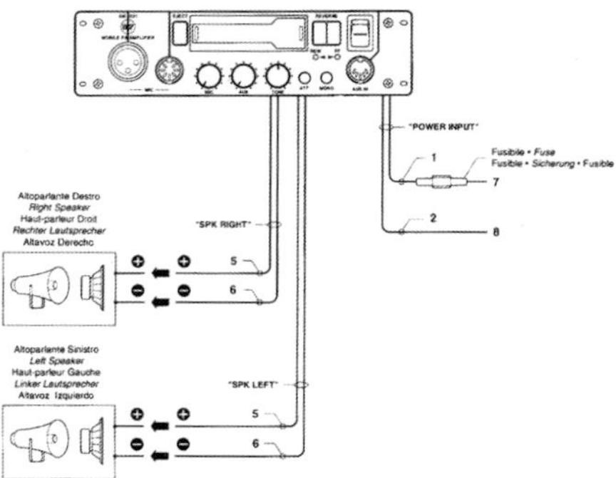

Tente froide

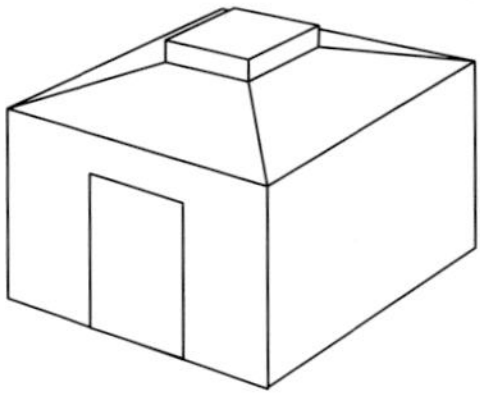

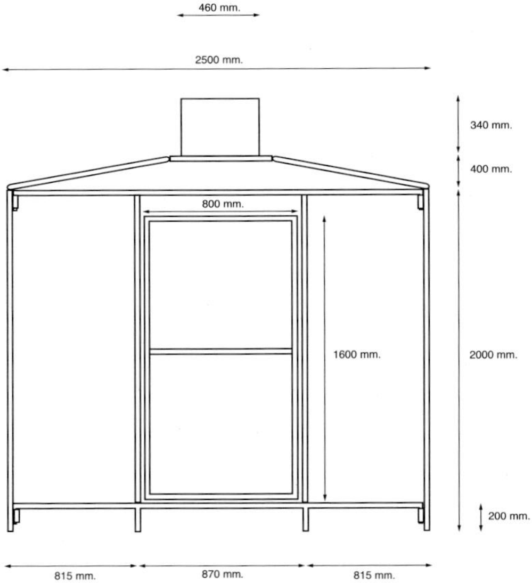

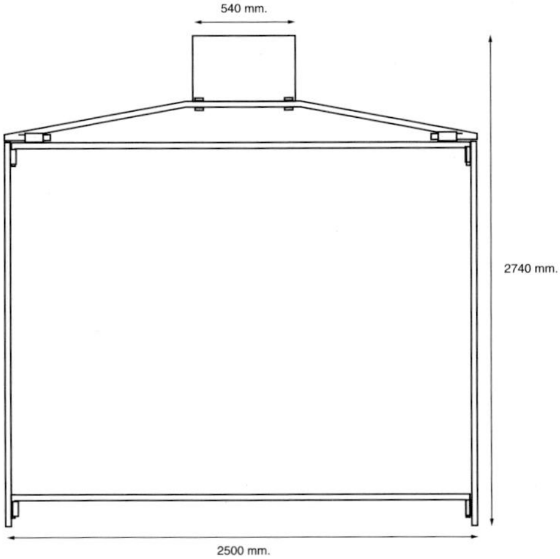

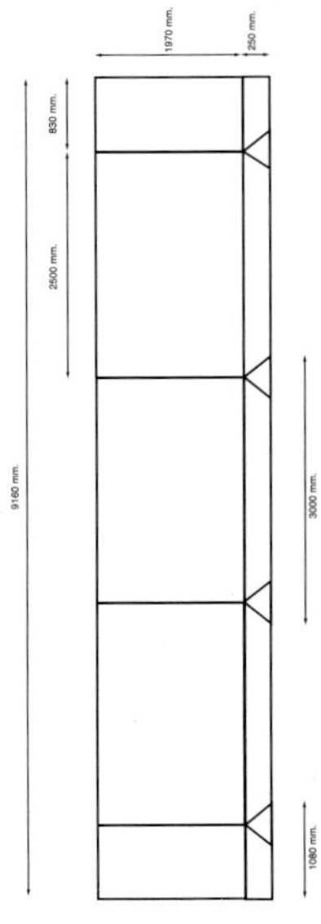

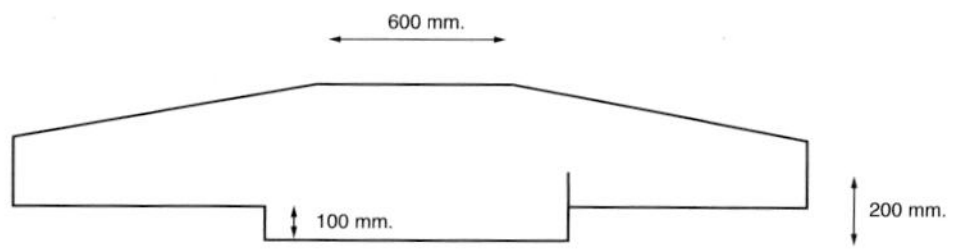
600 mm.
100 mm.
200 mm.

PLAN

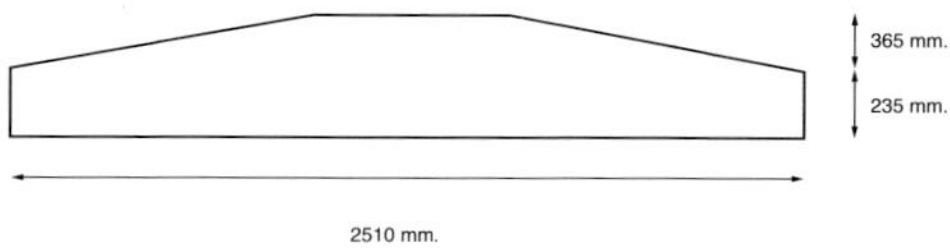
365 mm.
235 mm.
2510 mm.

PROFIL

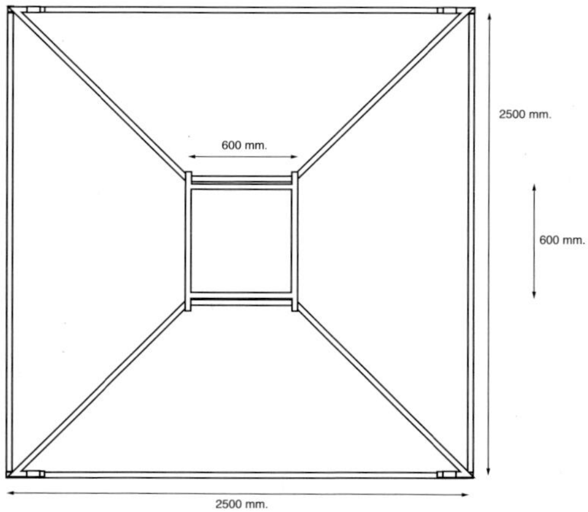
600 mm.
2500 mm.
600 mm.
2500 mm.

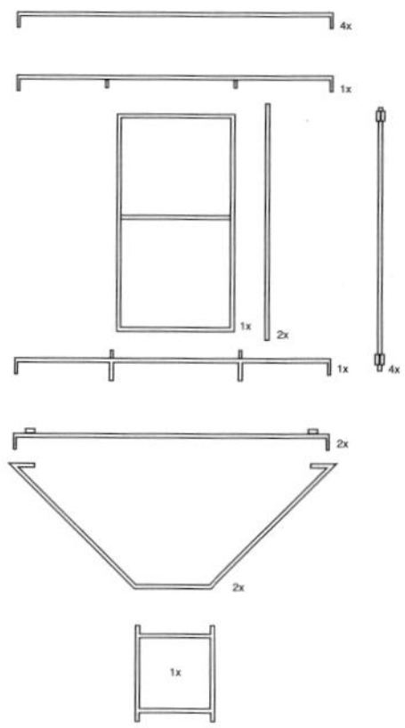
4x
1x
1x
2x
1x
4x
2x
2x
1x

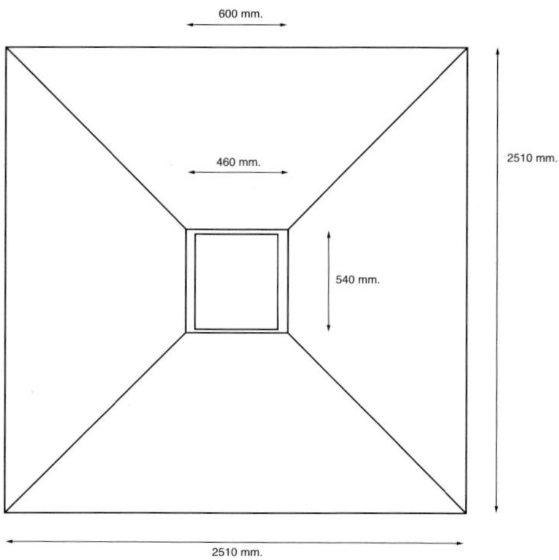
600 mm.
460 mm.
540 mm.
2510 mm.
2510 mm.

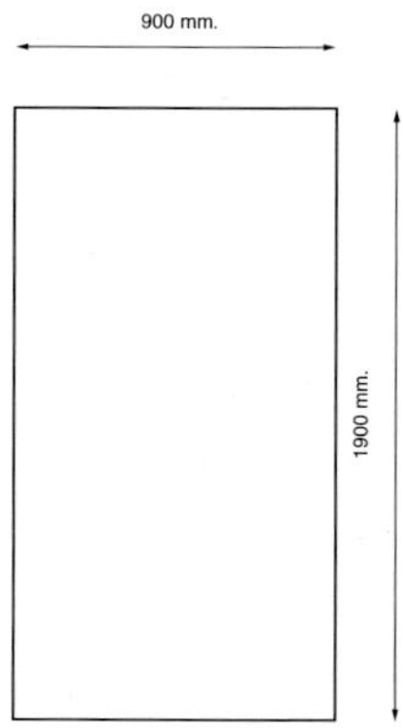
900 mm.
1900 mm.

Porte-drapeau

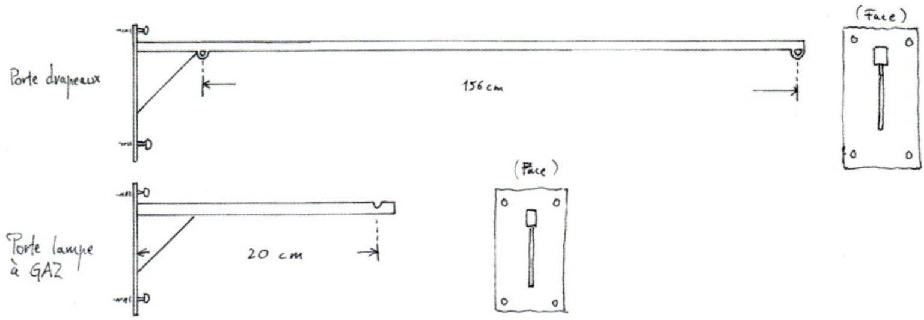

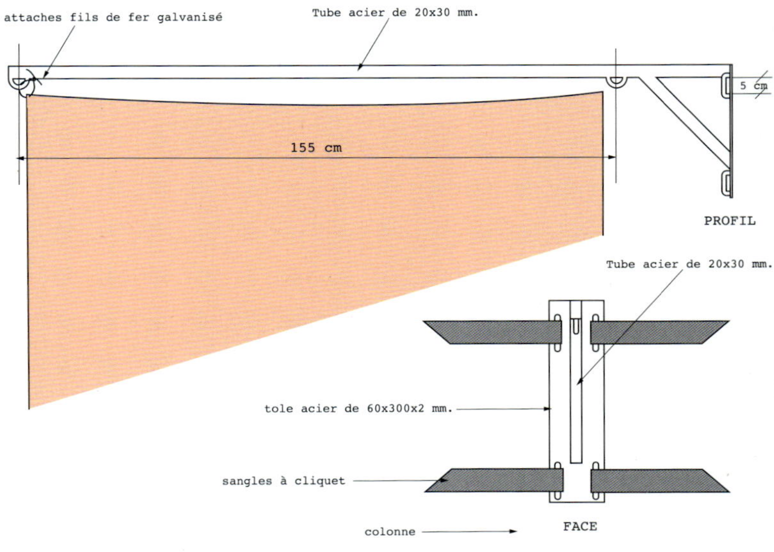

Table pour drapeaux et lampes à gaz

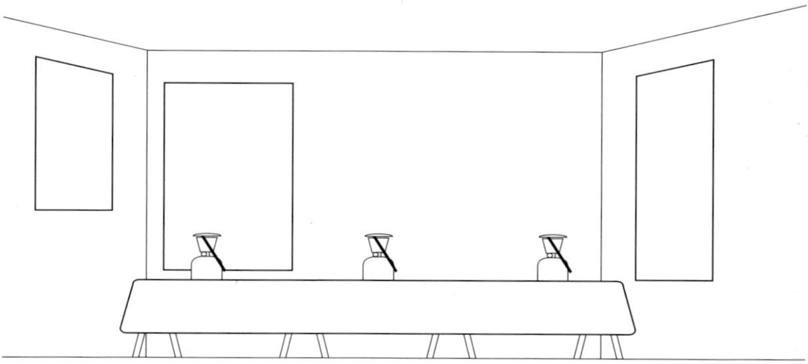

1 : Numèro
2 : poingts et menottes
3 : Souffre et tais toi
4 : Barbelés
5 : Né pour déchaîner l'enfer
6 : Planêtes
7 : EDM et rose

(Drapeaux dans le sens lisible pour le spectateur).

FACE

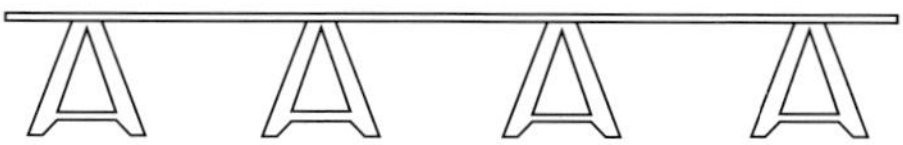

(Trétaux 4 fois)

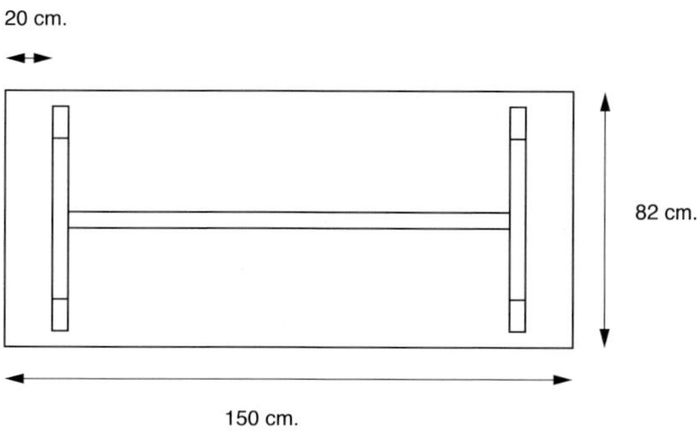

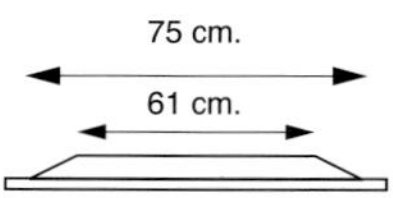

Plateau en hètres de 20 mm. d'épaisseur.
Renfort en lambourde de 40 x 40 mm.

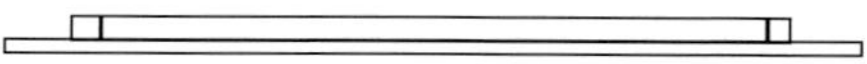

Vitrine

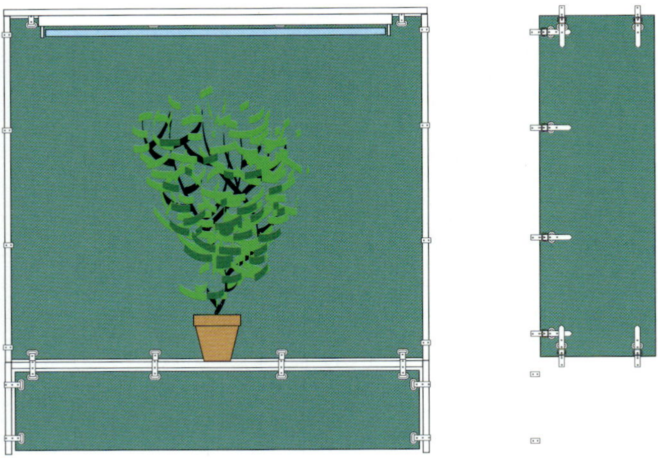

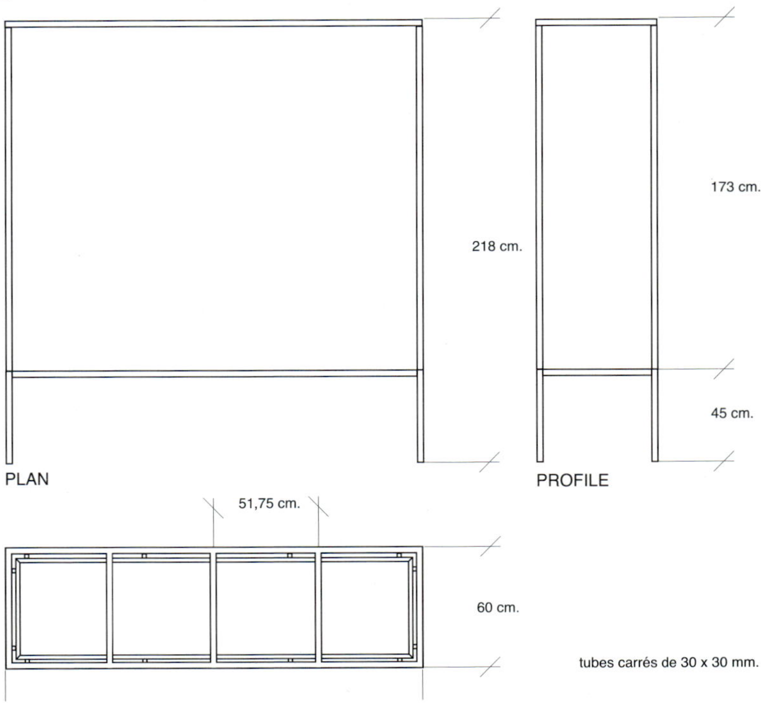
218 cm.
173 cm.
45 cm.
PLAN
PROFILE
51,75 cm.
60 cm.
tubes carrés de 30 x 30 mm.

PLAN

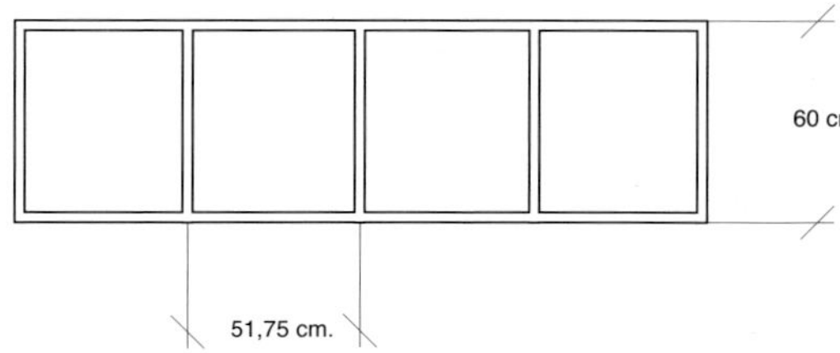

FACE

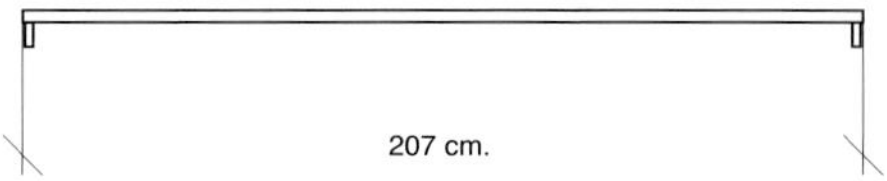

PROFILE

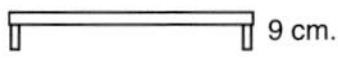

TOIT
tubes carrés de 30 x 30 mm.
tubes carrés de 20 x 20 mm.

PLAN

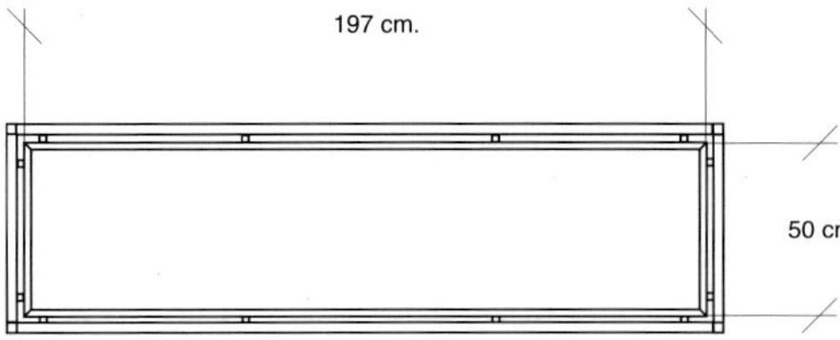

FACE

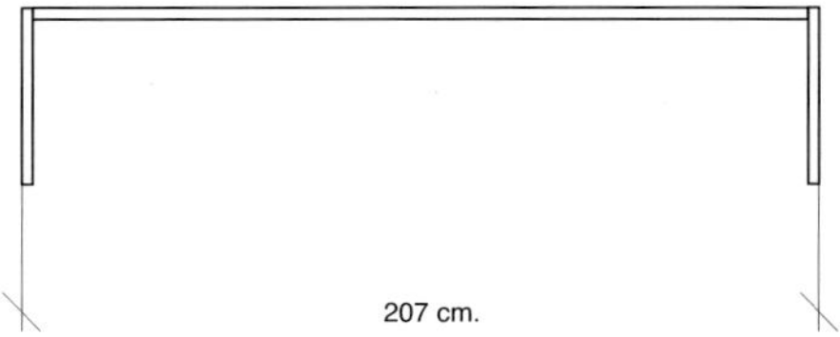

PROFILE

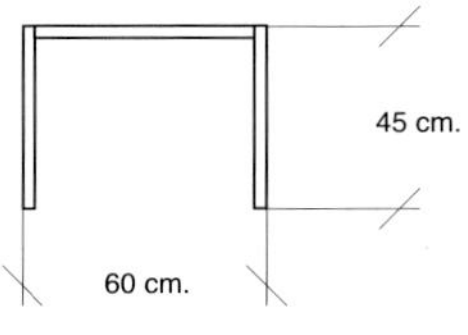

TABLE
tubes carrés de 30 x 30 mm.
équerres de 20 x 20 mm.

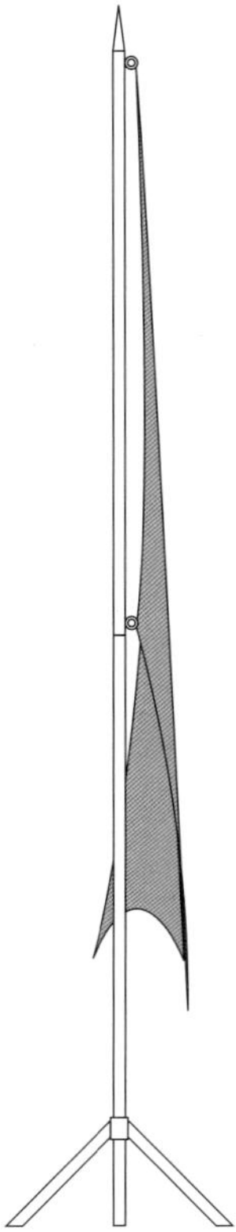

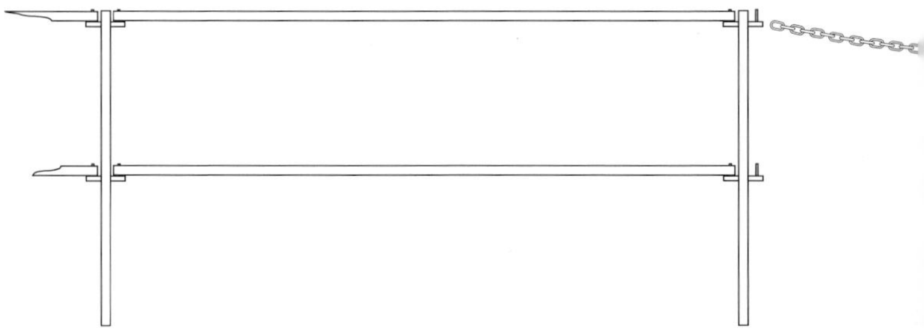

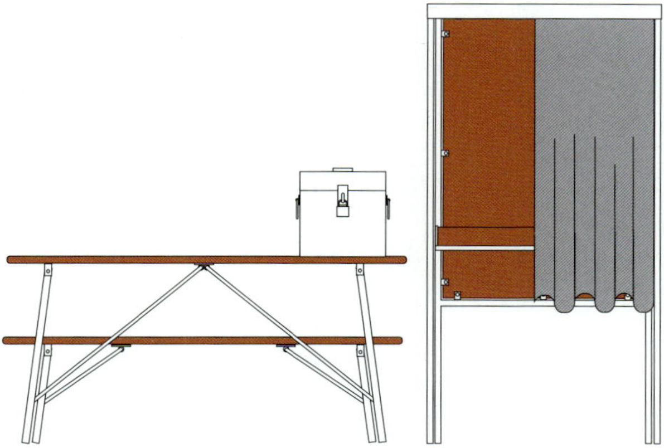

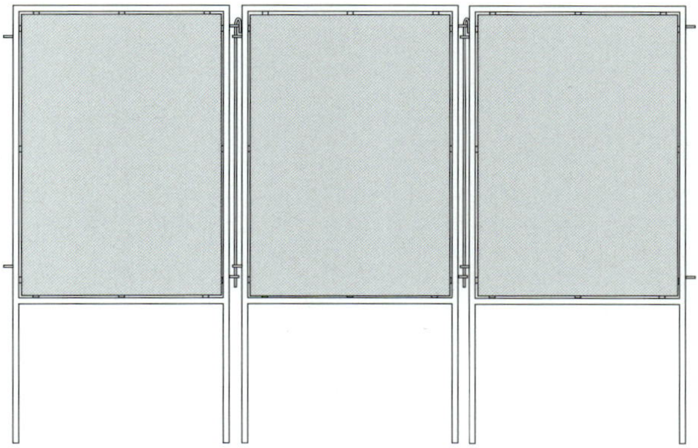

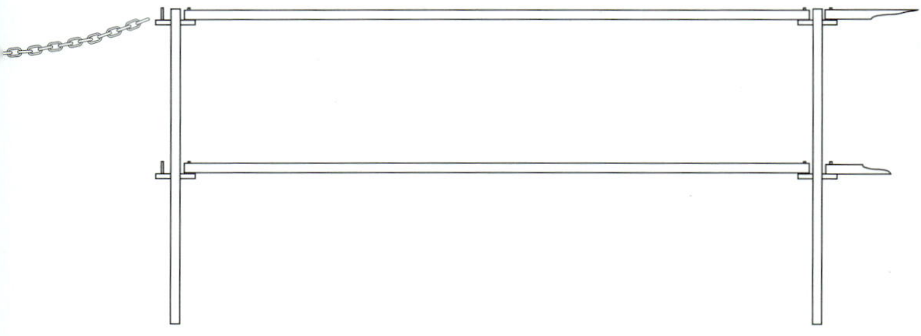

Local de vote

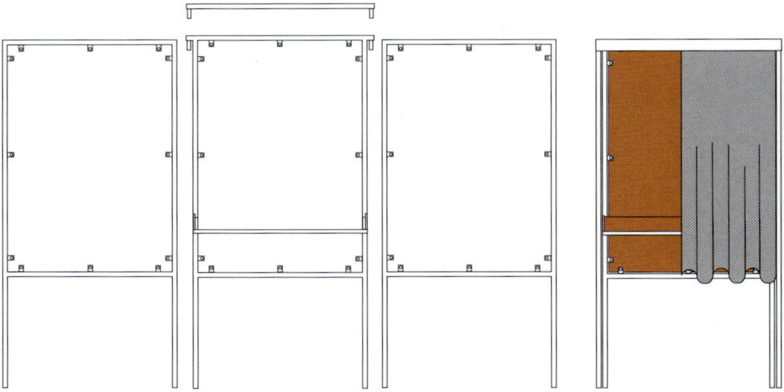

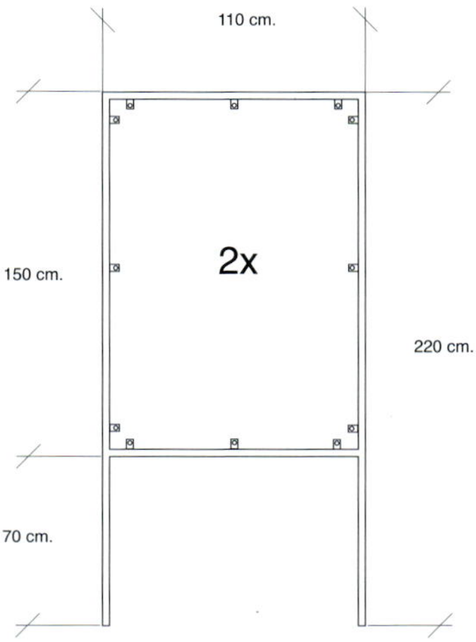

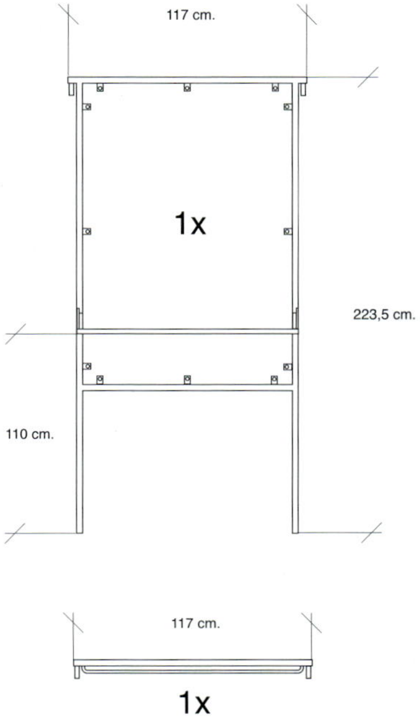

Isoloir / 1x

Tubes carrés de 30x30mm.

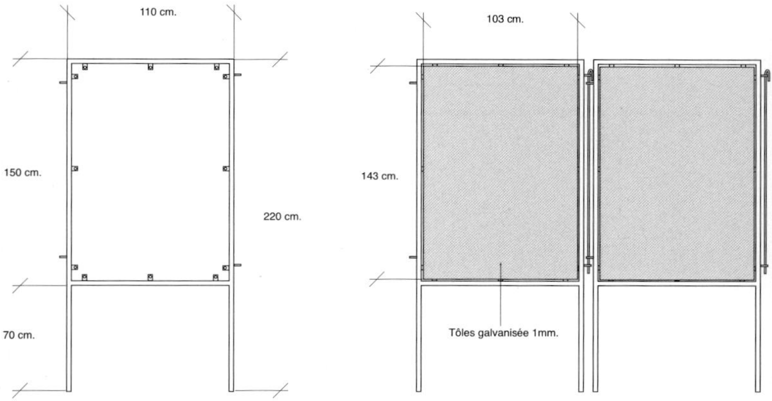

Panneaux d'affichages / 3x

Tubes carrés de 30x30mm.

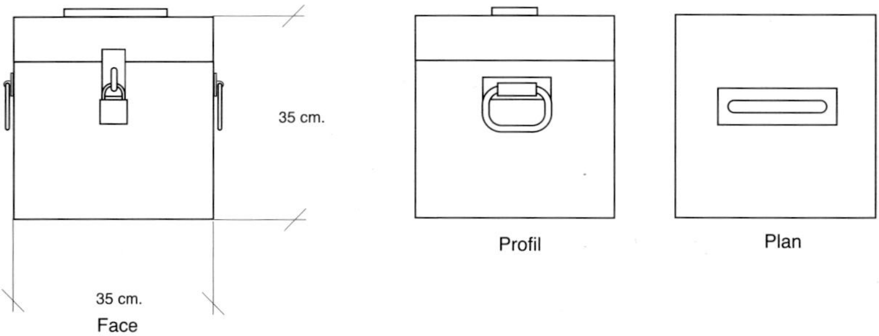

Urne / 1x (plexiglas)

Local de vote

C

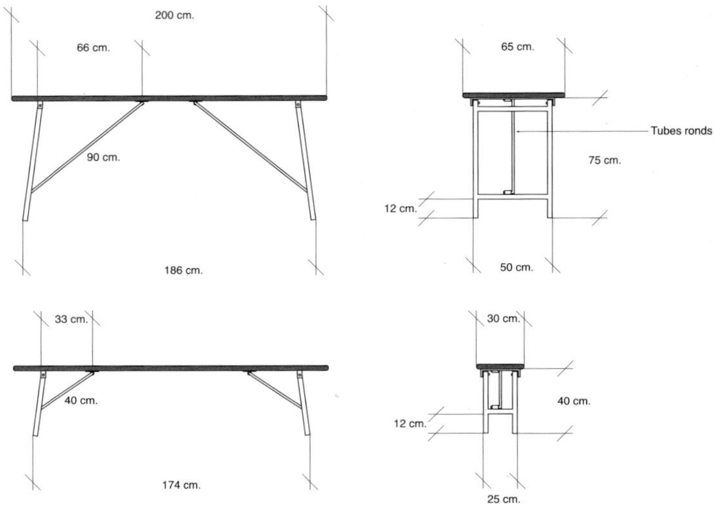

Table et banc / 1x Tubes carrés de 30x30mm.

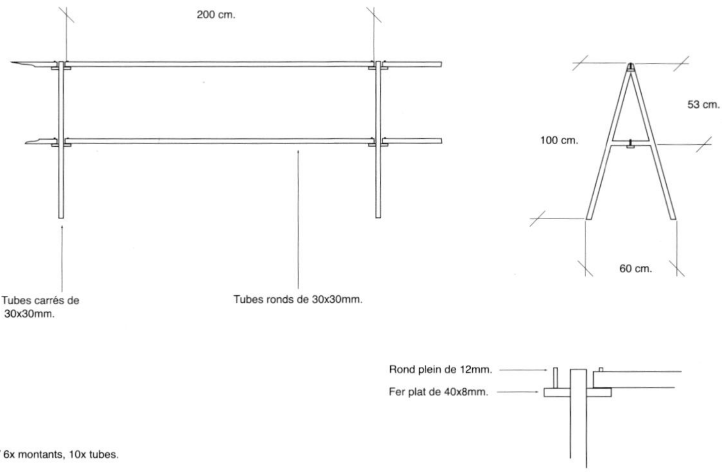

Barrières / 6x montants, 10x tubes.

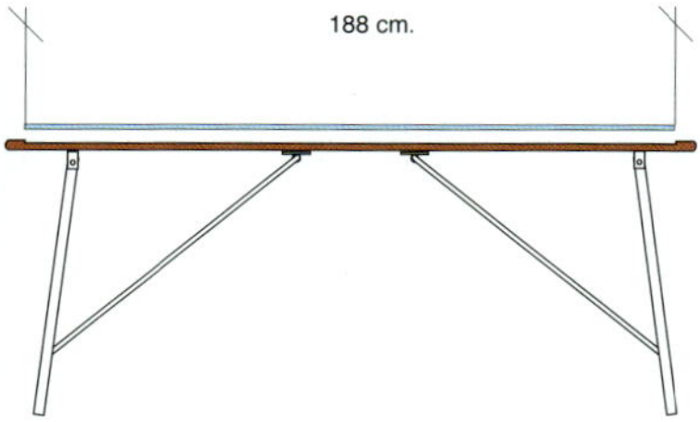
188 cm.

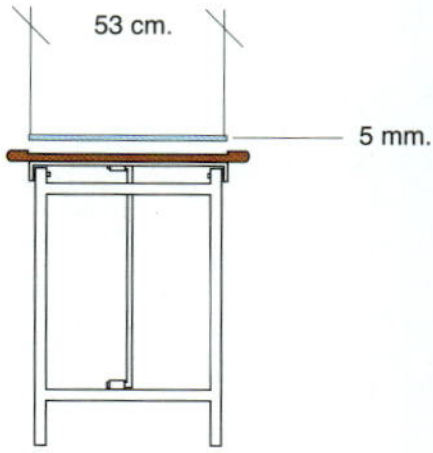
53 cm.
5 mm.

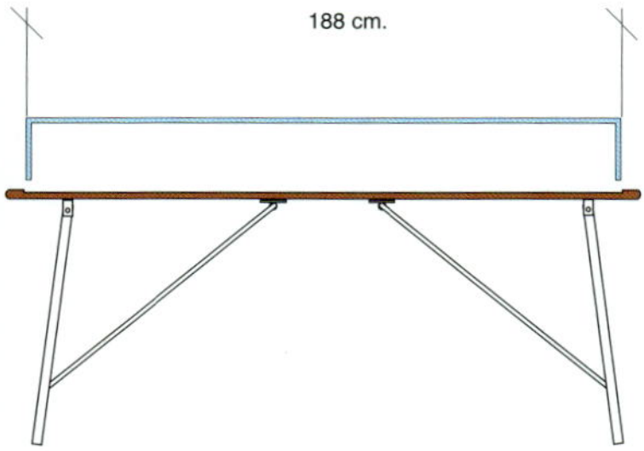
188 cm.

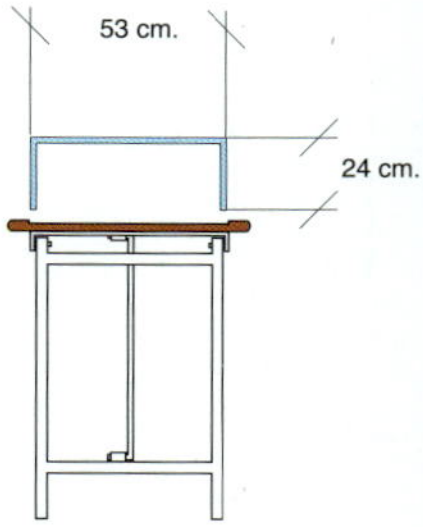
53 cm.
24 cm.

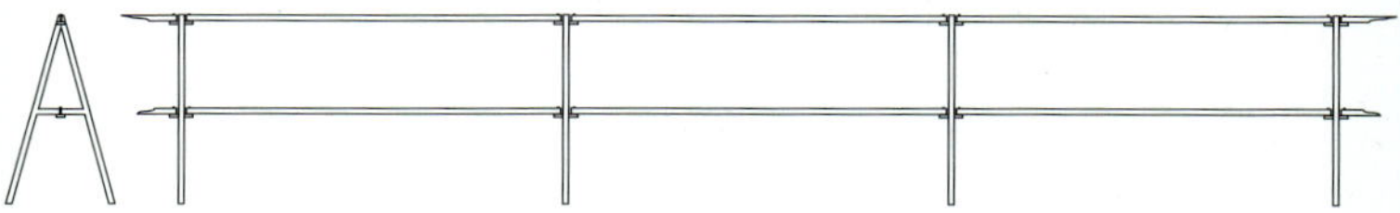

Parcours Vita

Cadres zingué en tube rond
de 15 mm.

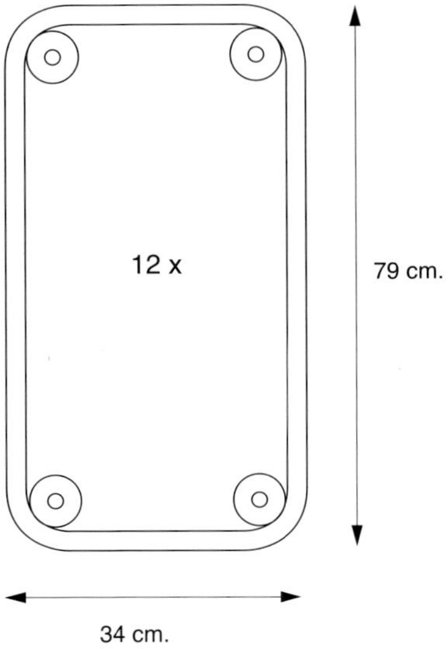

Plaque métal de 1mm. épais.

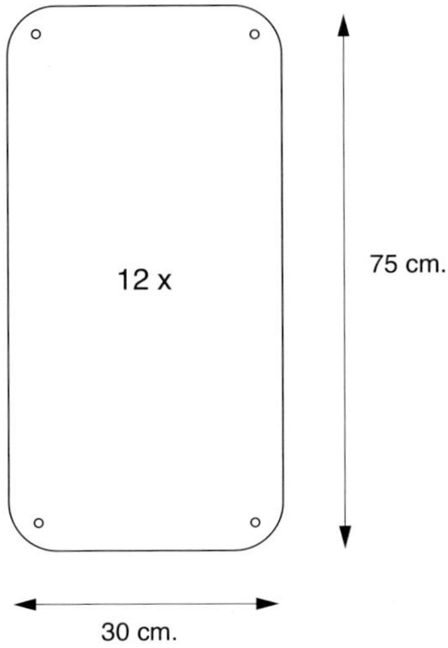

Plan pour découpe des plaques.

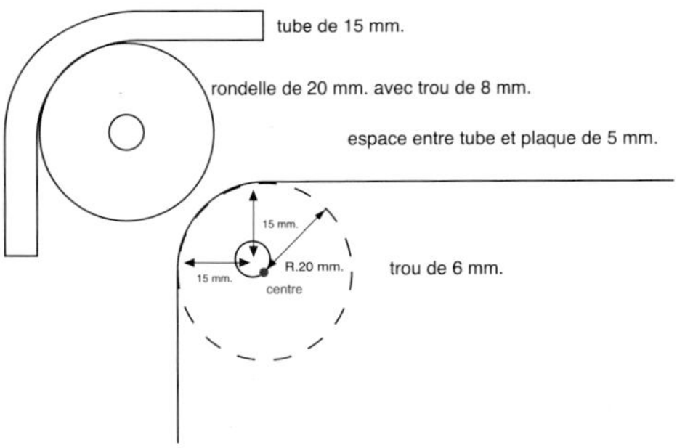

(à voir + tard)

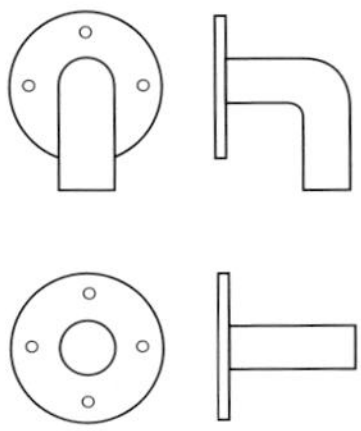

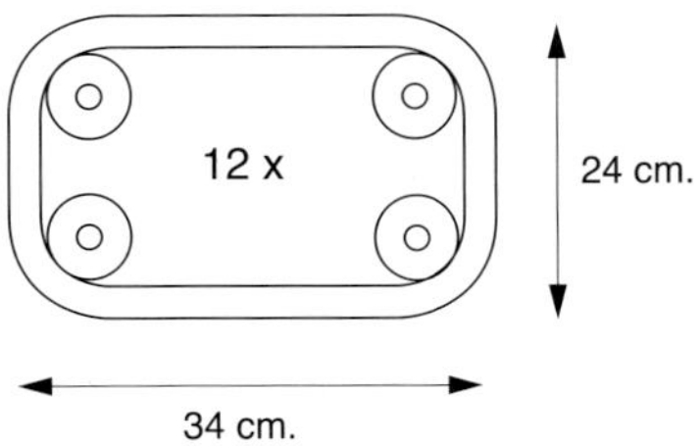

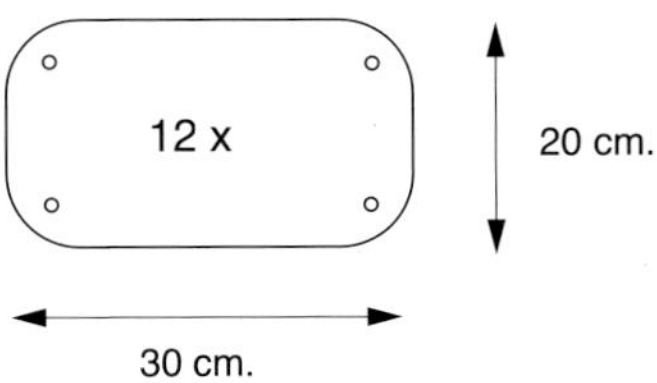

Parcours VITA

1

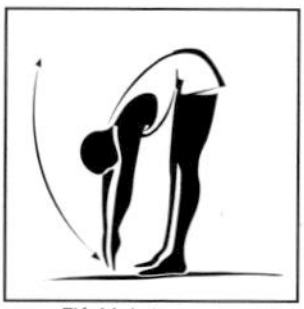

Fléchir le torse, bras et jambes tendus; se redresser en levant les bras en avant en haut

10 x 10 x

Parcours VITA

2

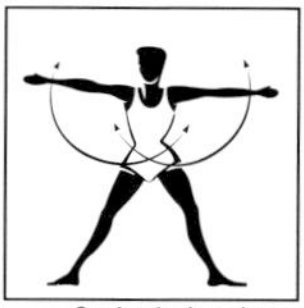

Cercles des bras devant le corps dans un sens, puis dans l'autre

10 x 10 x

Parcours VITA

3

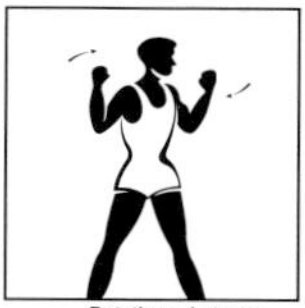

Rotations du torse à gauche, puis à droite

5 x 10 x

Parcours VITA

4

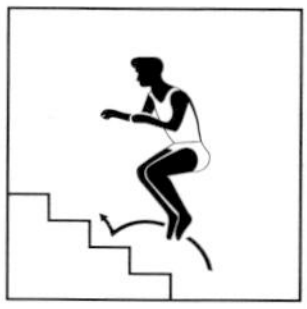

Monter l'éscalier en sautant accroupi

1 x 1 x

Parcours VITA

5

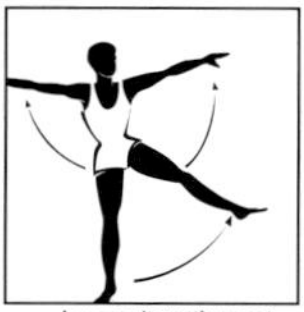

Lancer alternativement la jambe gauche et la jambe droite de côté, en balançant les bras

10 x 10 x

Parcours VITA

6

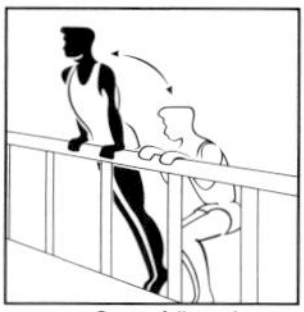

Sauter à l'appui

5 x 10 x

Parcours VITA

7

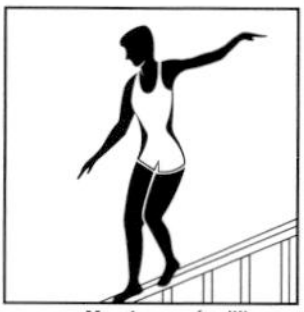

Marcher en équilibre sur l'obstacle, en avant et en arrière; respirer profondément

1 x 3 x

Parcours VITA

8

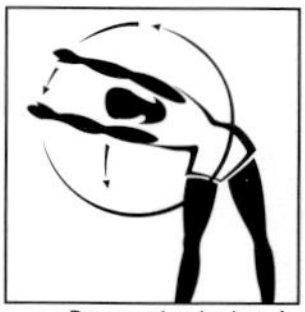

Deux cercles des bras à gauche, puis flexion latéral du torse à droite; répeter en sens contraire

10 x 10 x

Parcours VITA

9

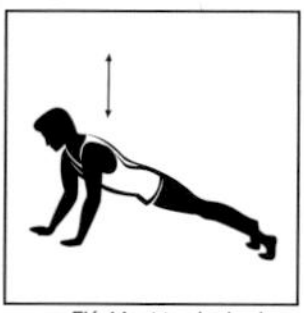

Fléchir et tendre les bras

6 x 15 x

Parcours VITA

10

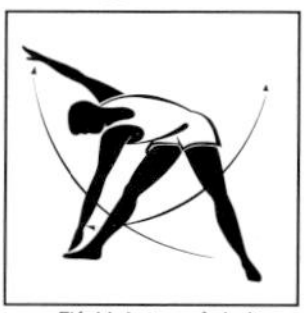

Fléchir le torse à droite en avant, main gauche au pied droit; se redresser et répéter en sens contraire

10 x 10 x

Parcours VITA

11

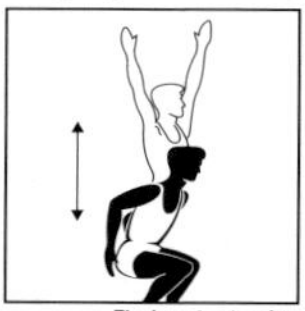

Flexion et extension des genoux

5 x 10 x

Parcours VITA

12

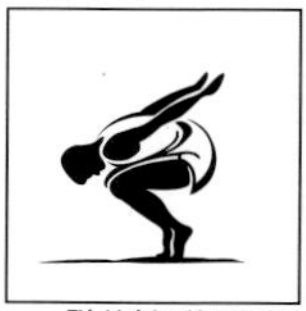

Fléchir à fond les genoux en balançant les bras de côté

10 x 10 x

Piton à frapper

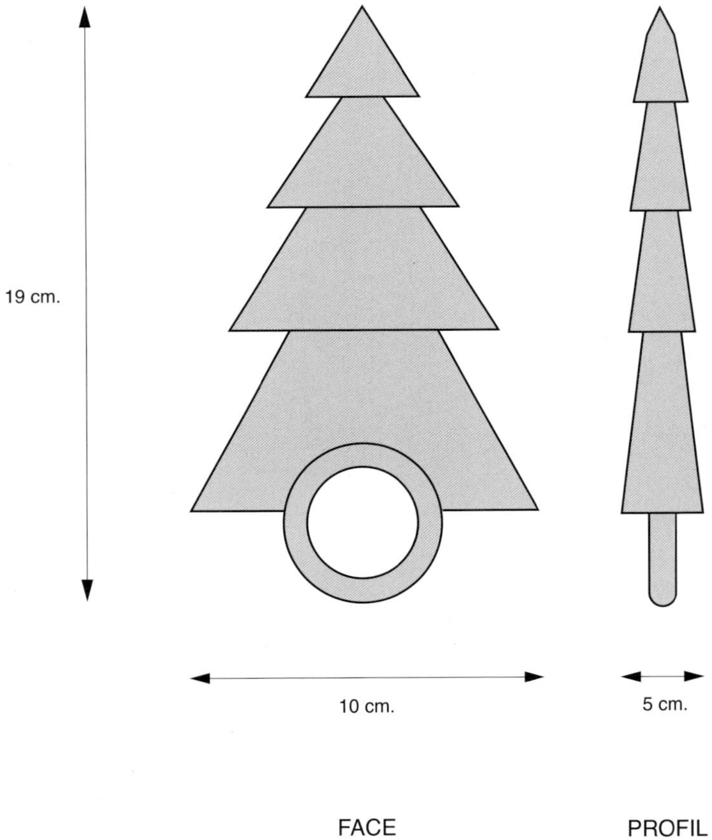

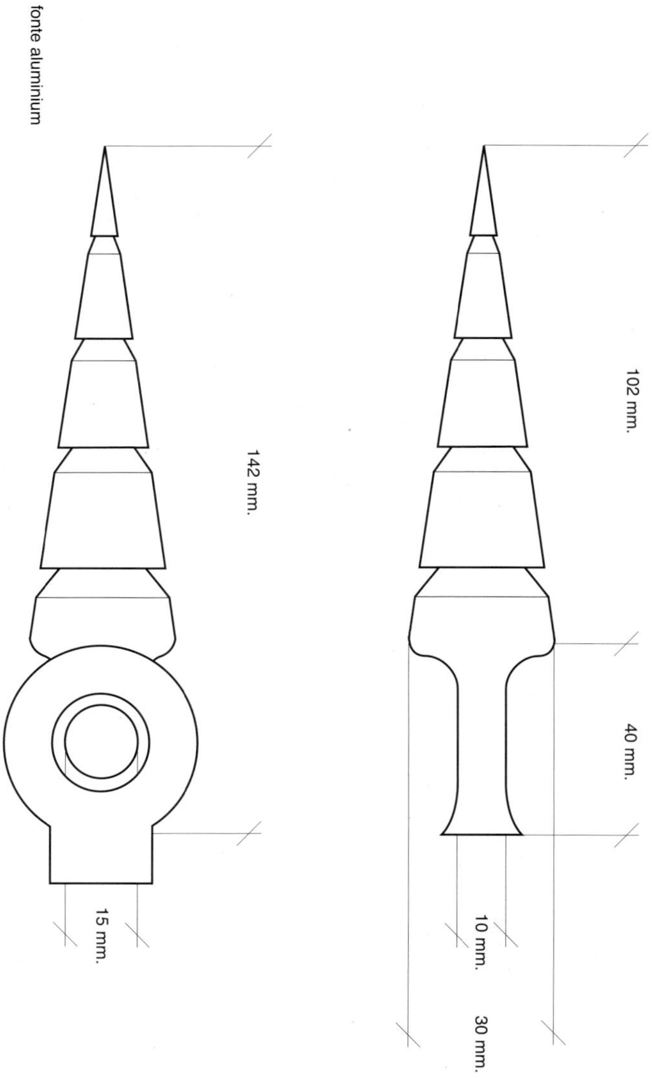
fonte aluminium
142 mm.
15 mm.
102 mm.
40 mm.
10 mm.
30 mm.

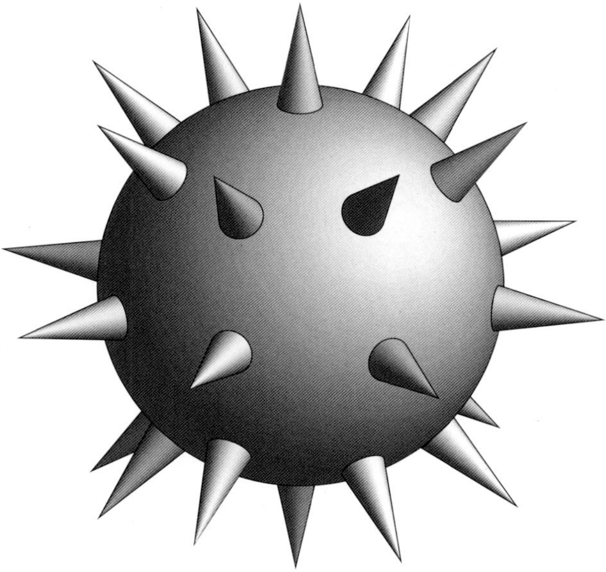

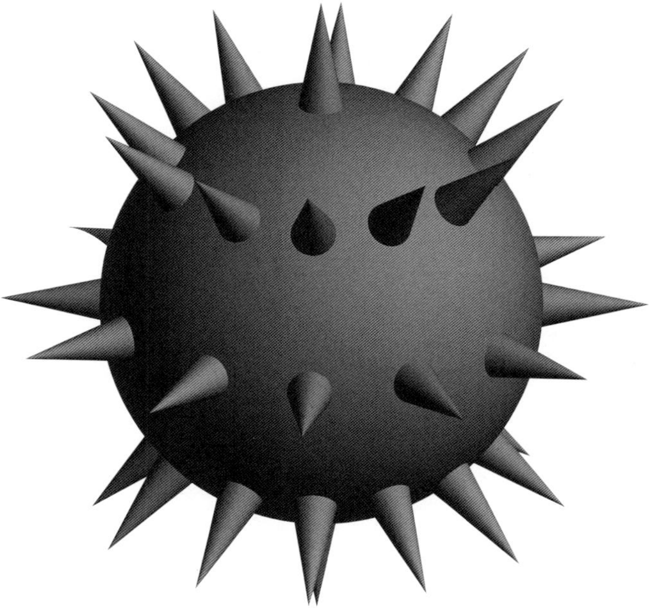

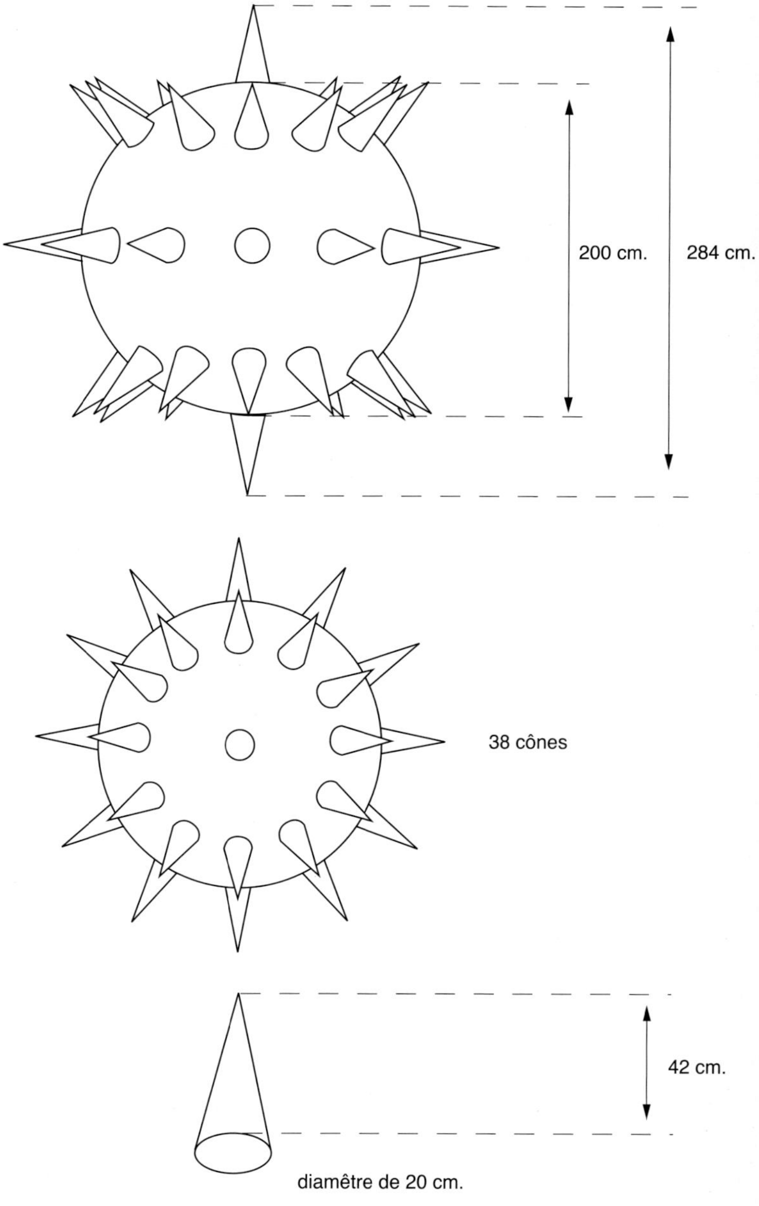
200 cm.
284 cm.
38 cônes
42 cm.
diamètre de 20 cm.

Minoviras

b

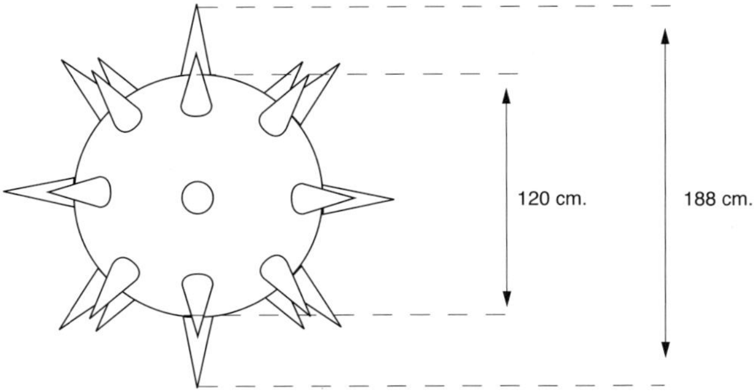

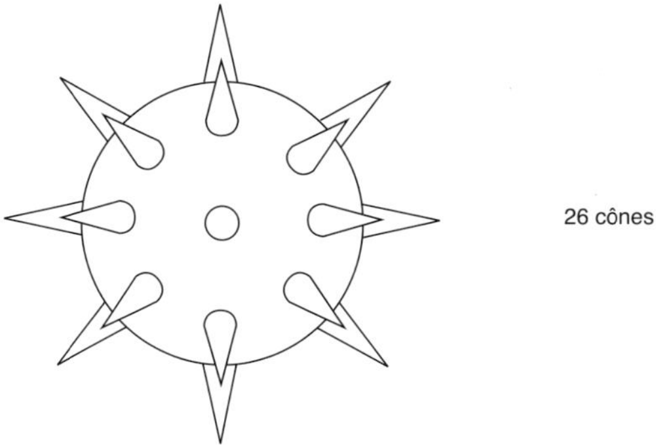

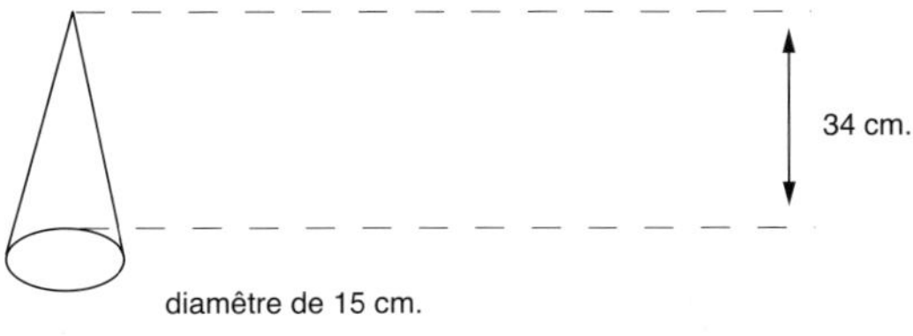

Minoviras 1

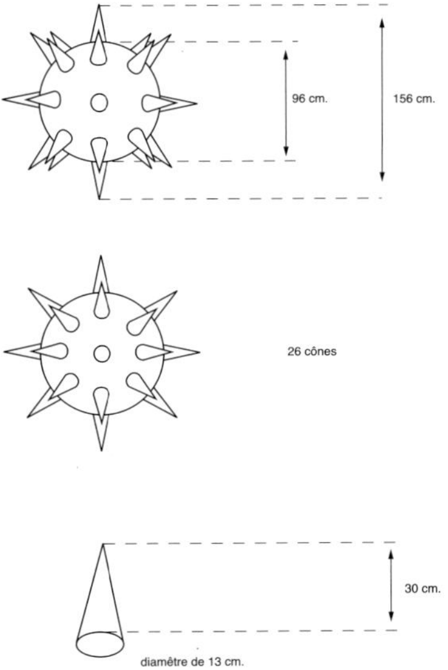

Minoviras 2

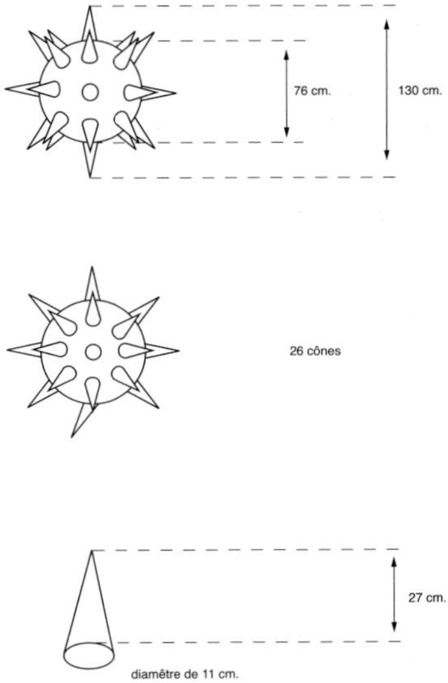

Minoviras 3

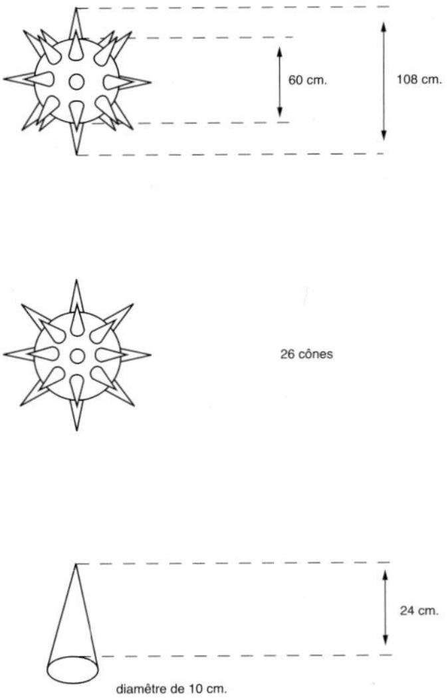

Minoviras 4

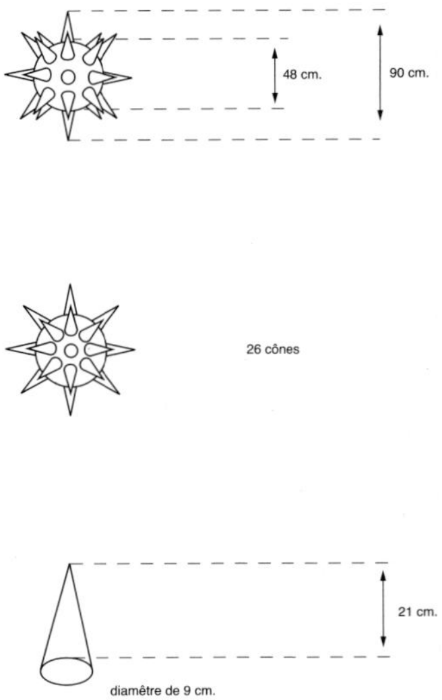

Tatouage

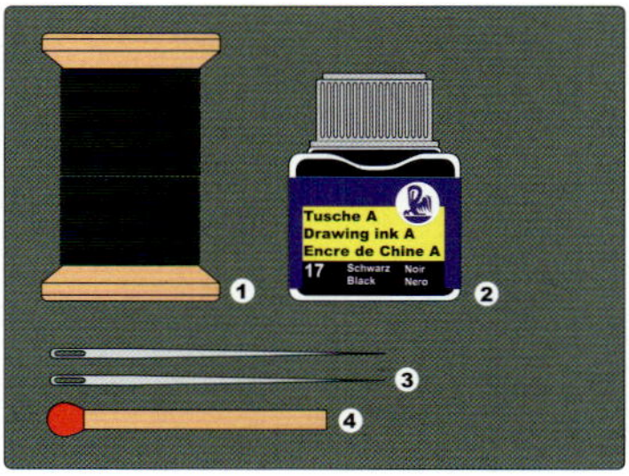

1: Fil de coton
2: Encre de chine
3: Aiguilles
4: Allumette

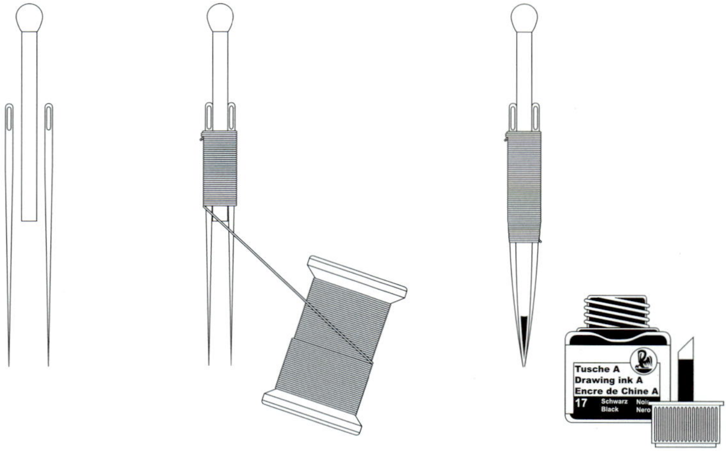

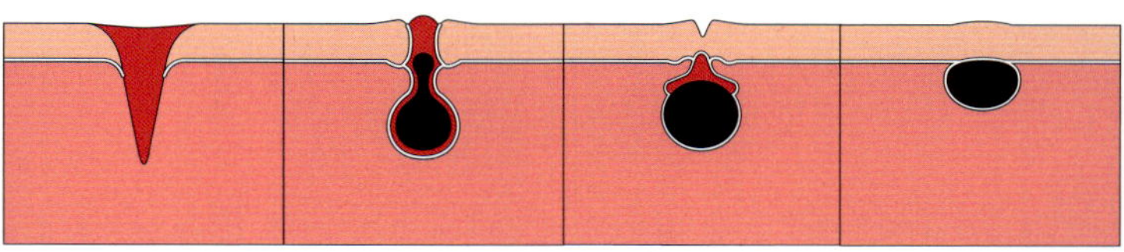

Cadre

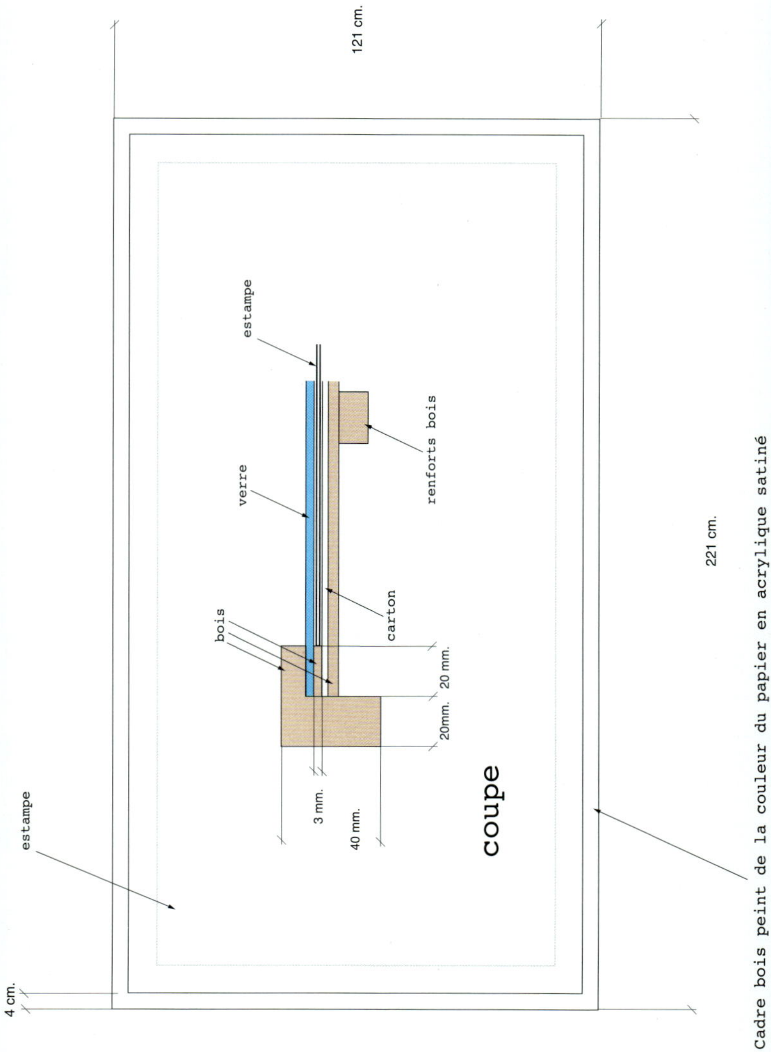
121 cm.
estampe
verre
renforts bois
bois
carton
20 mm.
20mm.
3 mm.
40 mm.
coupe
estampe
4 cm.
221 cm.
Cadre bois peint de la couleur du papier en acrylique satiné

Tour

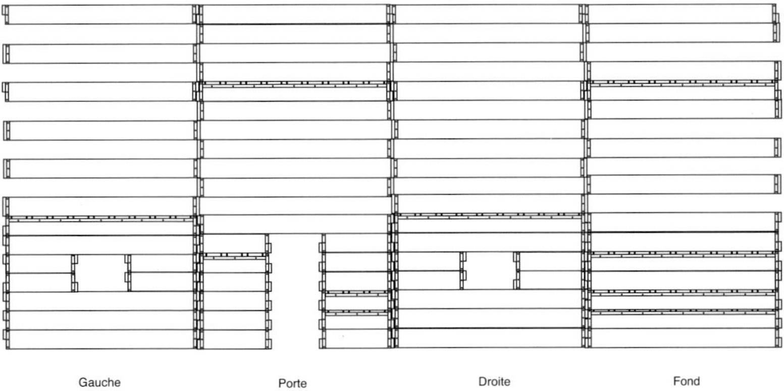
Gauche
Porte
Droite
Fond

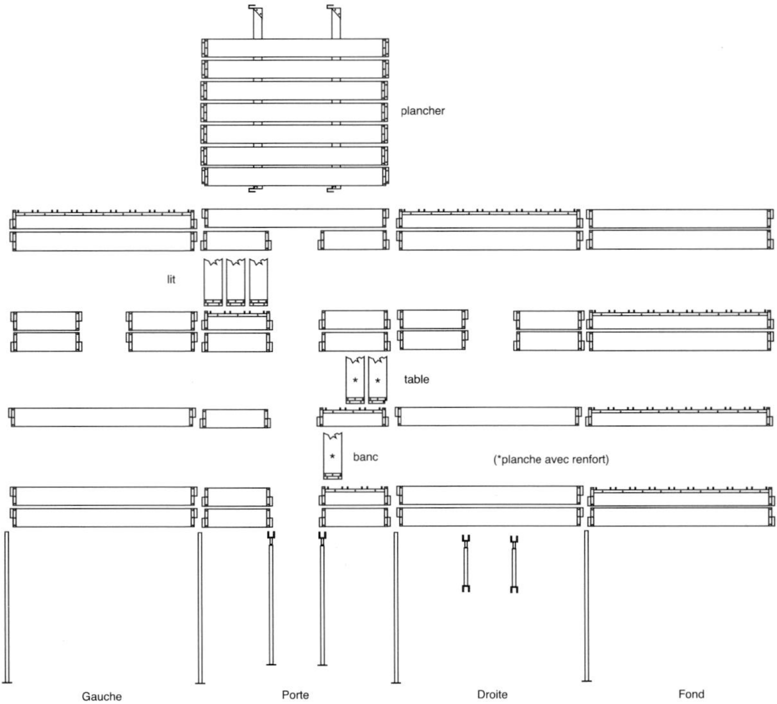
plancher
lit
table
banc
(*planche avec renfort)
Gauche
Porte
Droite
Fond

Bois et métal zingué

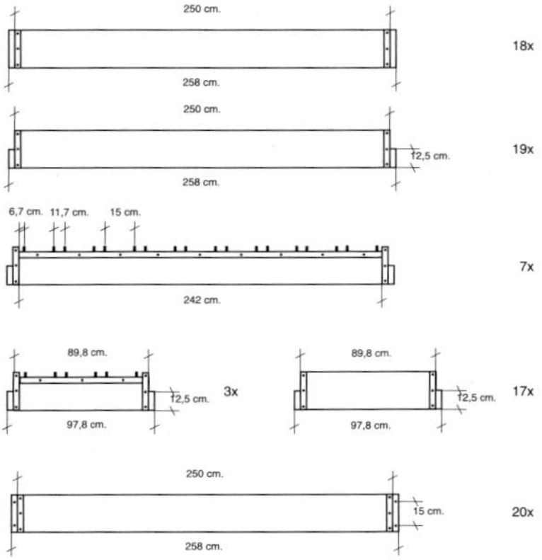

Métal zingué 3mm.

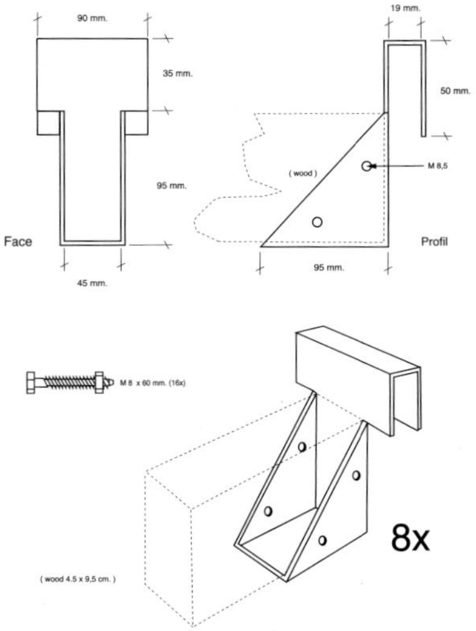

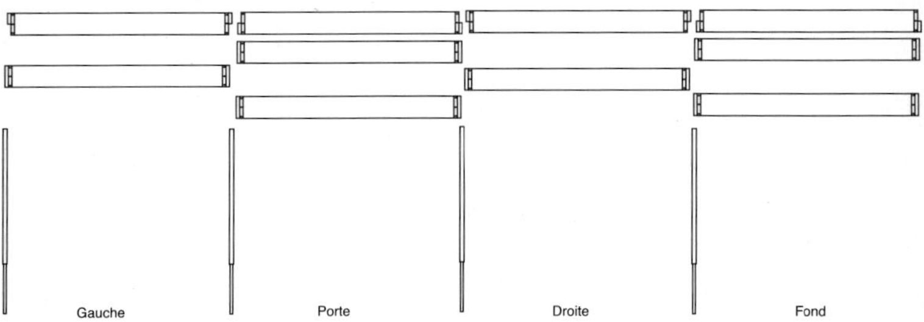

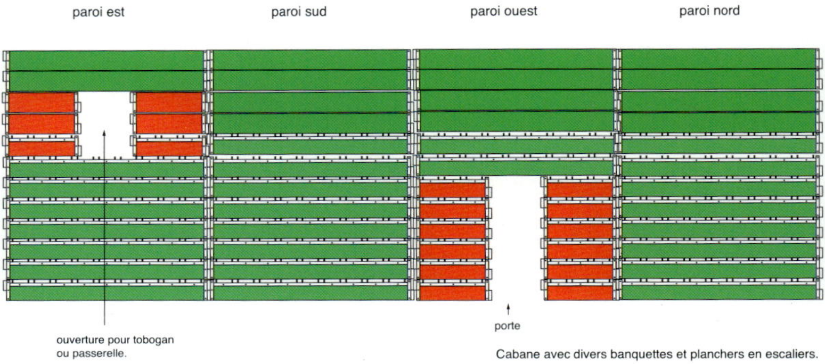

Cabane avec divers banquettes et planchers en escaliers.

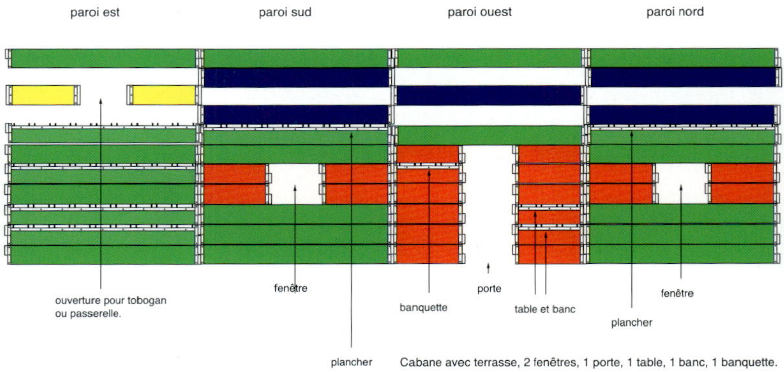

Cabane avec terrasse, 2 fenêtres, 1 porte, 1 table, 1 banc, 1 banquette.

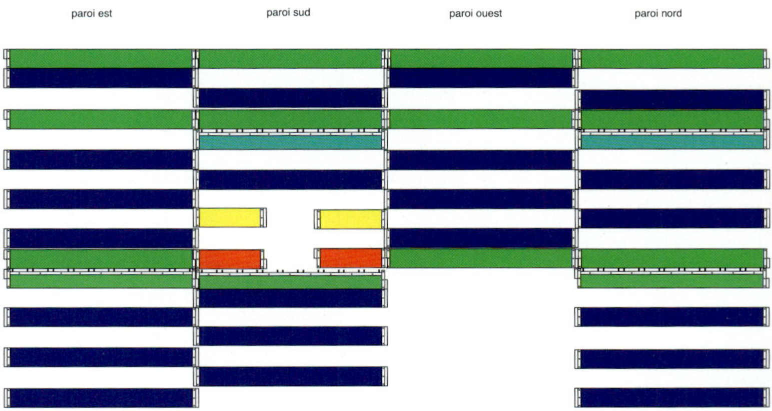

Tour de 2 étages.

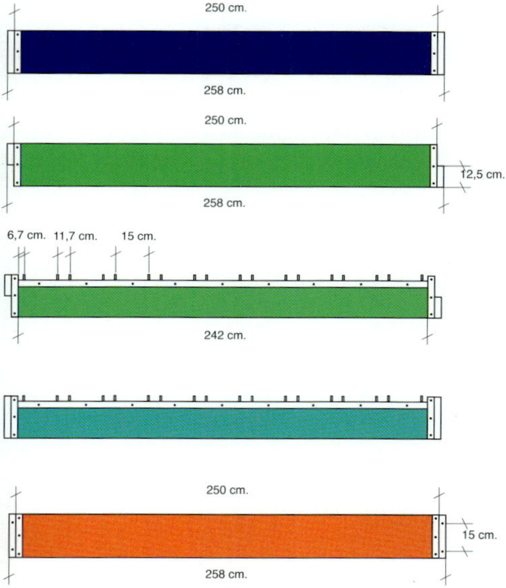

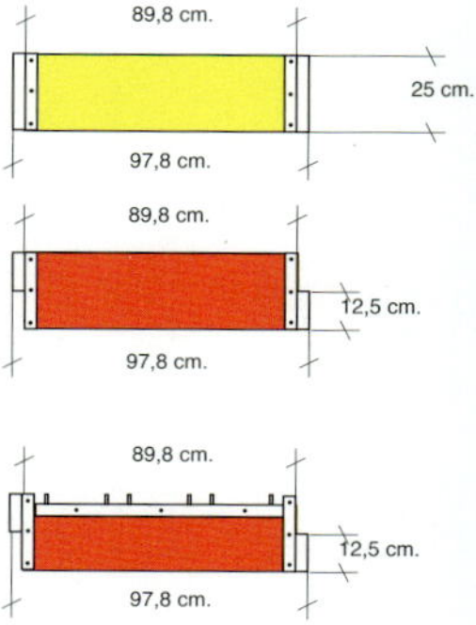

Planches et métal.

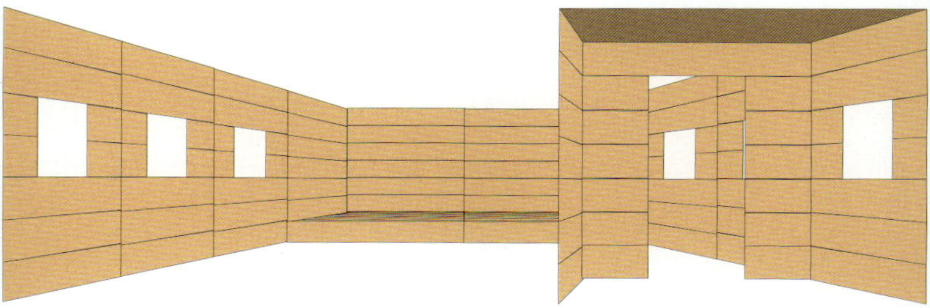

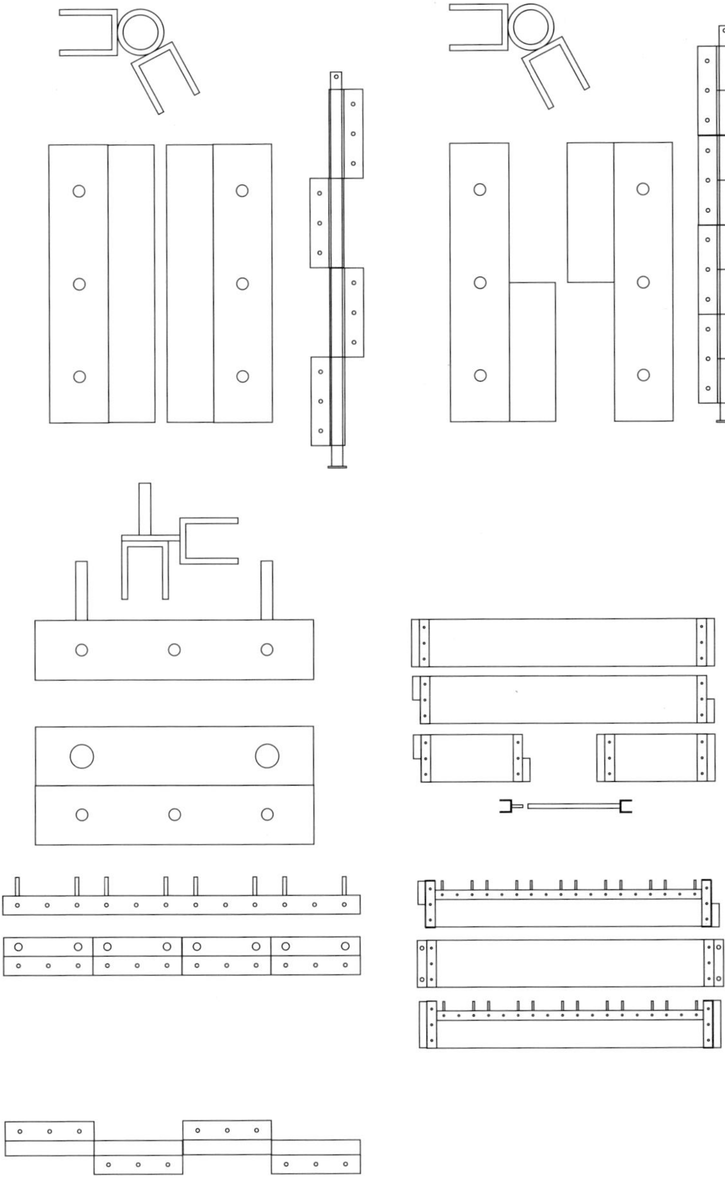

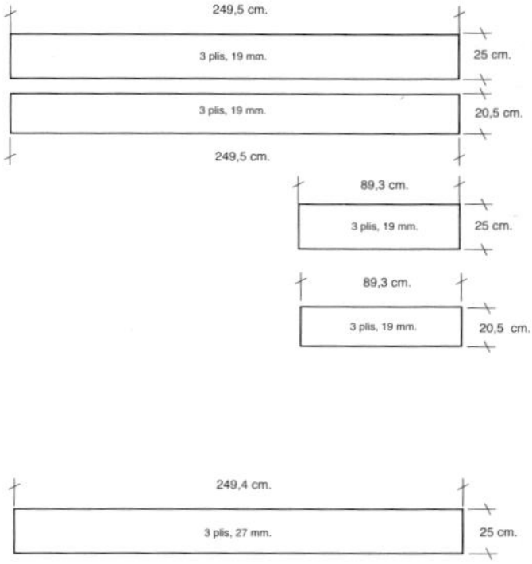

Planches.

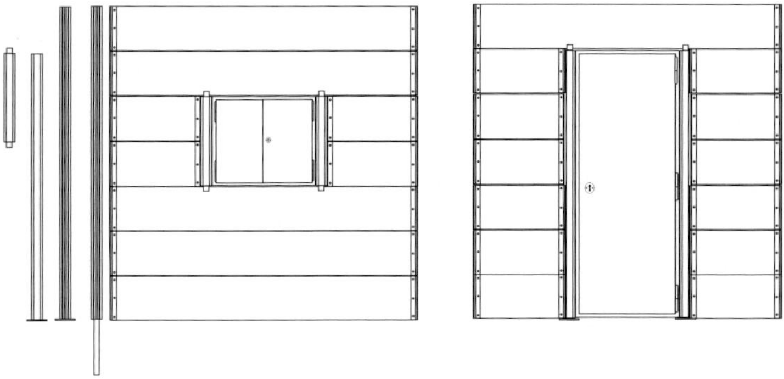

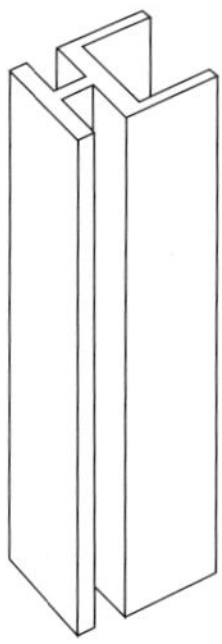

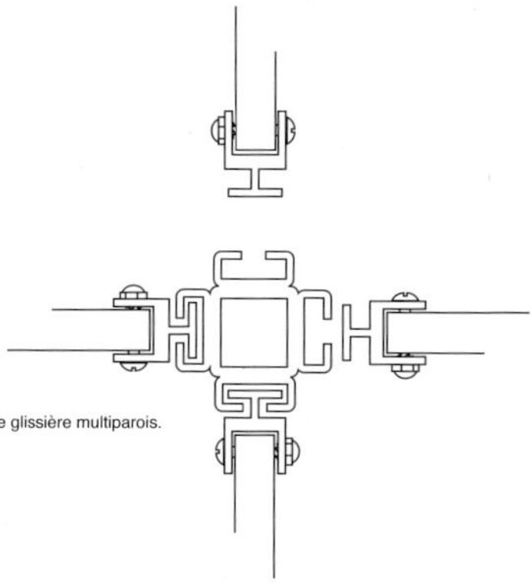

Système de glissière multiparois.

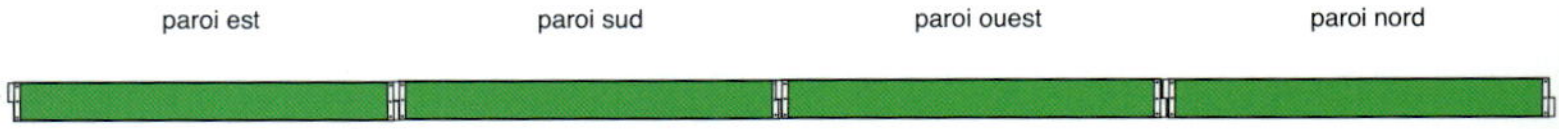

Bac à sable.

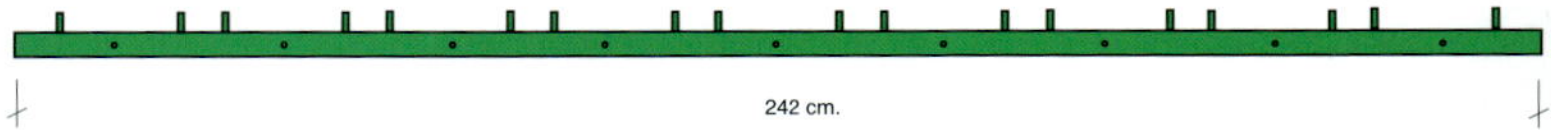

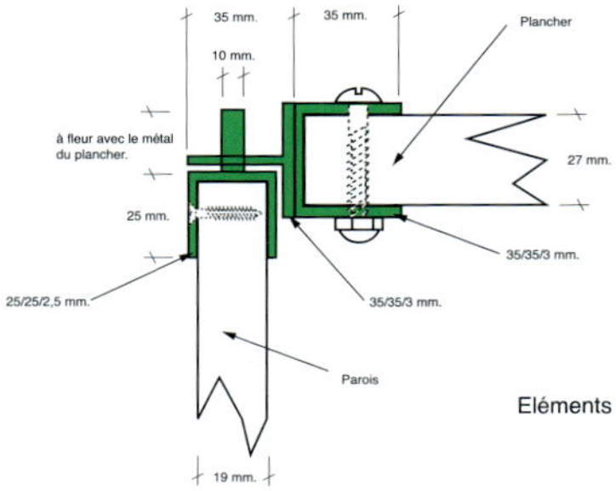

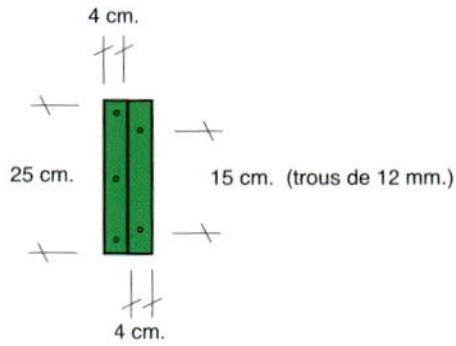

Eléments métaliques pour planchers.

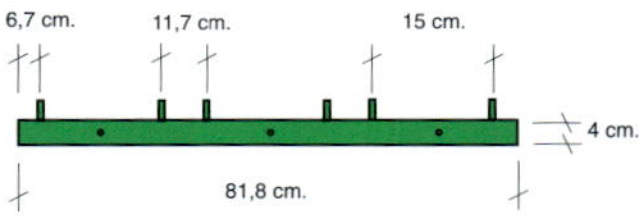

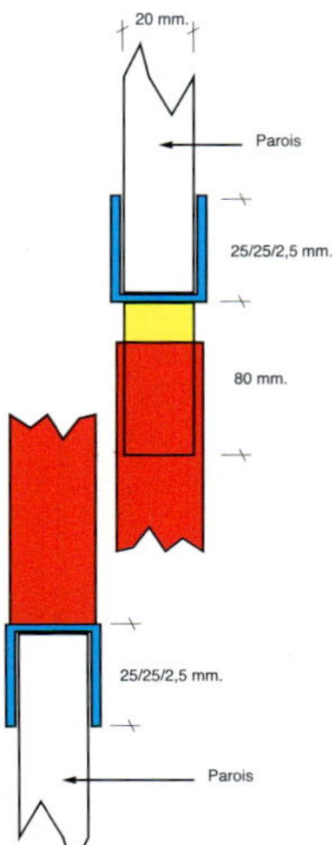

Eléments métaliques pour fenêtres et porte.

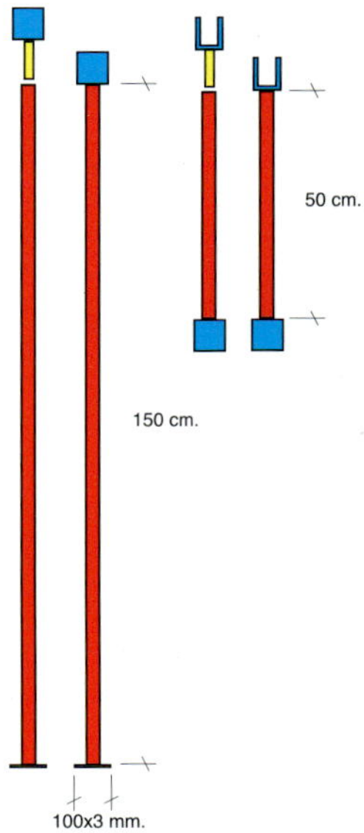

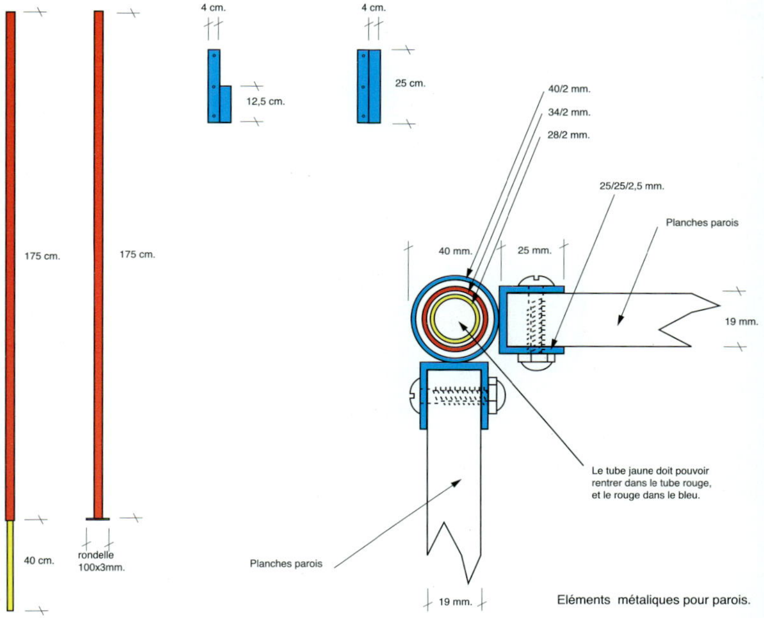

Eléments métaliques pour parois.

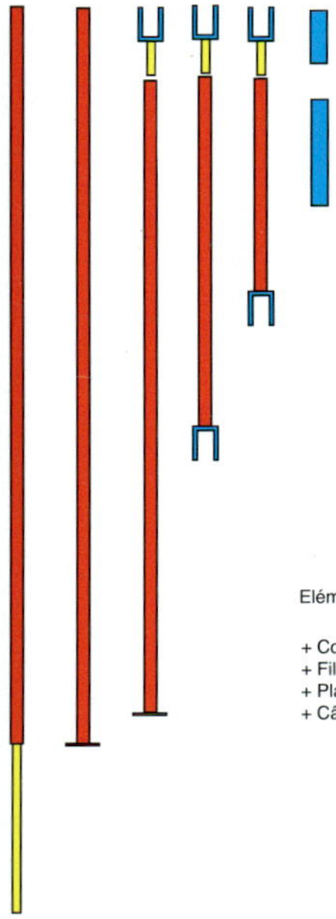

Eléments métaliques pour montage.

+ Cordages
+ Filets
+ Planches (sans métal)
+ Câbles pour entretoises

Second Generation Airbag

DOS

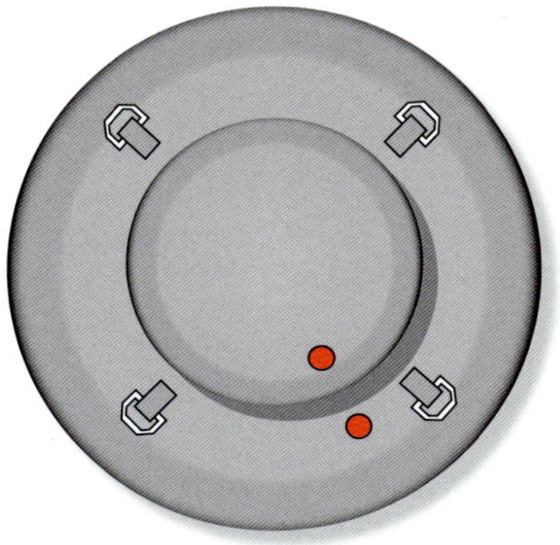

FACE

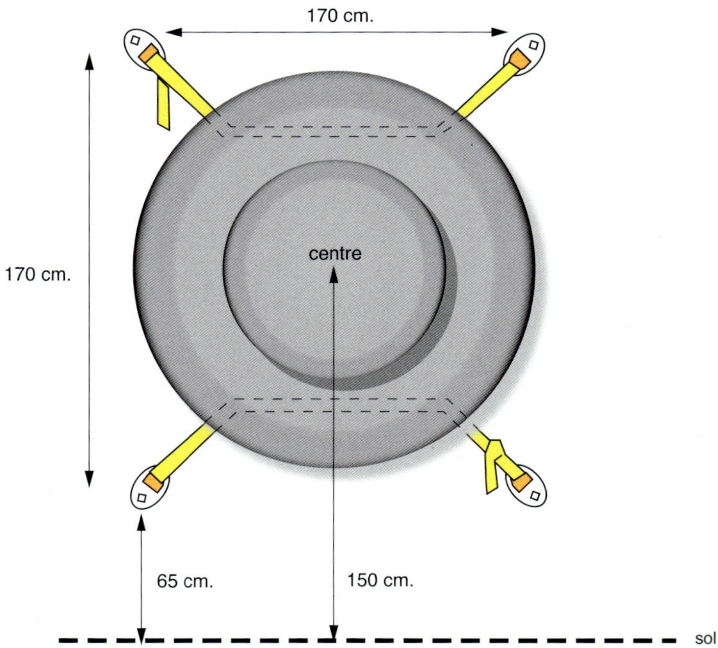

Plafonniers

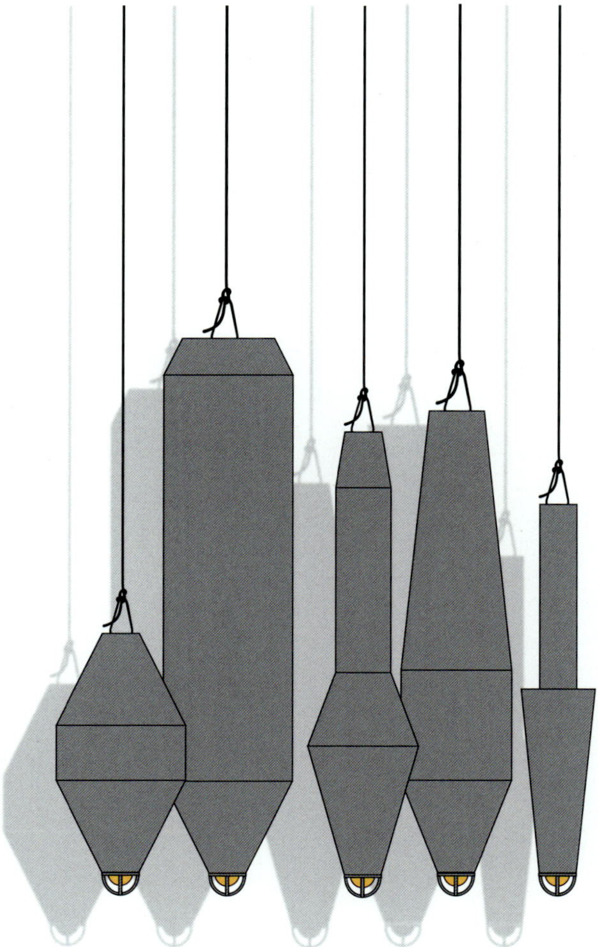

Boucliers

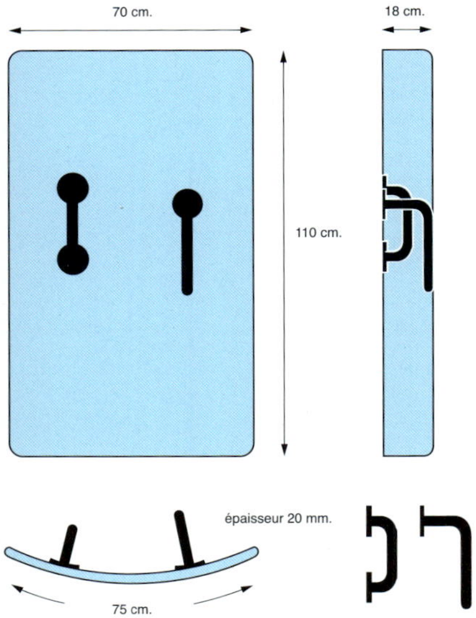

Plan pour boucliers anti-émeutes en plexiglas.

RATELIER 5 x. + suport métal zingués.

Achat de 5 Boucliers + 5 Tonfas + 5 Casques. + réalisationt du RATELIER en métal gyalvaniser

Casques, Tonfas et Boucliers

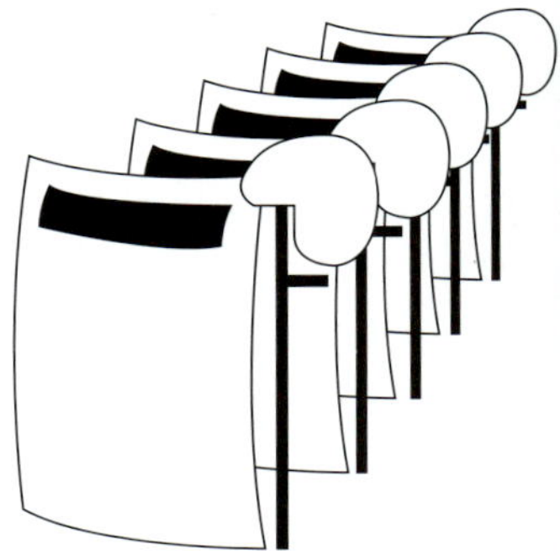

Plan pour boucliers anti-émeutes.

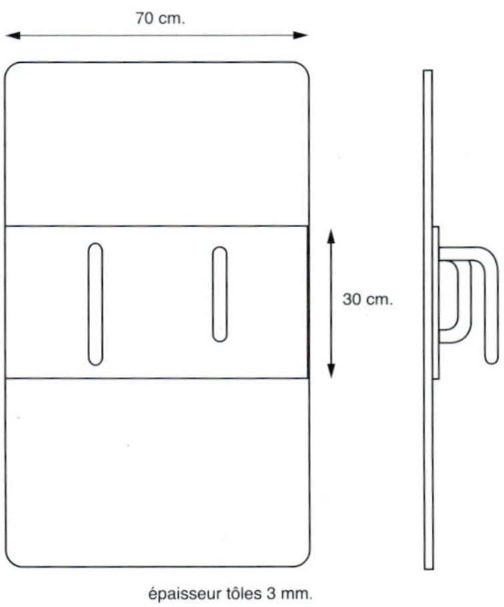

Plan pour 5 boucliers anti-émeutes en macrolon.

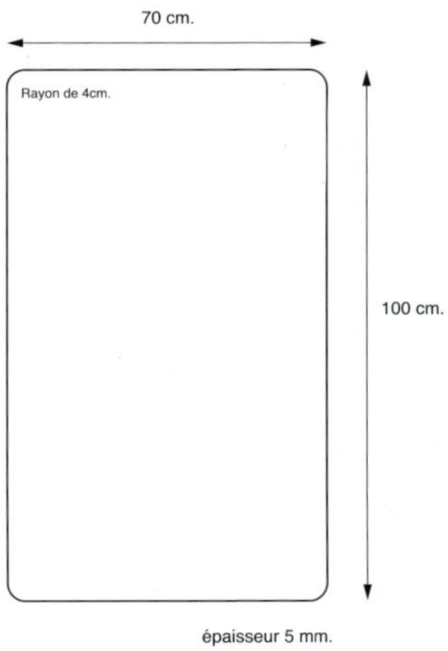

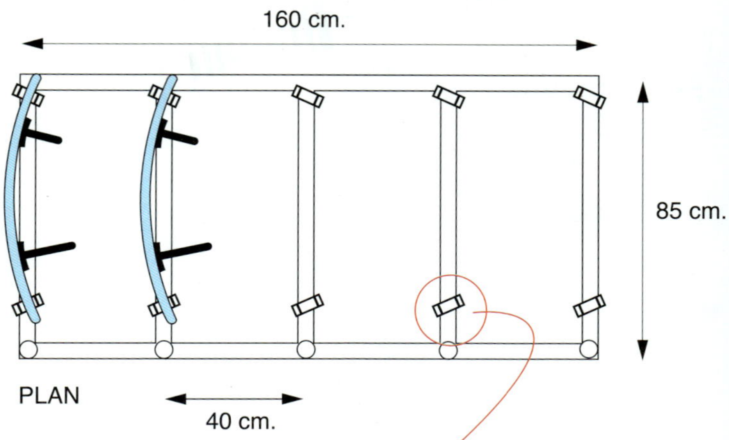
160 cm.
85 cm.
PLAN
40 cm.

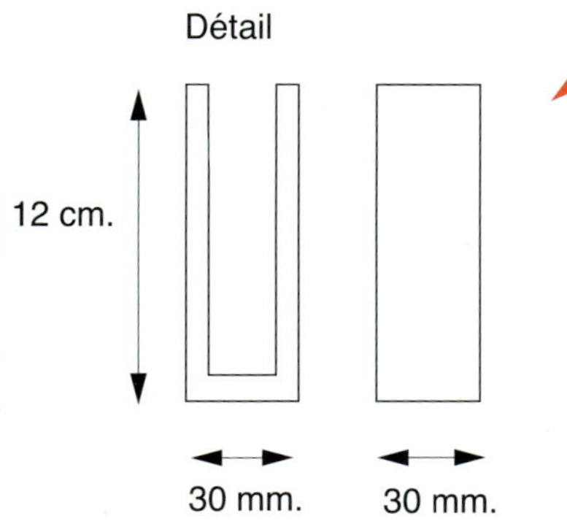
Détail
12 cm.
30 mm.
30 mm.

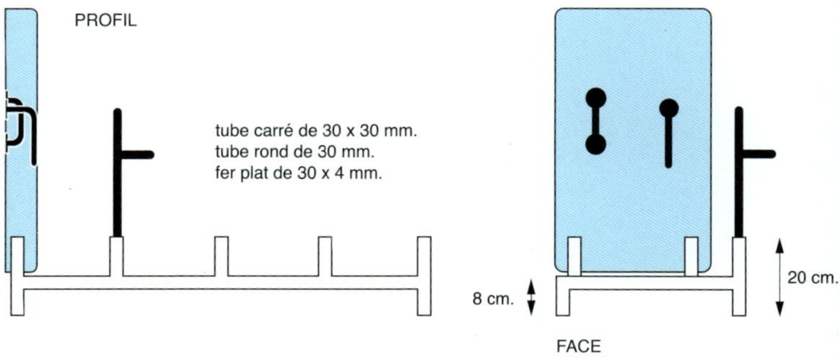
PROFIL
tube carré de 30 x 30 mm.
tube rond de 30 mm.
fer plat de 30 x 4 mm.
8 cm.
20 cm.
FACE

Flotteurs

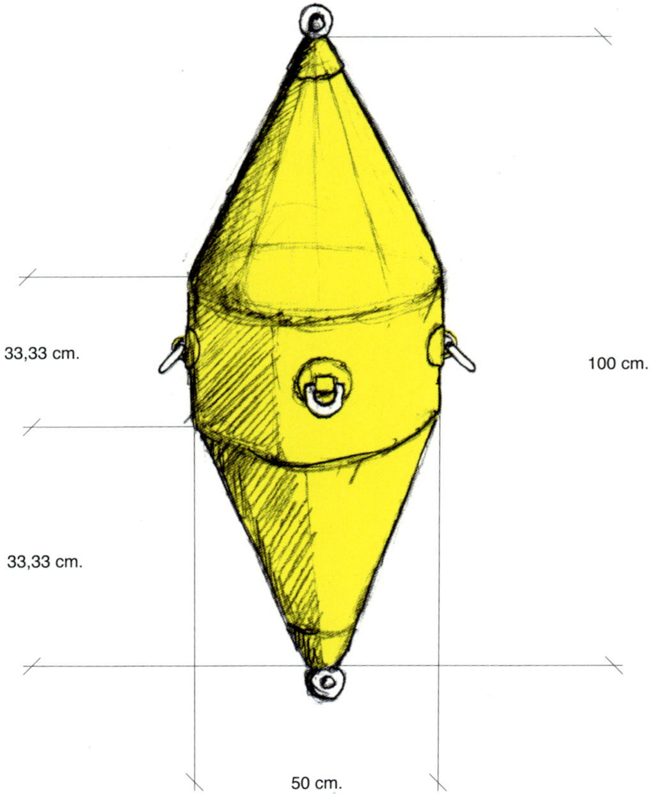

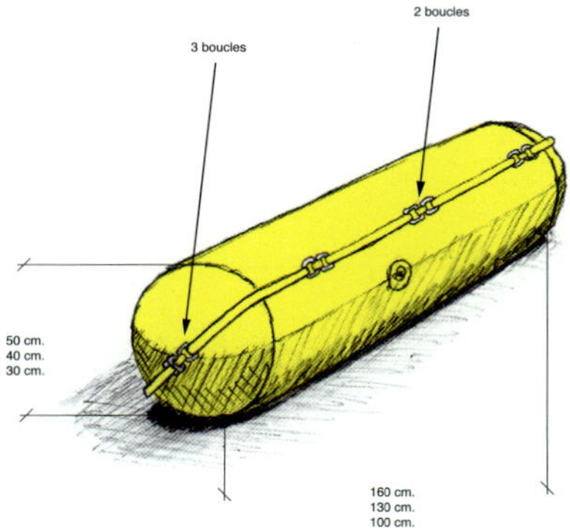

Jaune

2x: 50x160 cm.

1x: 40x130 cm.

1x: 30x100 cm.

FLOTTEURS CYLINDRIQUES 2002

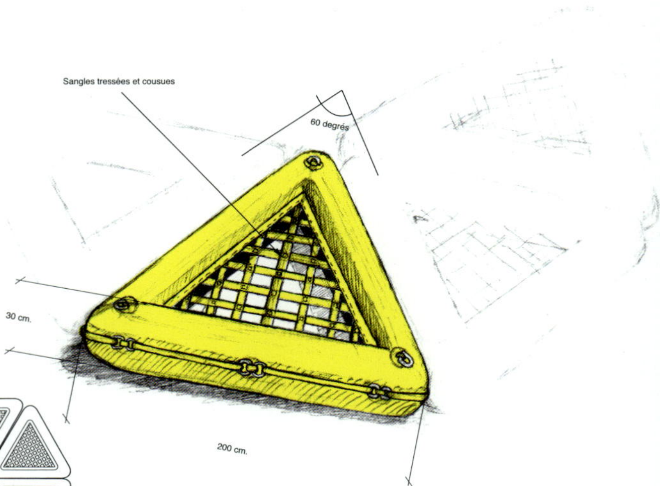

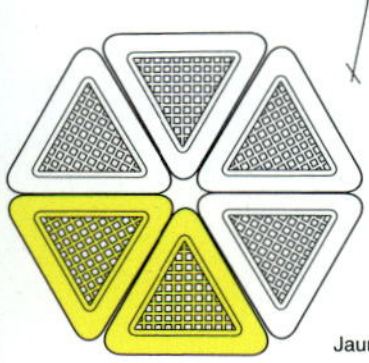

Jaune 2x

FLOTTEURS TRIANGULAIRES 2002

Flotteur carré

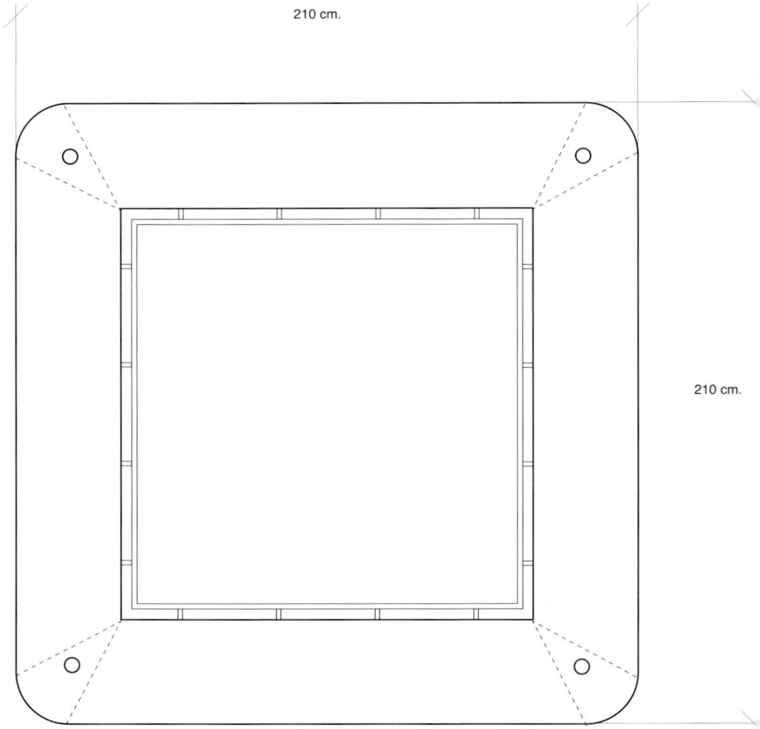

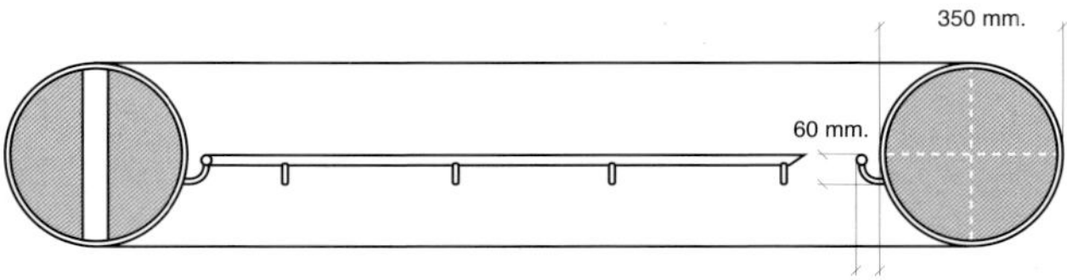

profil / coupe

métal et fillet plastifié

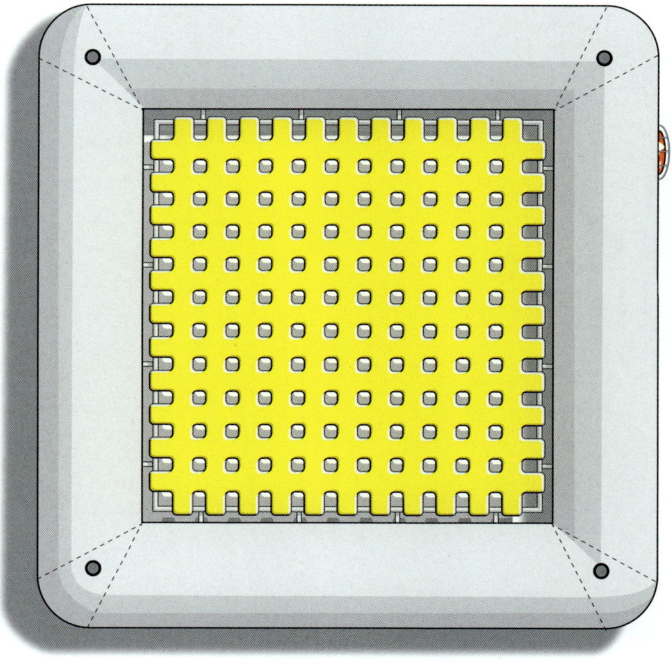

métal et fillet plastifié + lampes de détresse rouge

Sac à corde

Jaune

2x: 50x160 cm.

1x: 40x130 cm.

1x: 30x100 cm.

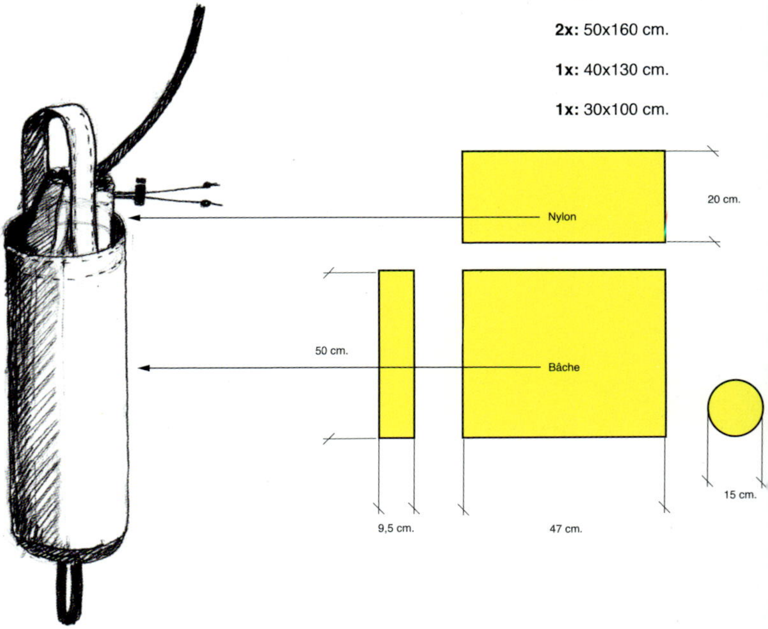

Airbag Generation Yellow

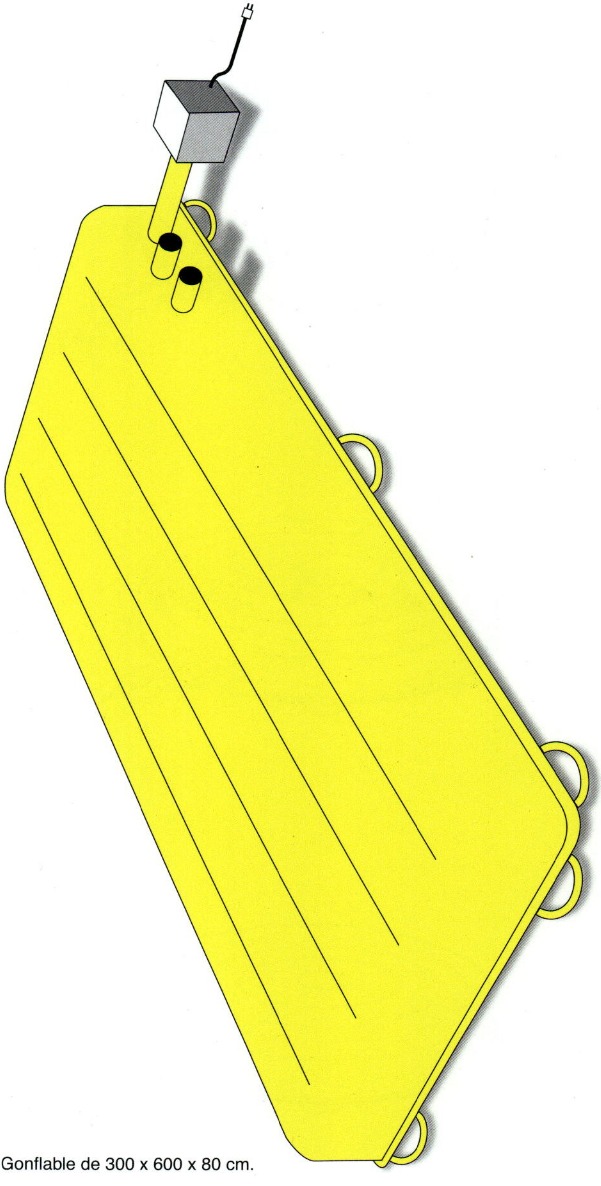

Matelas Gonflable de 300 x 600 x 80 cm.

Airbag Generation Round

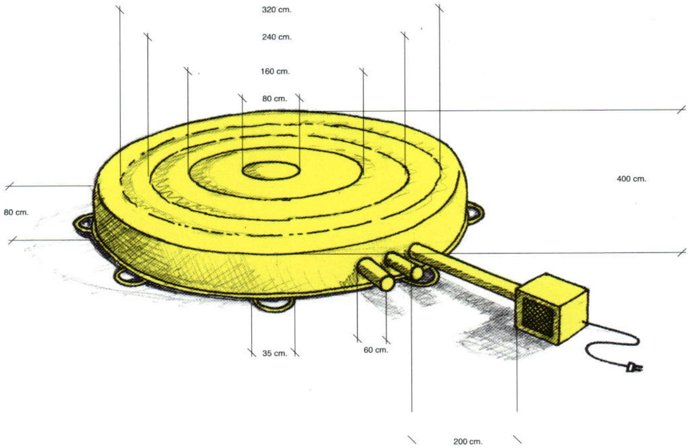

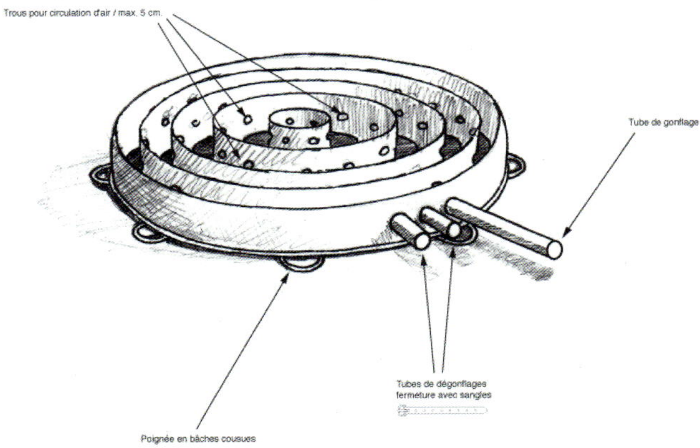

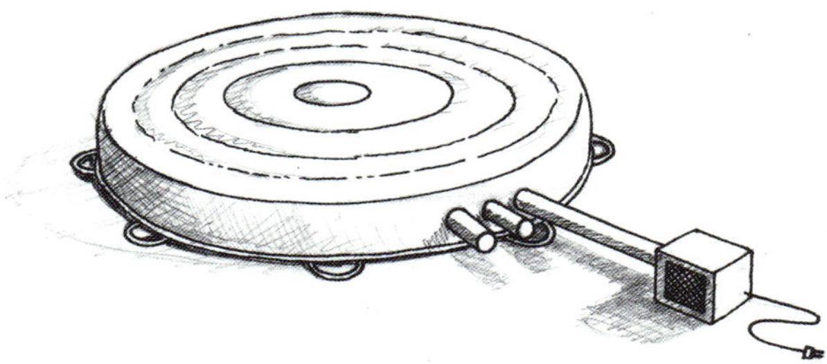

Airbag Generation Red

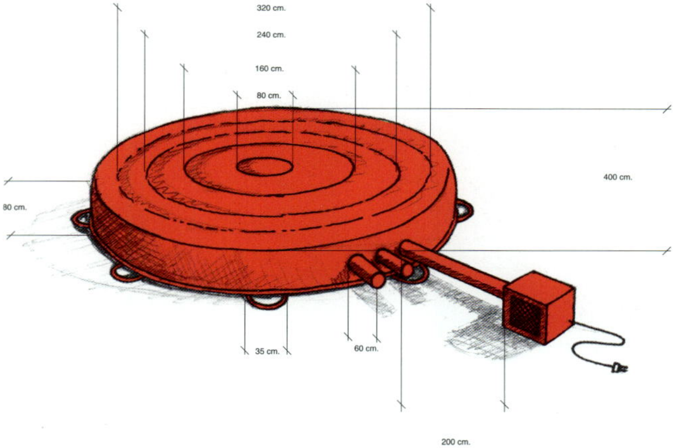

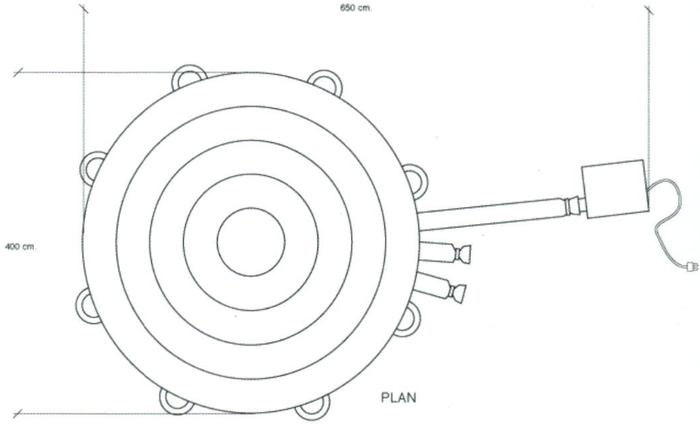

Bateau 1

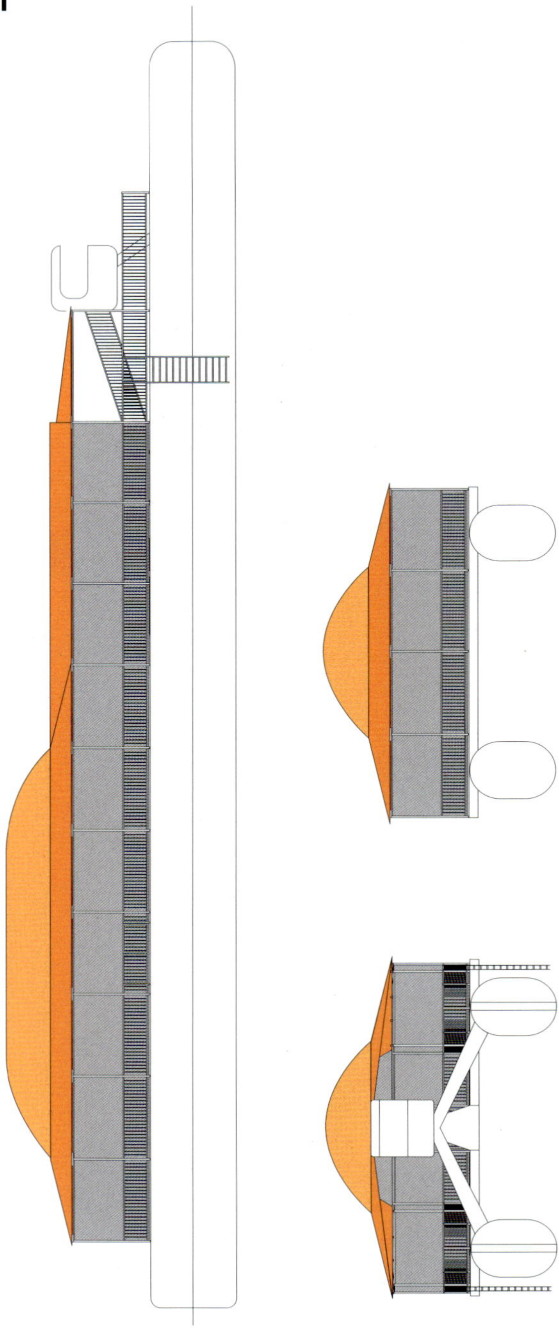

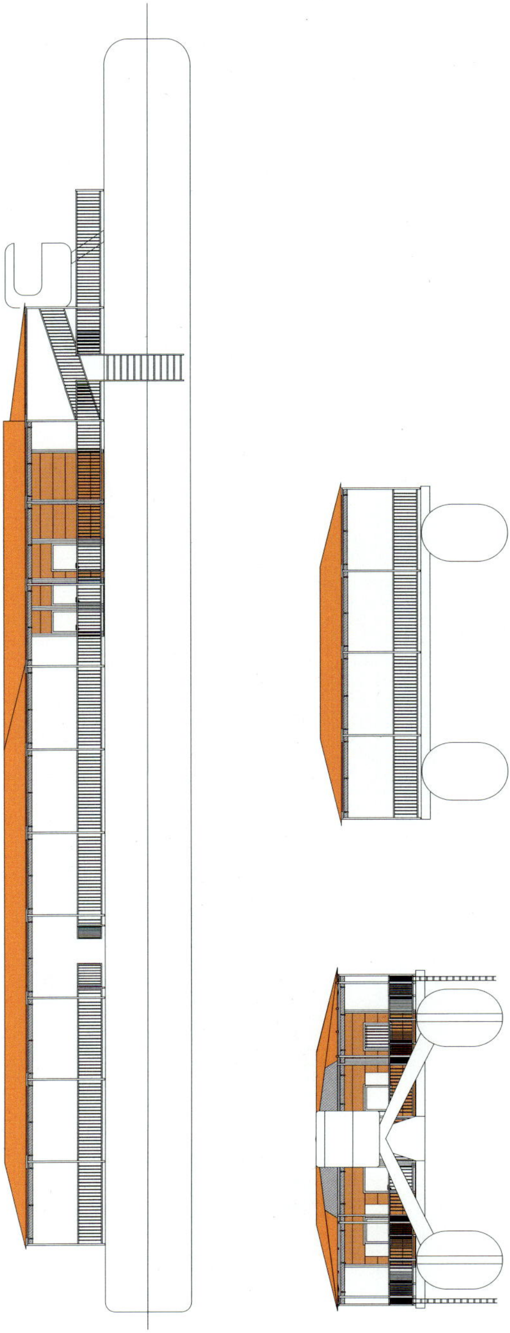

Bateau 2

a

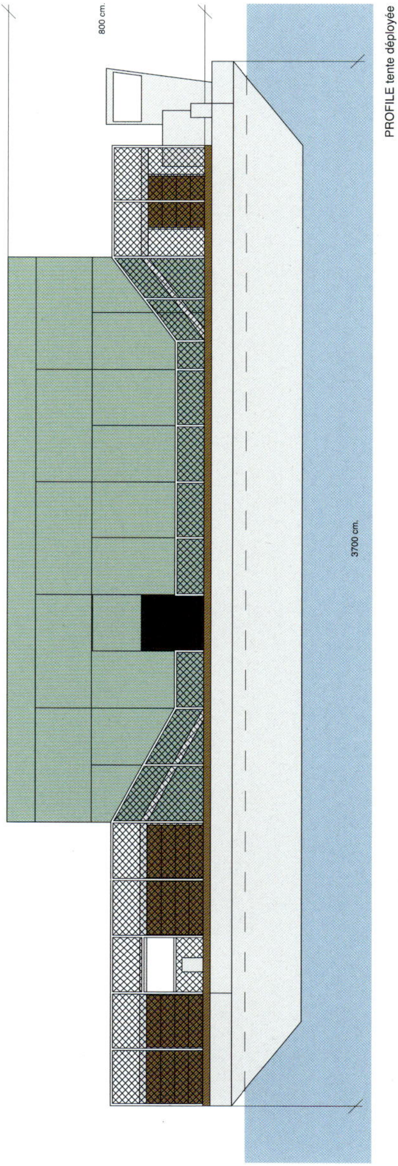

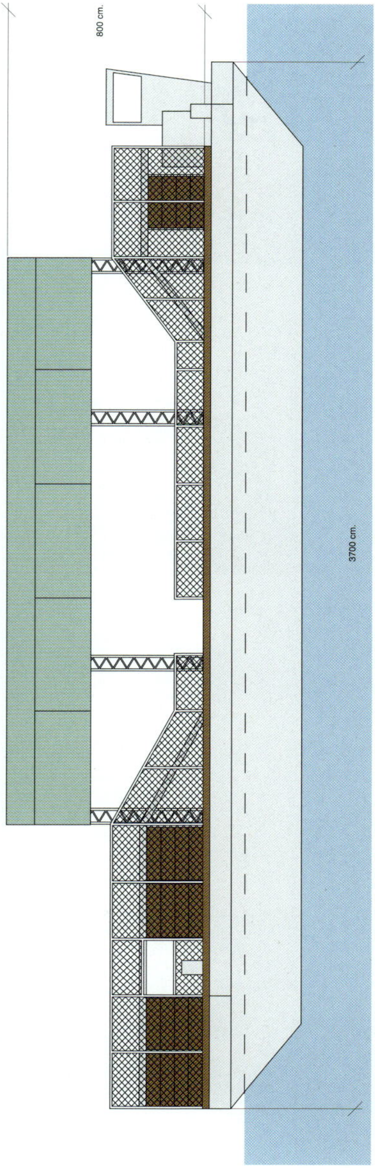

PROFILE tente ouverte

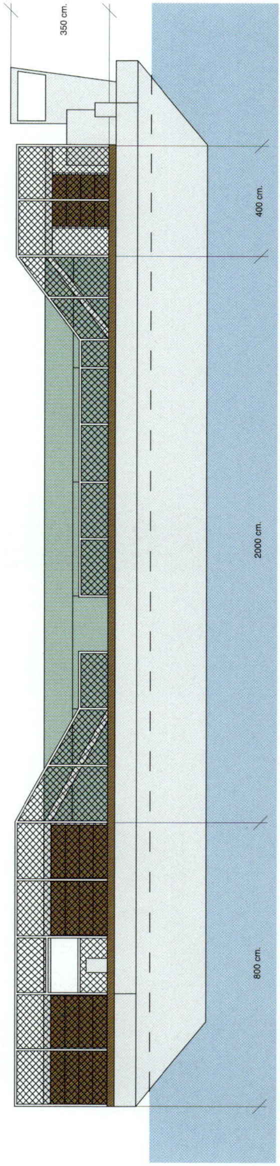

PROFILE passage pont

Bateau 2

b

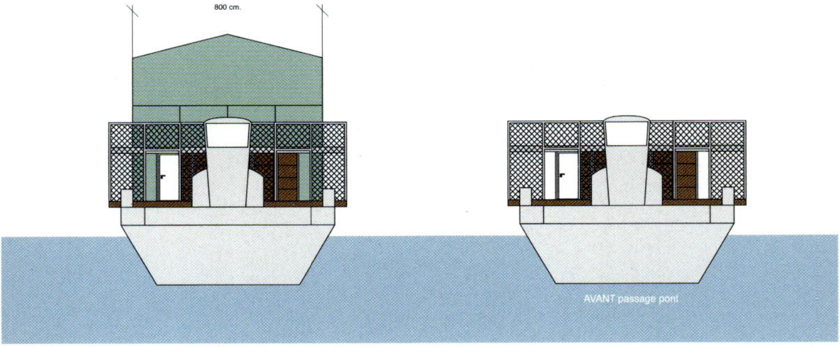
800 cm.
AVANT passage pont

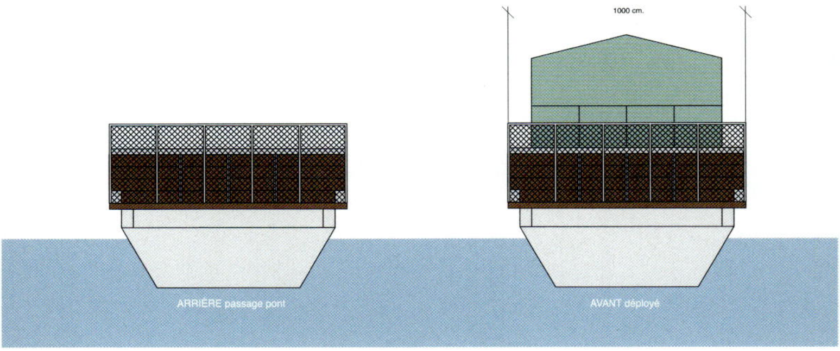
1000 cm.
ARRIÈRE passage pont
AVANT déployé

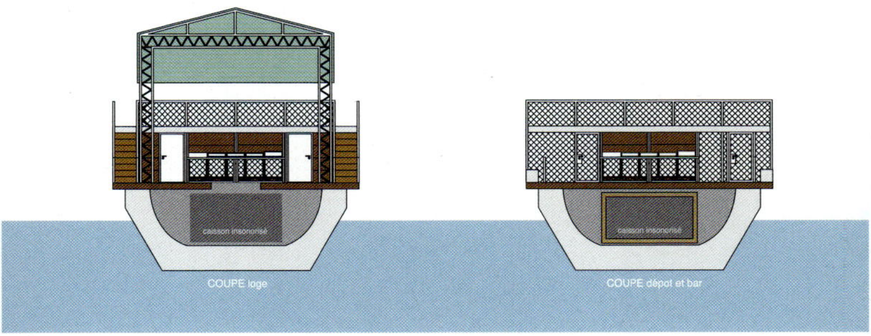
caisson insonorisé
caisson insonorisé
COUPE loge
COUPE dépot et bar

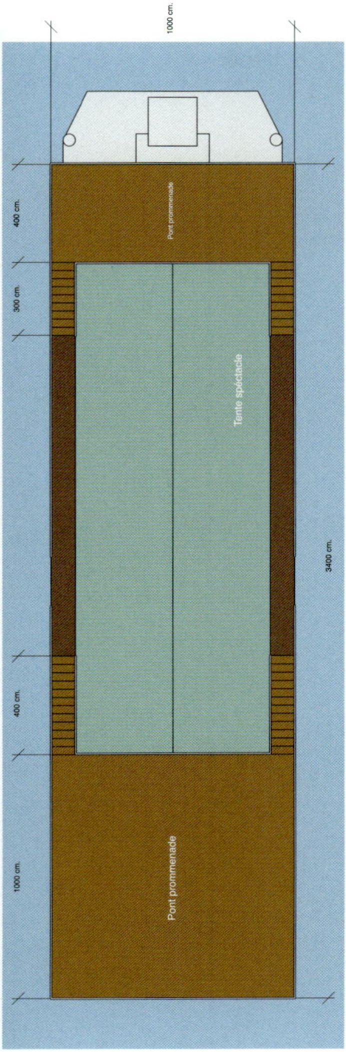

PLAN

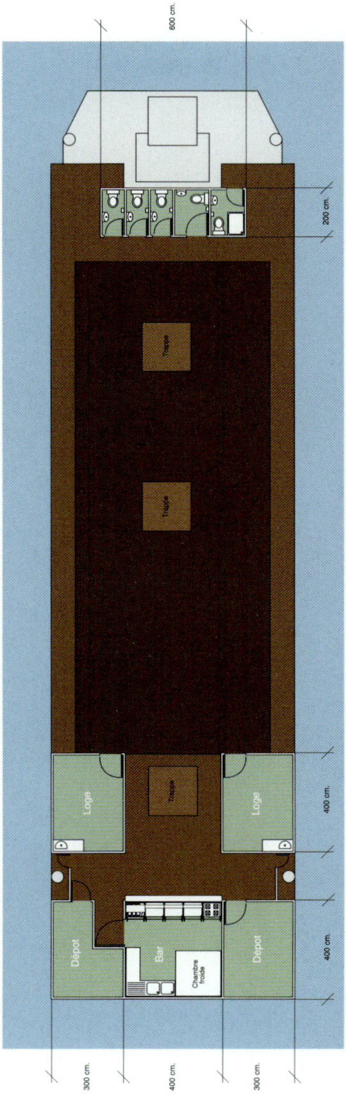

PLAN backstage

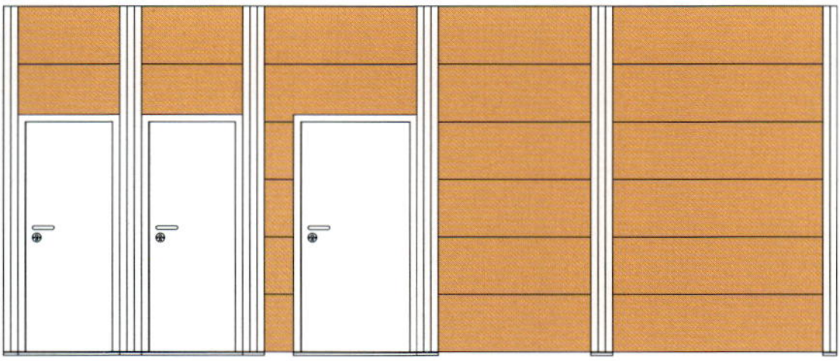

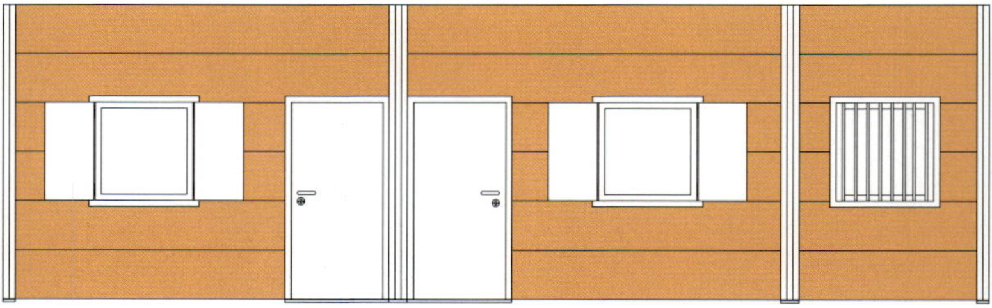

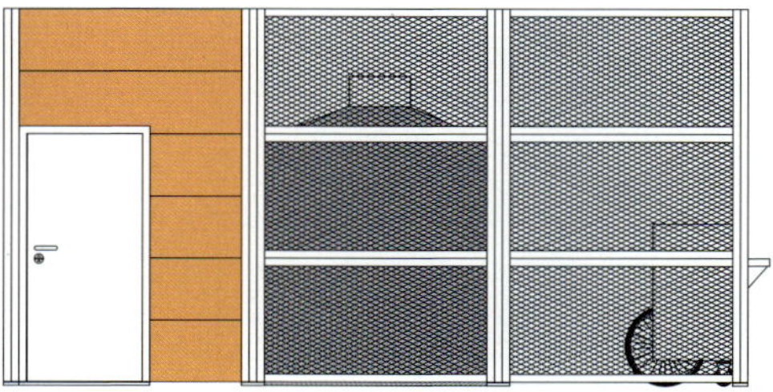

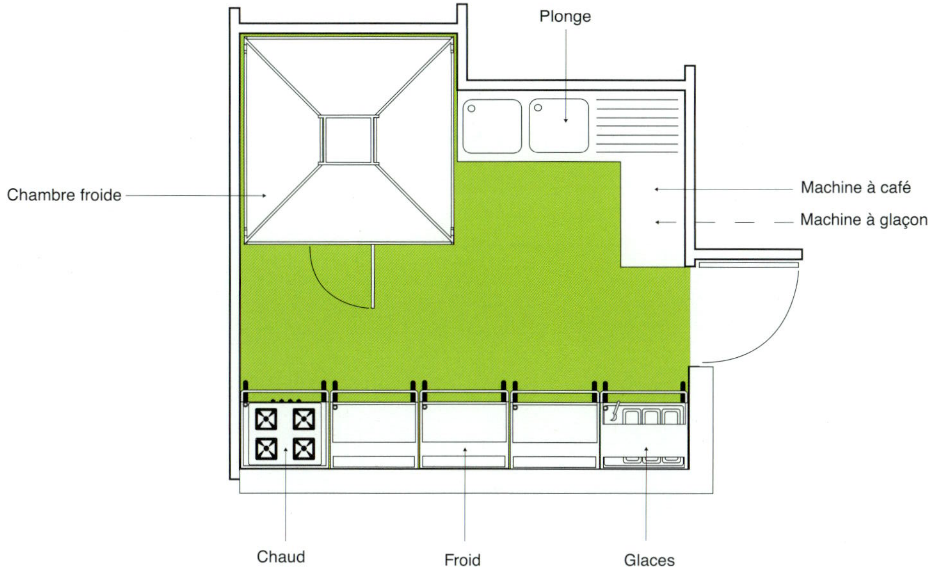

Bar 400 x 400 cm.

Bateau 2

d

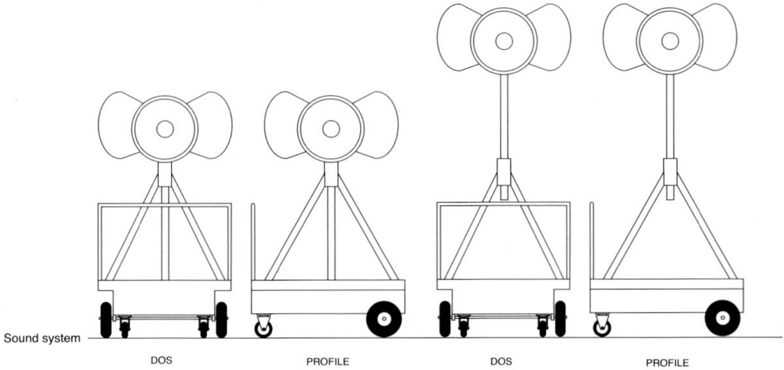

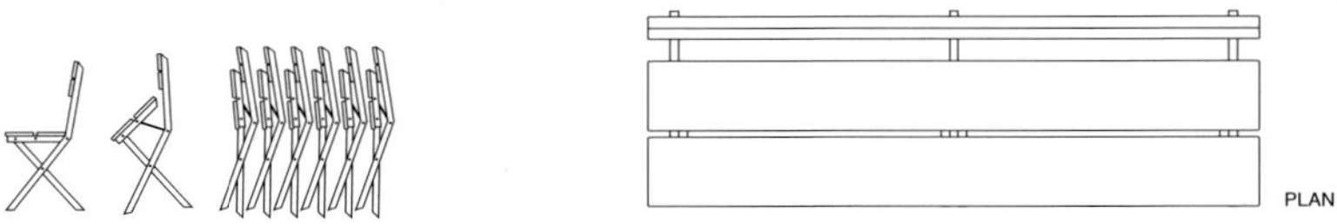

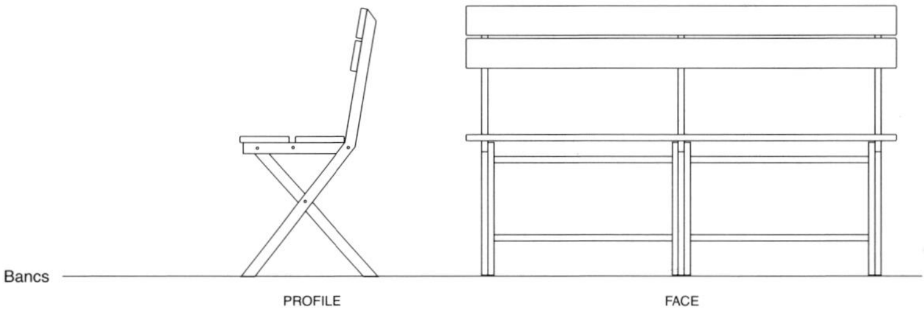

Des bancs pliables...

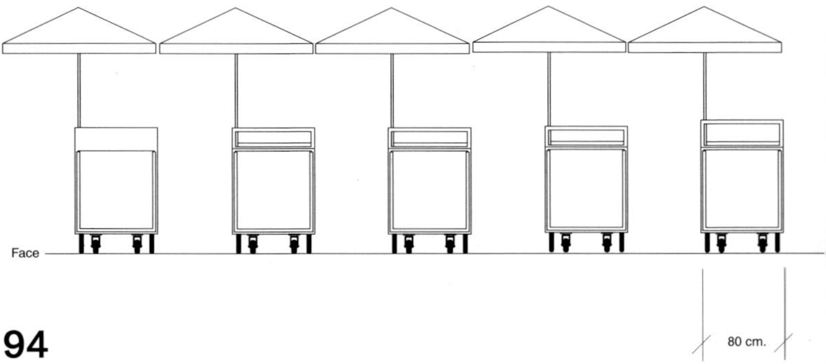

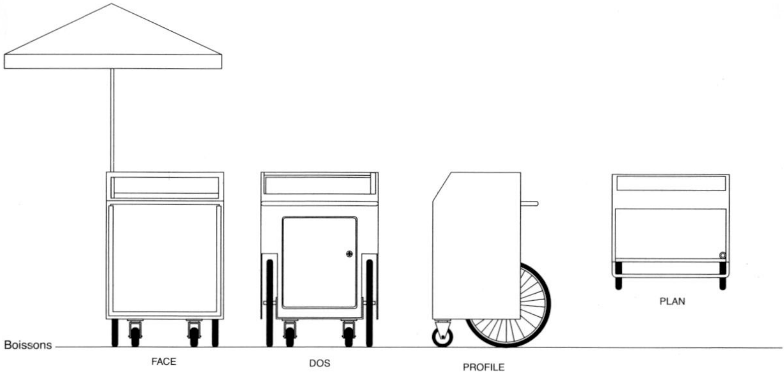
Boissons
FACE
DOS
PROFILE
PLAN

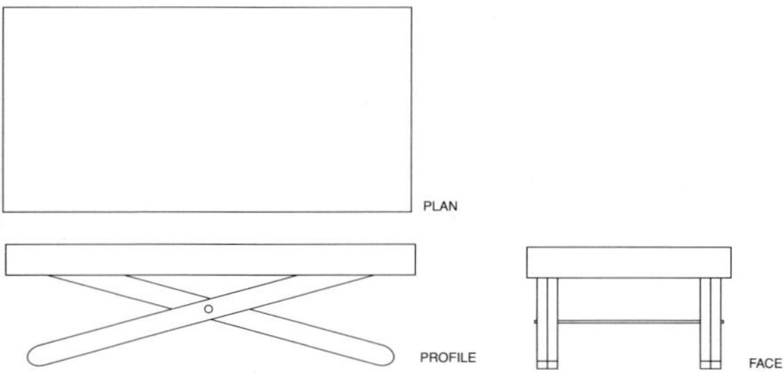
PLAN
PROFILE
FACE

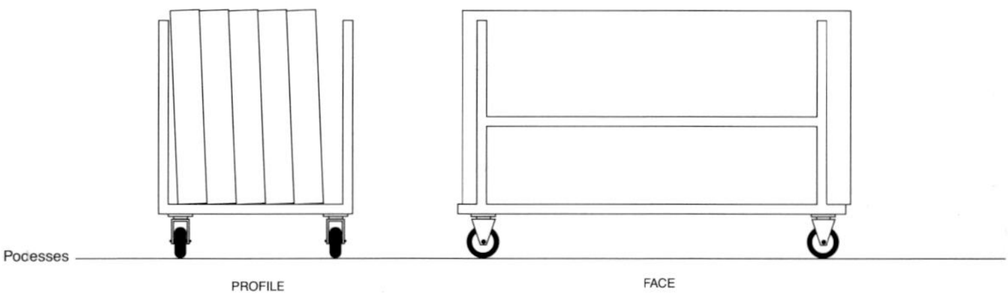
Pocesses
PROFILE
FACE

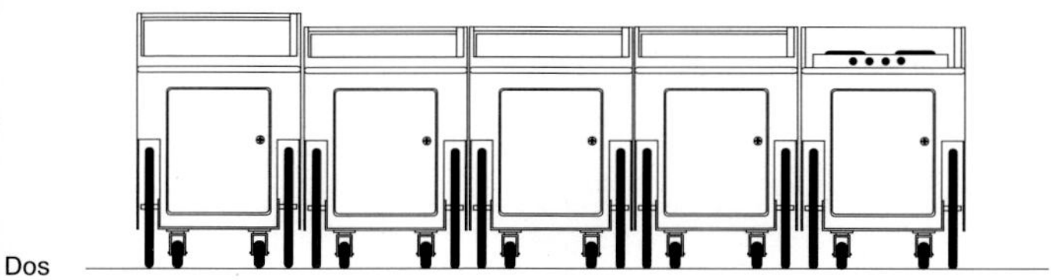
Dos

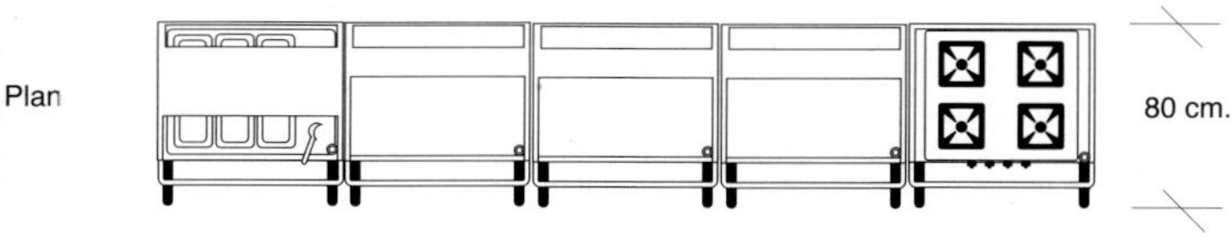
Plan
80 cm.

Crossblocks

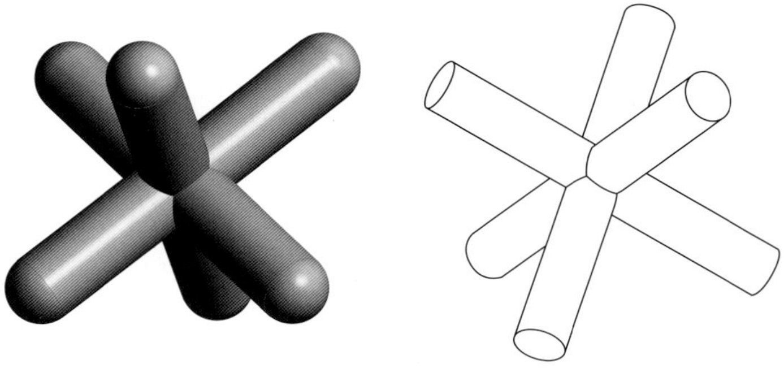

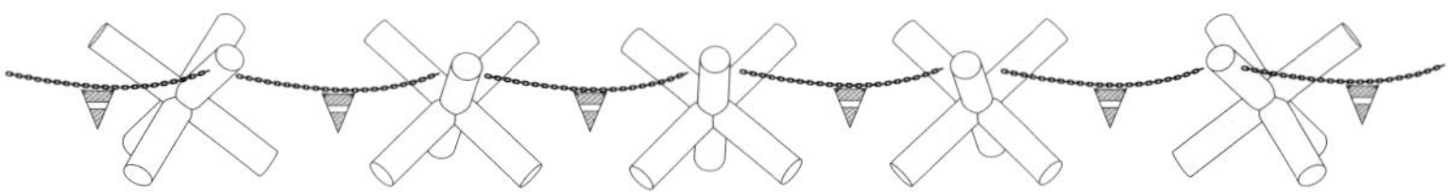

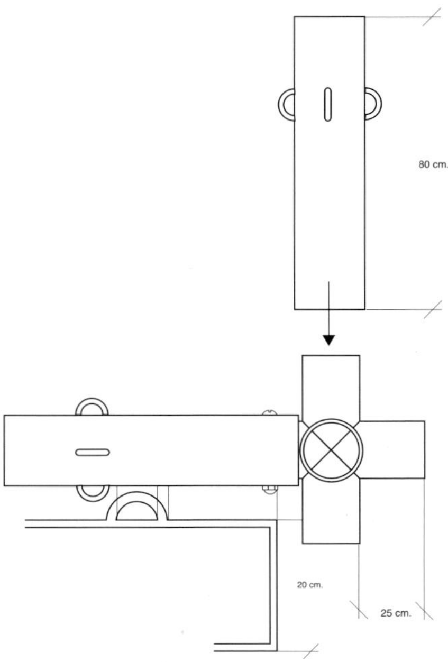

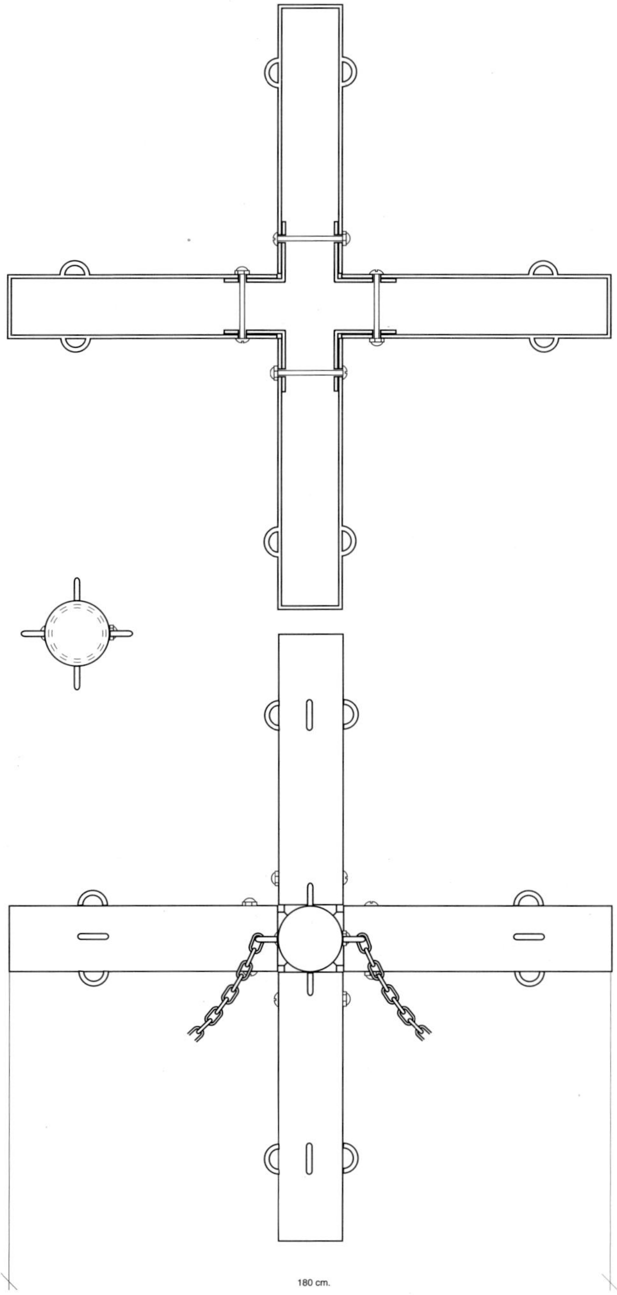

180 cm.

Mine

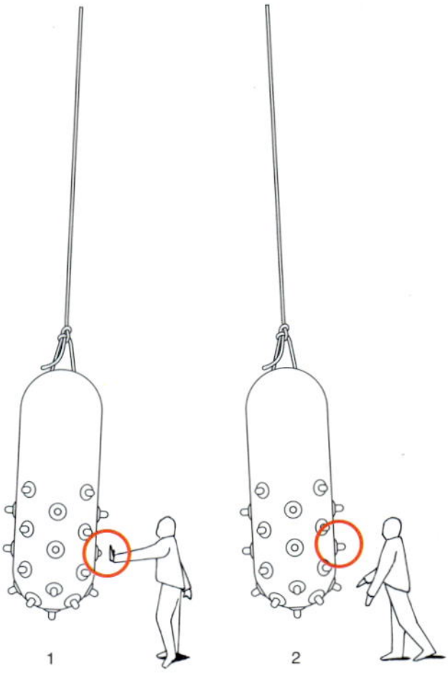

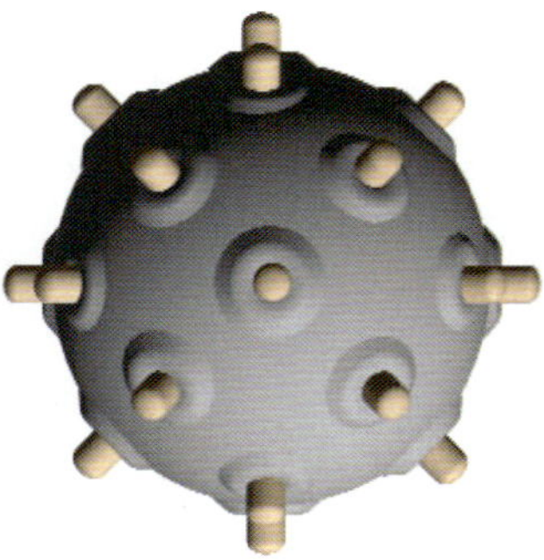

PLAN

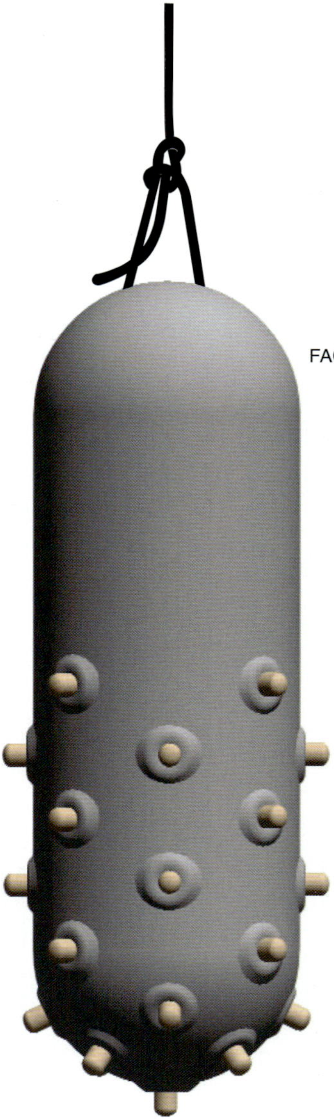

FACE

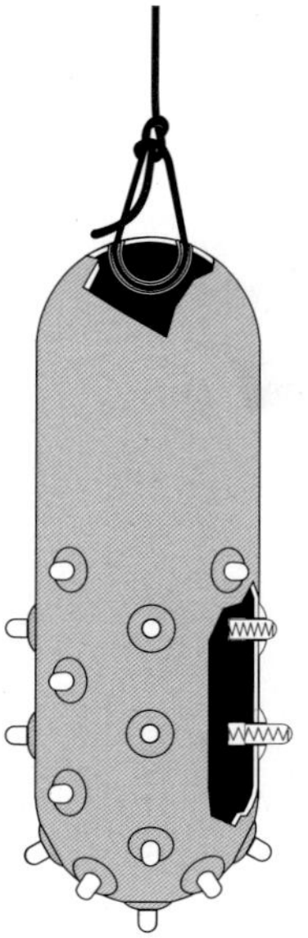

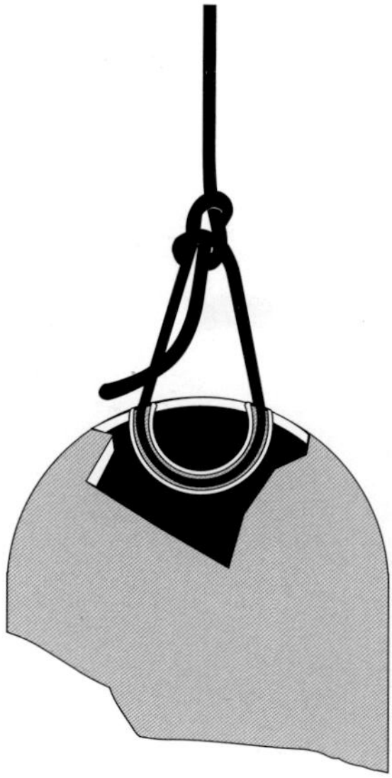

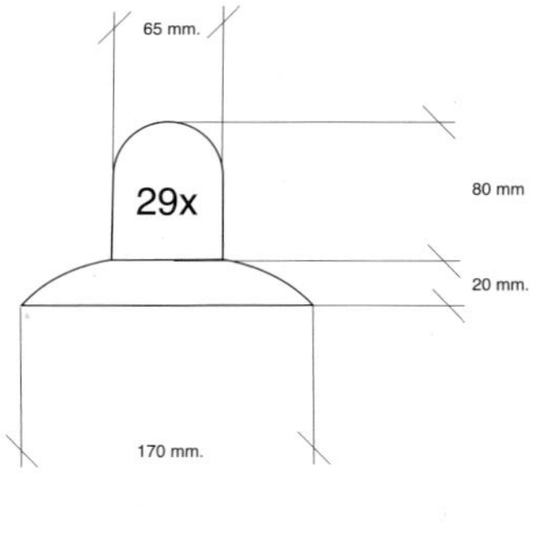
65 mm.
29x
80 mm
20 mm.
170 mm.

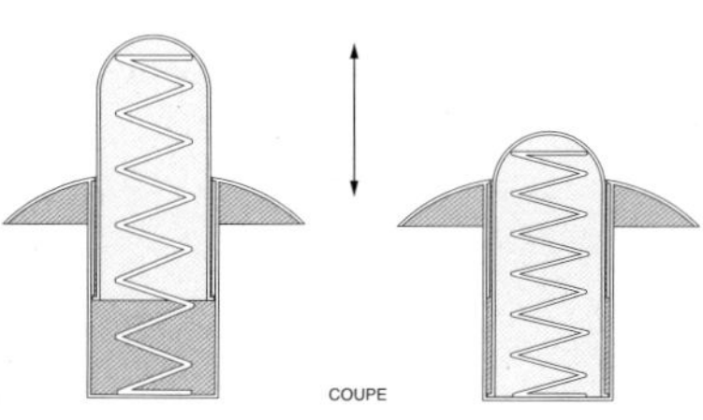
COUPE

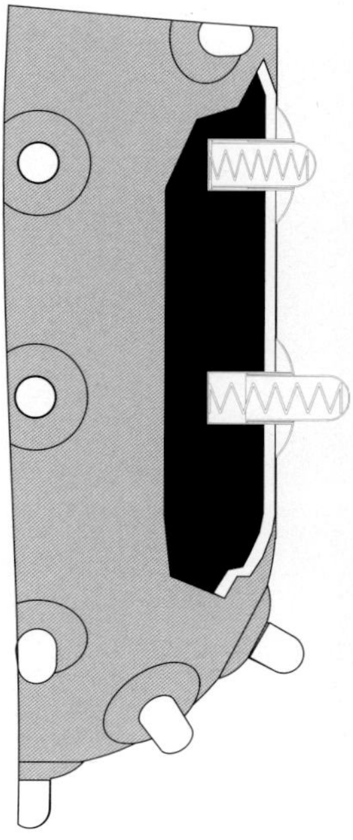

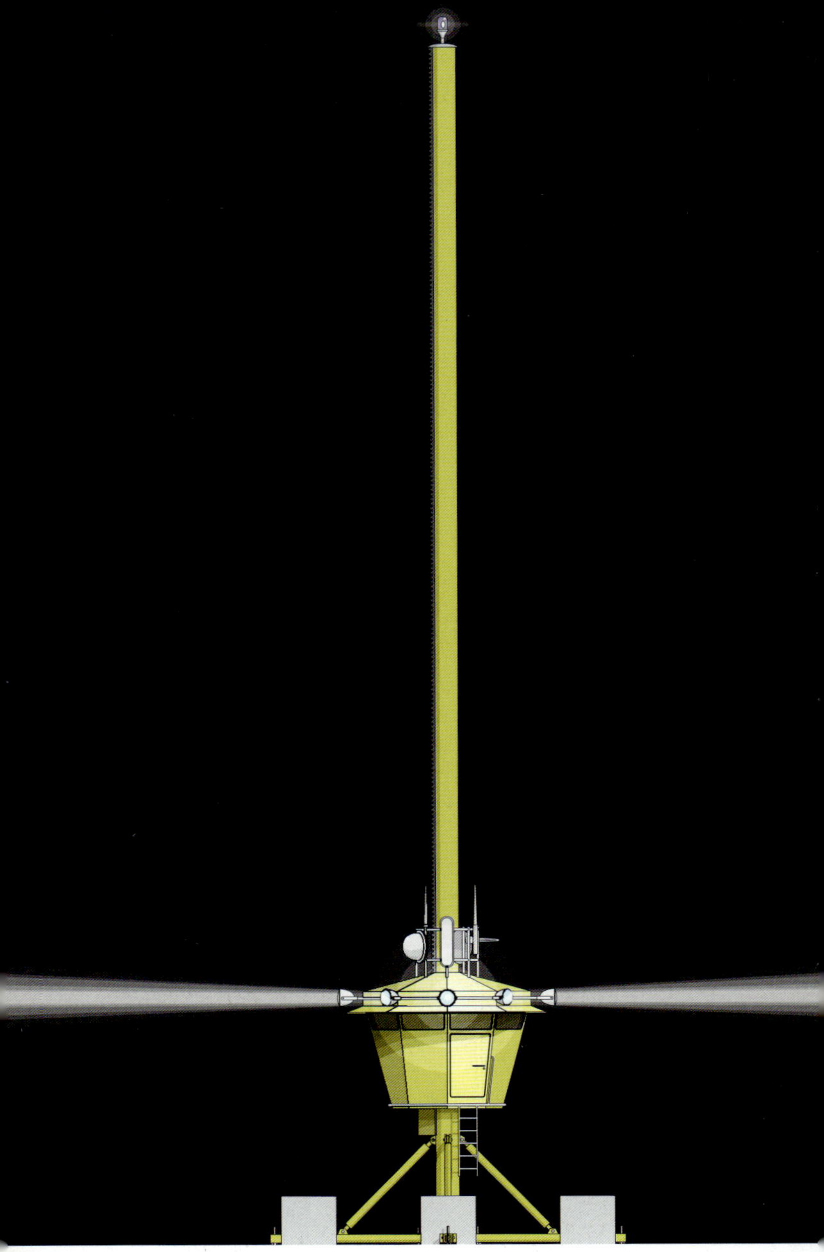

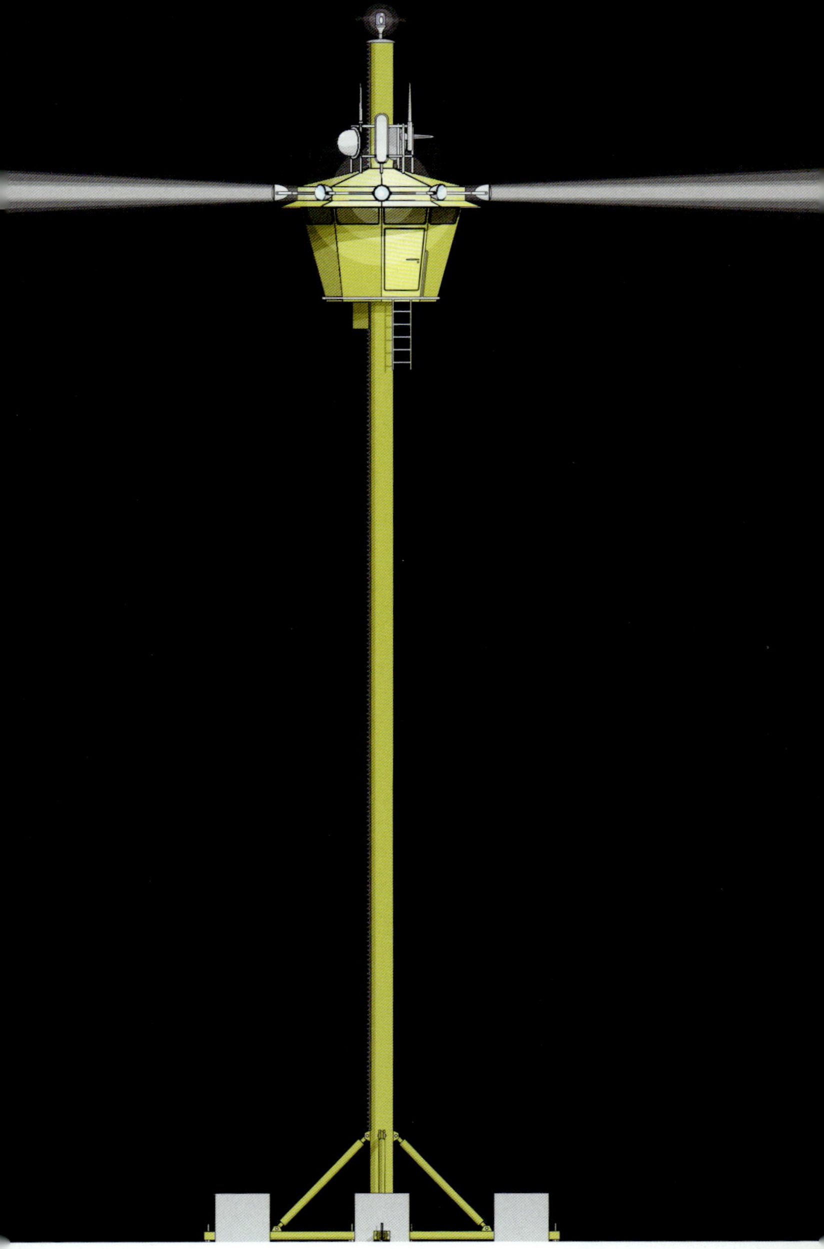

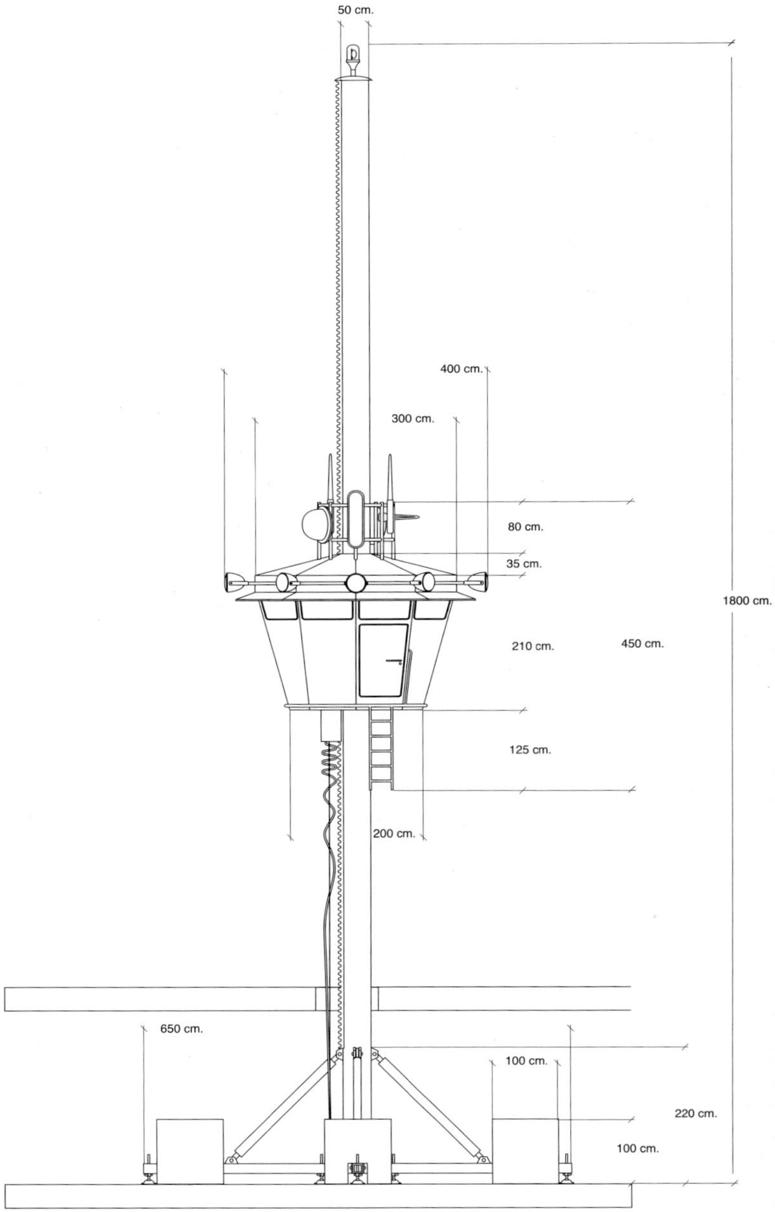
50 cm.
400 cm.
300 cm.
80 cm.
35 cm.
1800 cm.
210 cm.
450 cm.
125 cm.
200 cm.
650 cm.
100 cm.
220 cm.
100 cm.

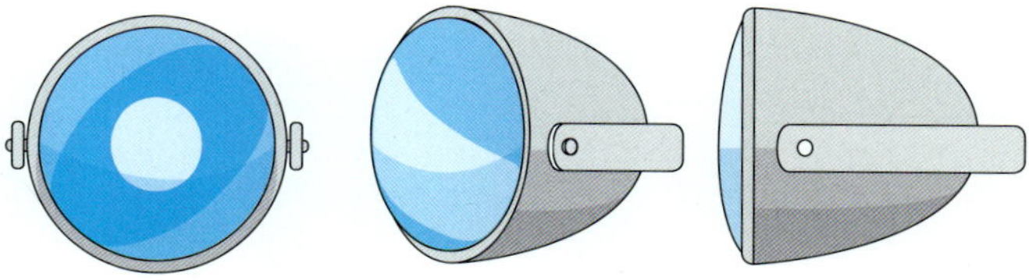

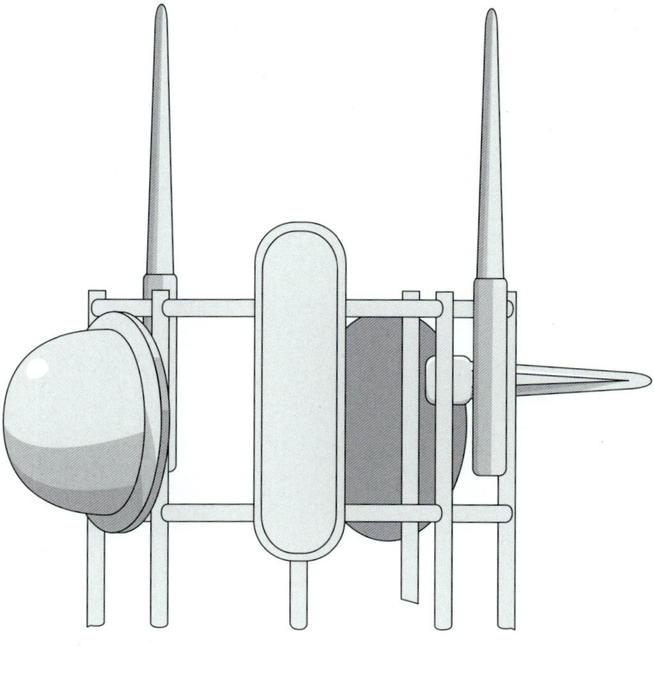

Amortisseur

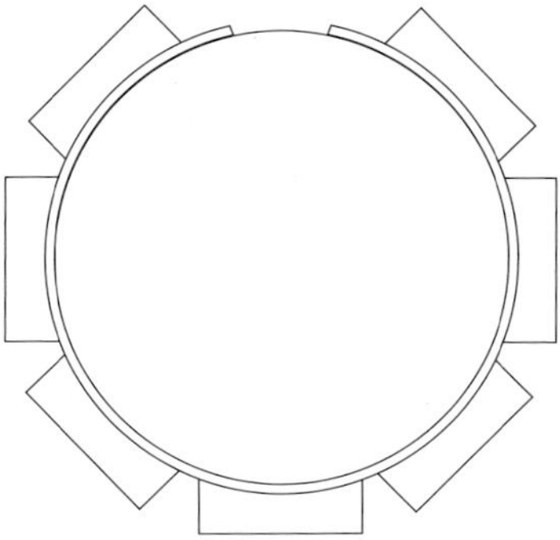

70 carré de 18 x 18 x 7 cm.
circonférence 157 cm.
diamètre 50 cm.
150 x 215 cm.

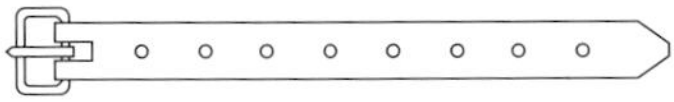

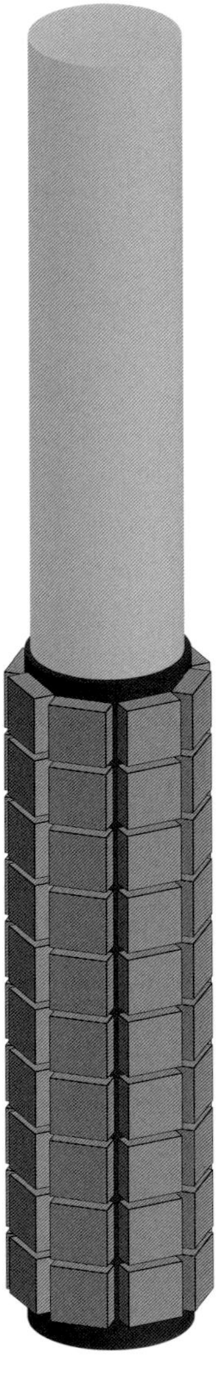

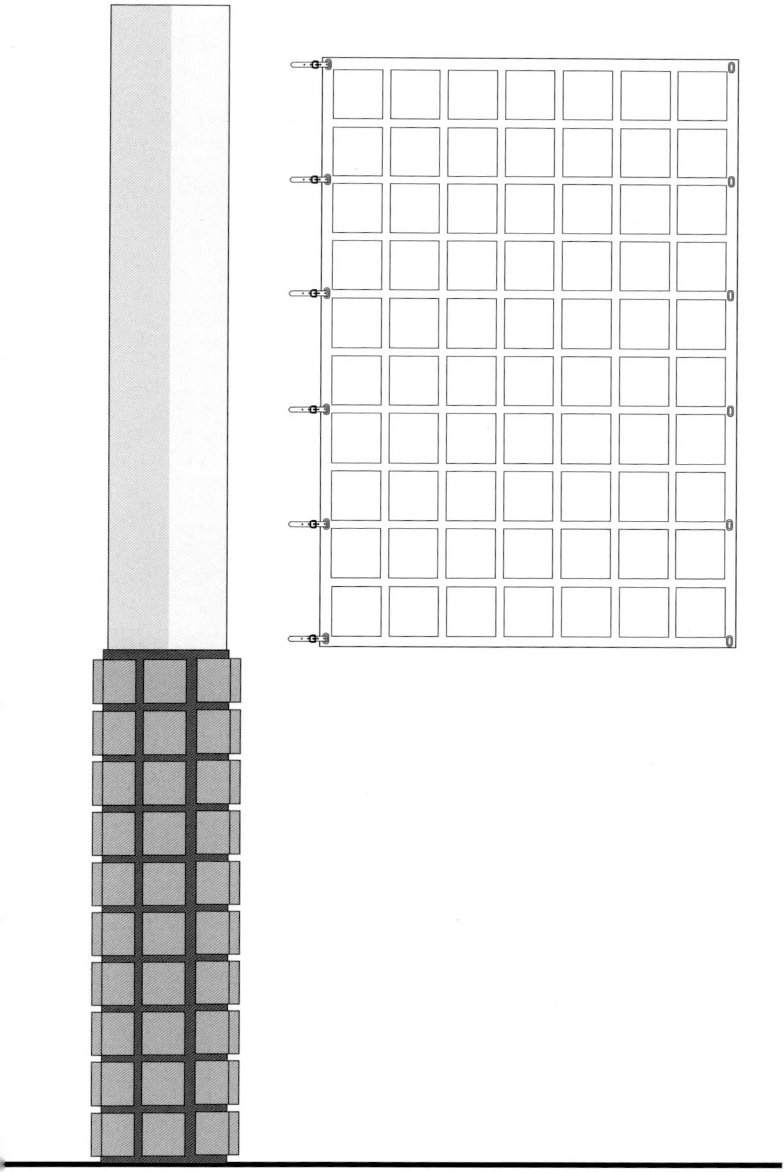

Cage

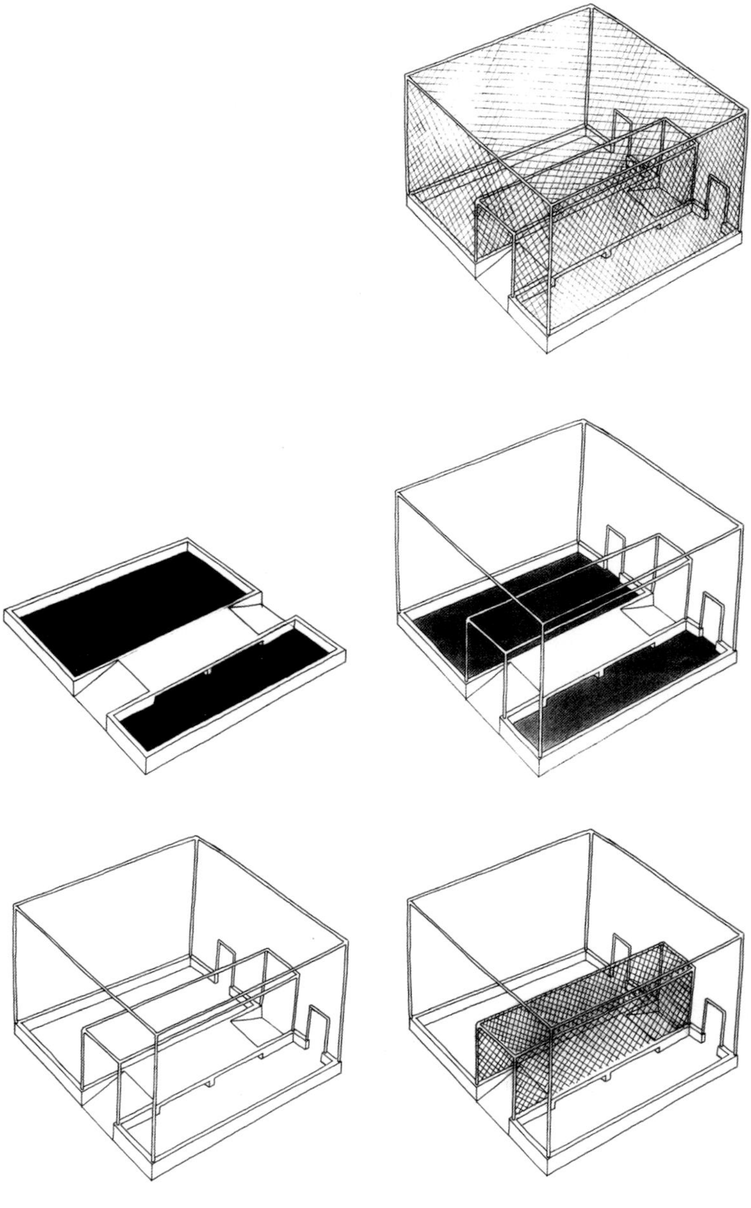

Solarium

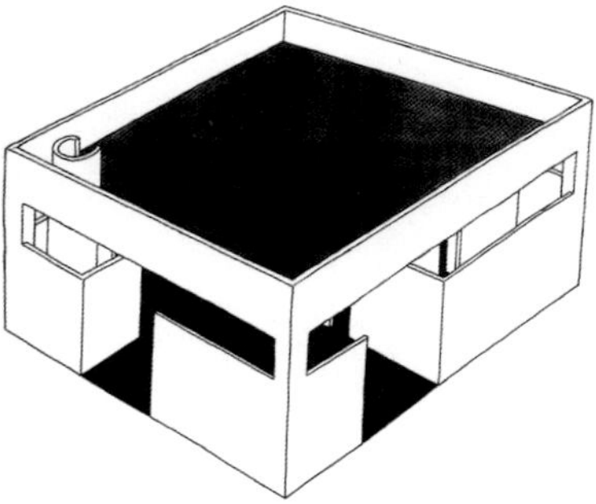

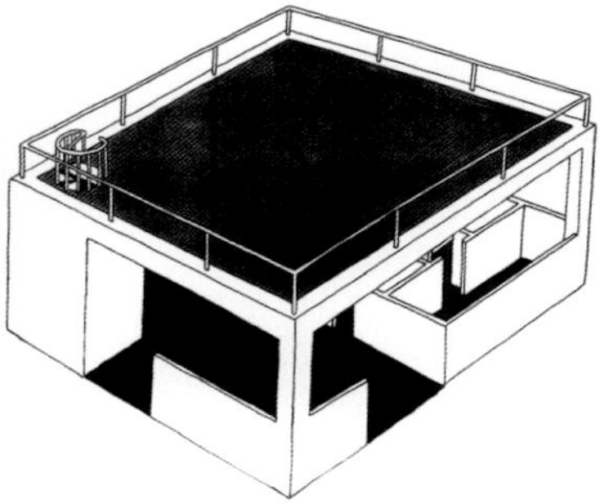

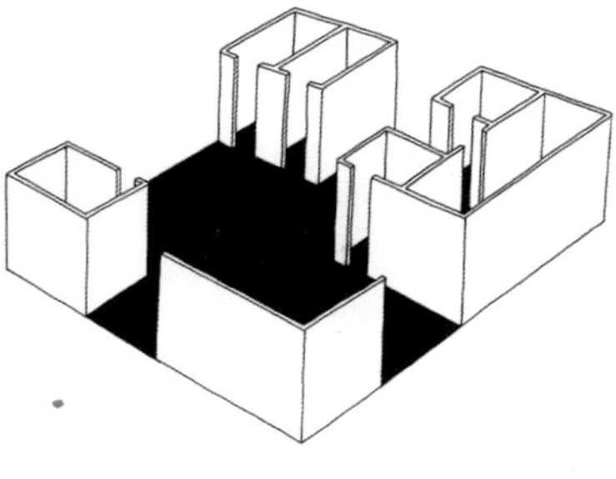

Bancs

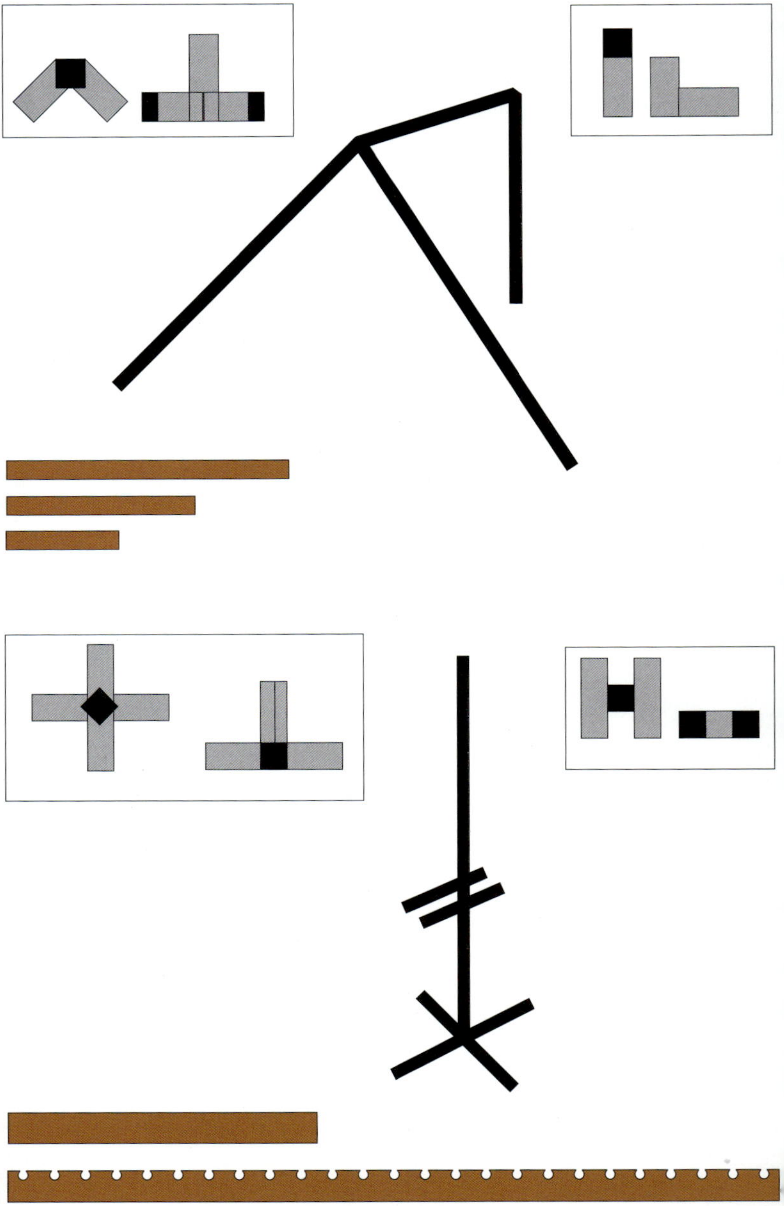

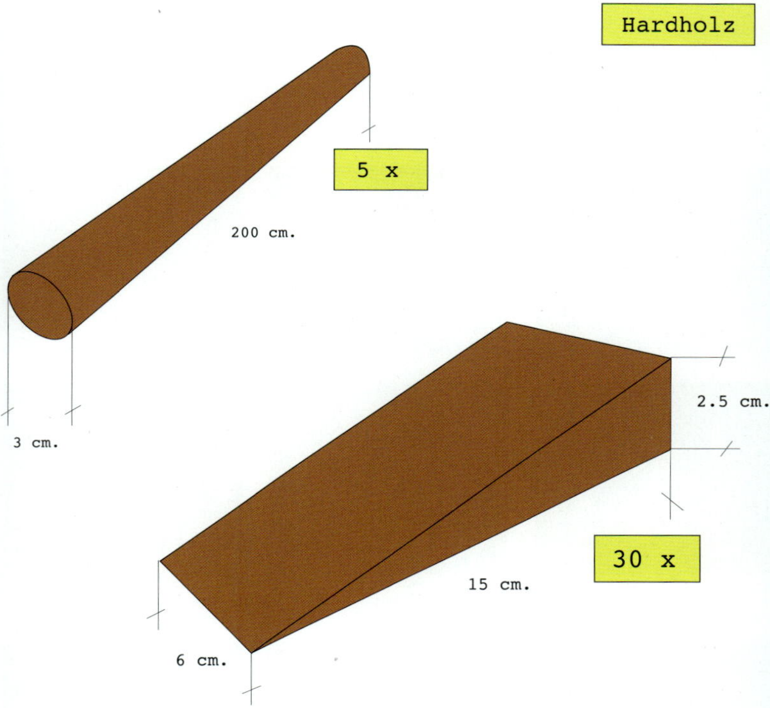
Hardholz
5 x
200 cm.
3 cm.
2.5 cm.
30 x
15 cm.
6 cm.

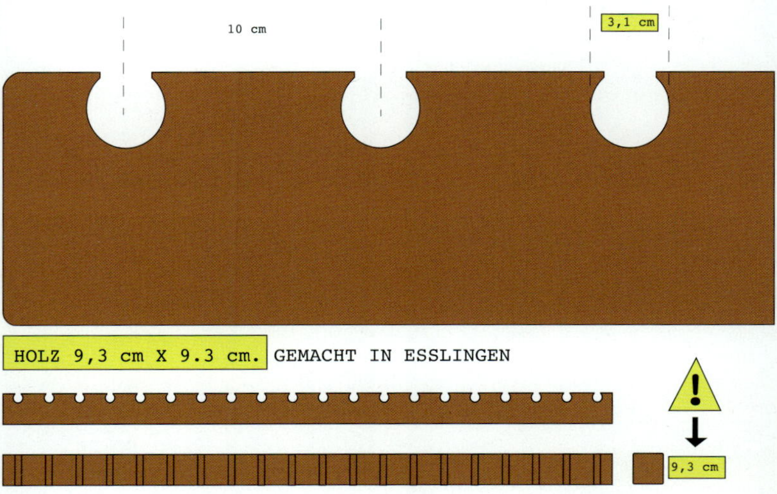
10 cm
3,1 cm
HOLZ 9,3 cm X 9.3 cm.
GEMACHT IN ESSLINGEN
9,3 cm

Antenne lumineuse

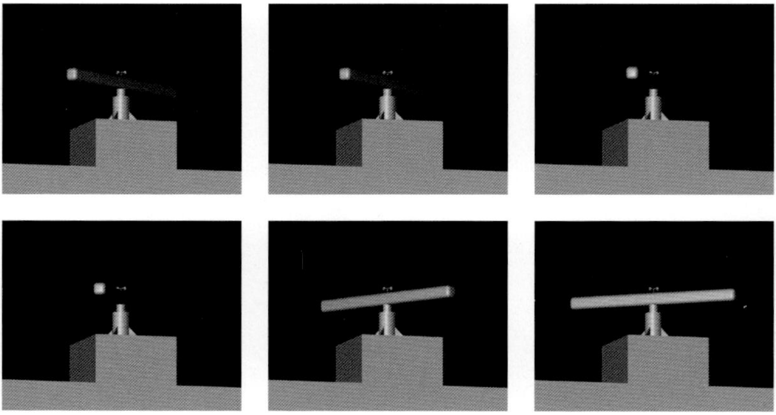

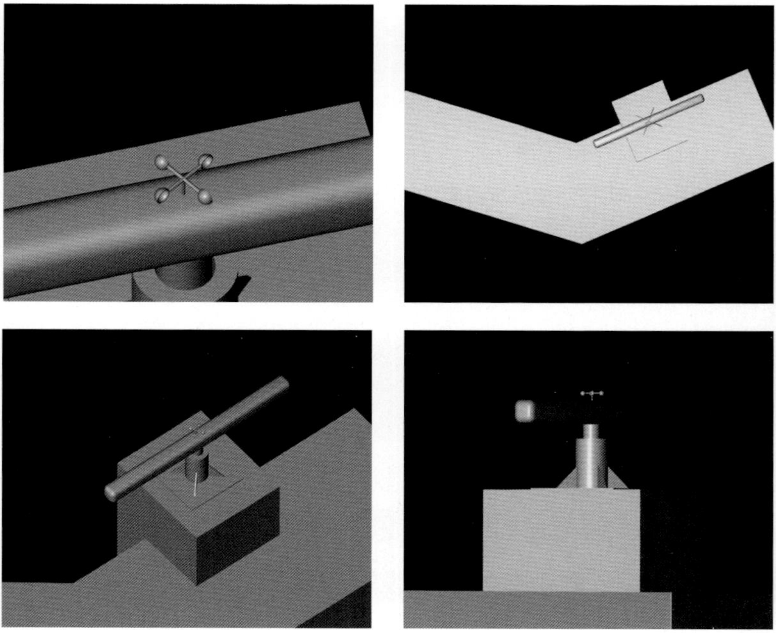

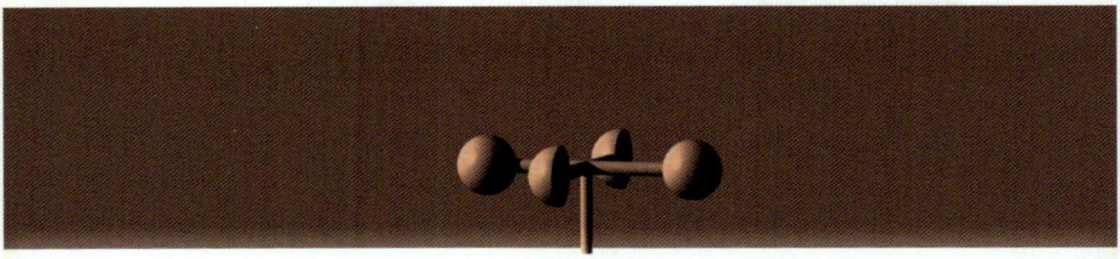

L'anémomètre doit en cas de fort vent,faire stoper le moteur, et libérer le caisson pour qu'il se mettte dans le vent, à la façon d'une girouette.

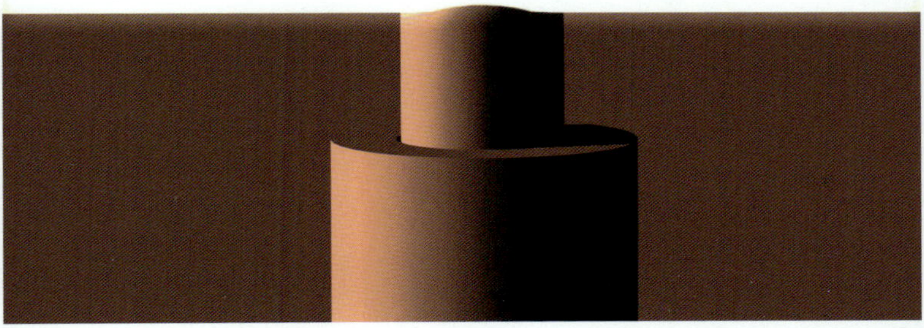

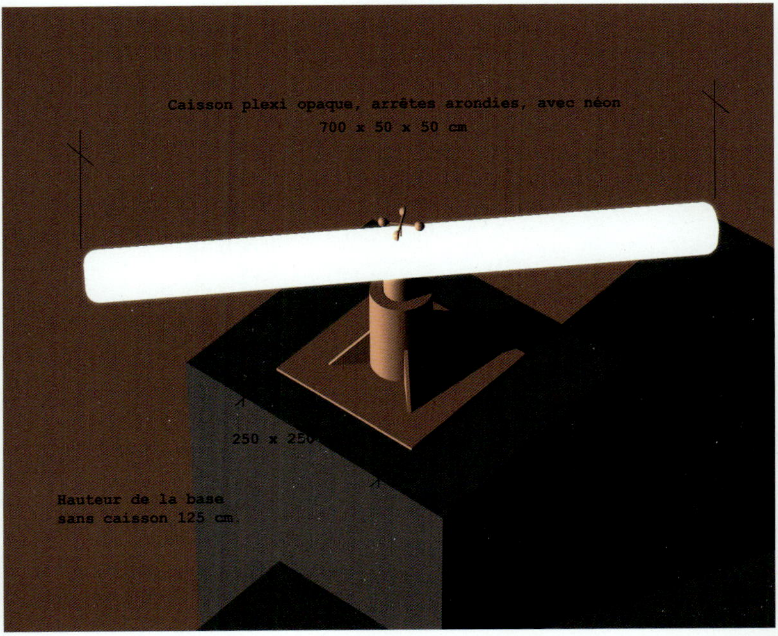

Pilori

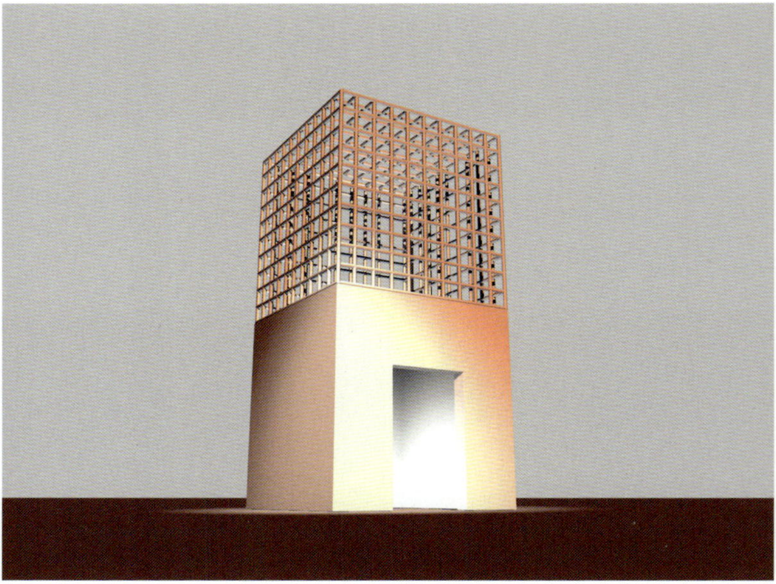

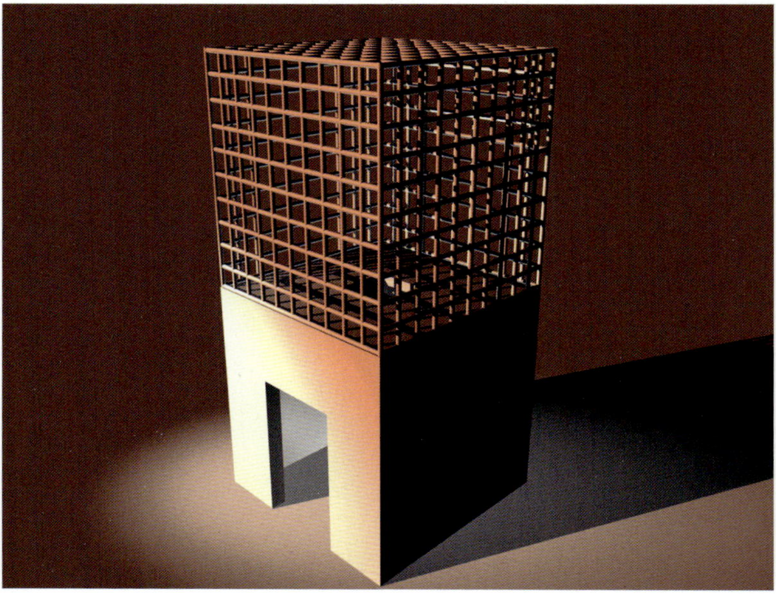

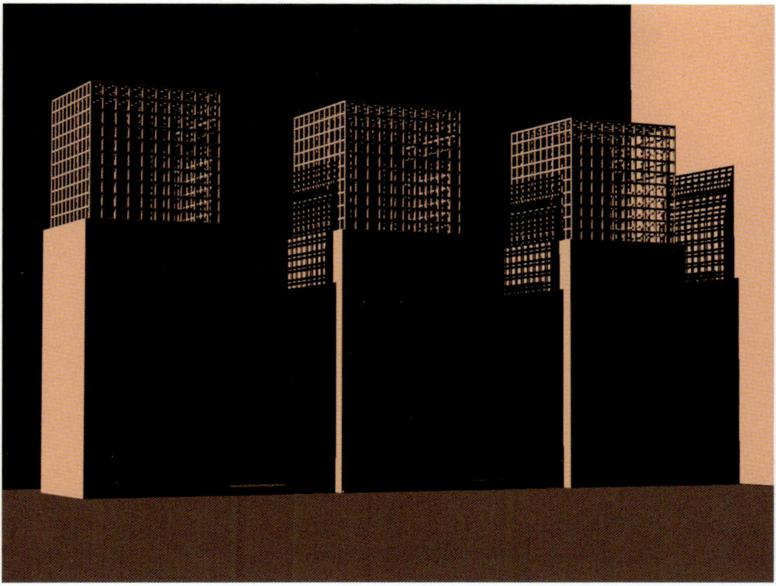

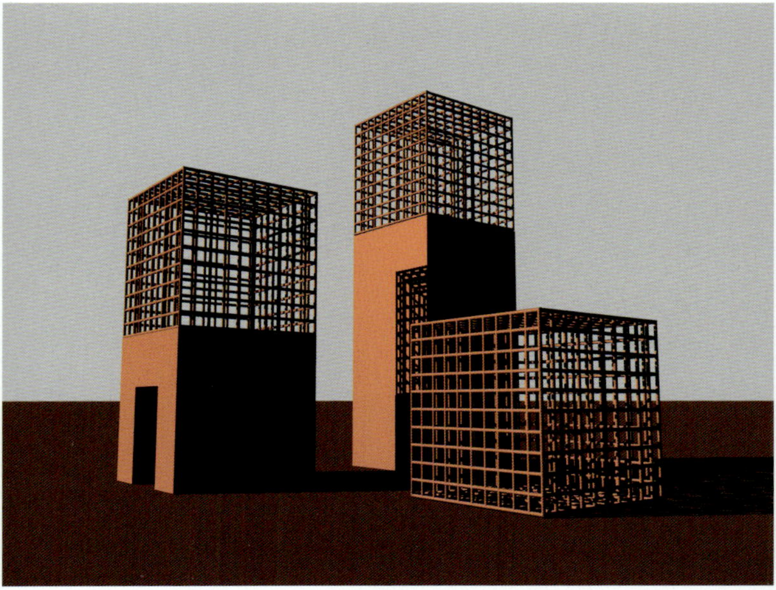

Cages individuelles

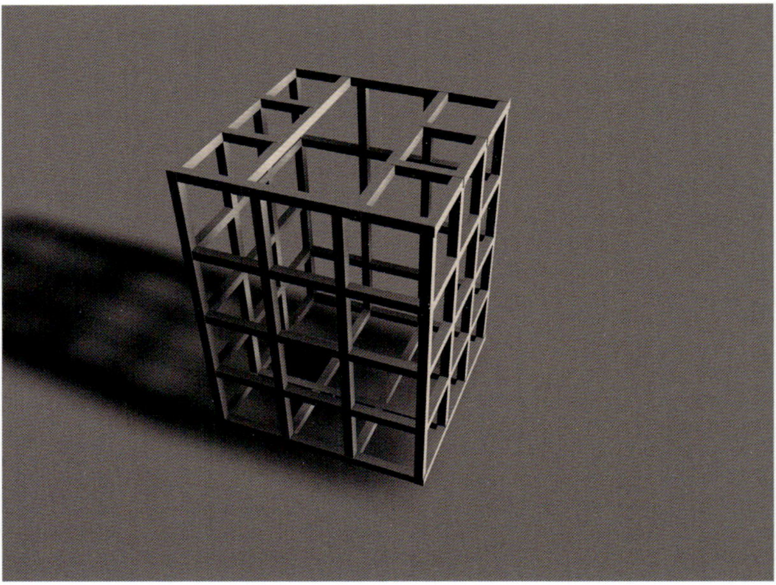

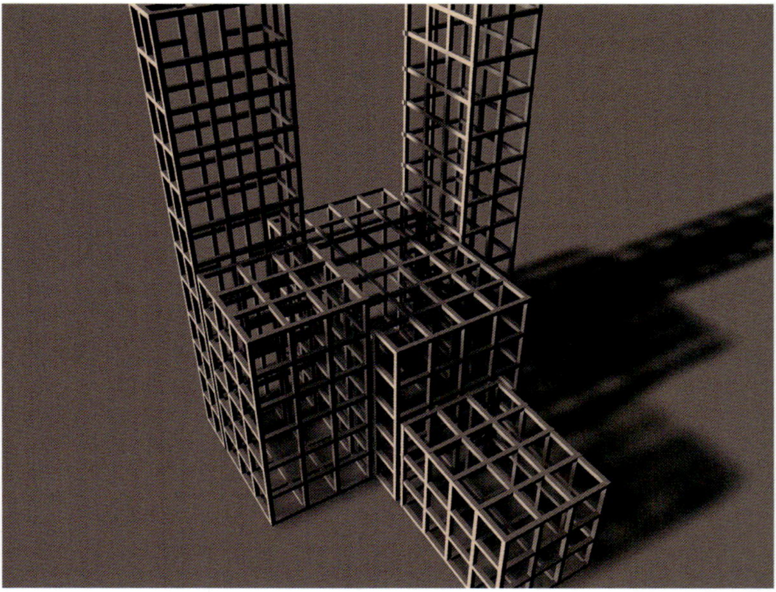

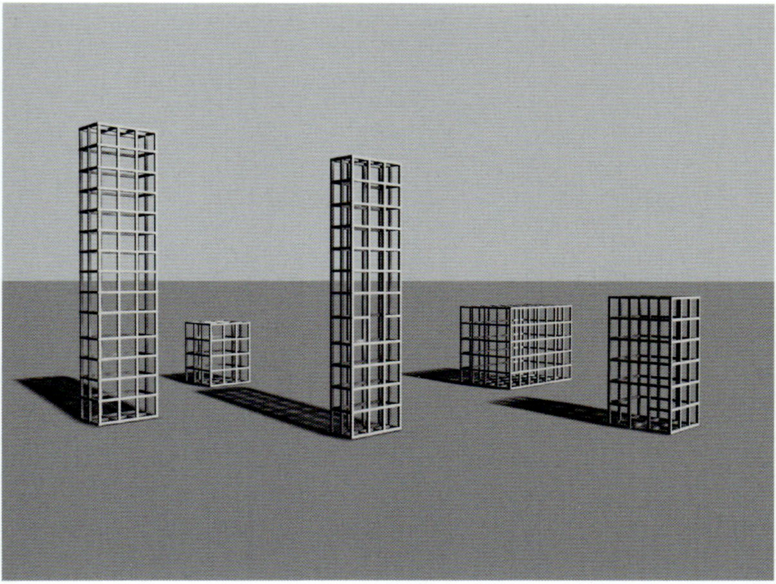

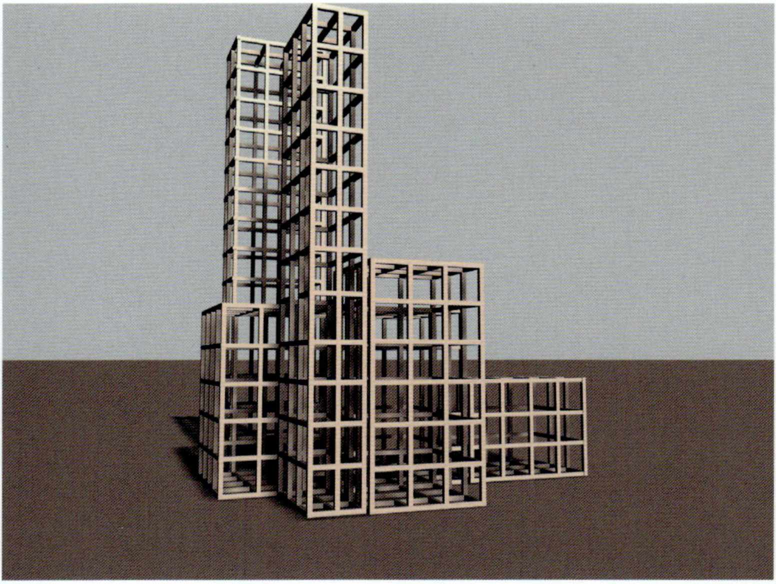

Capsule

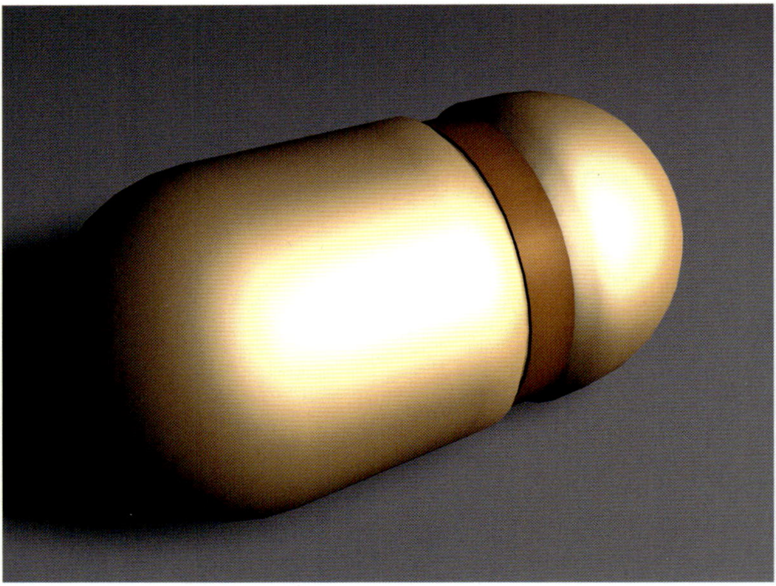

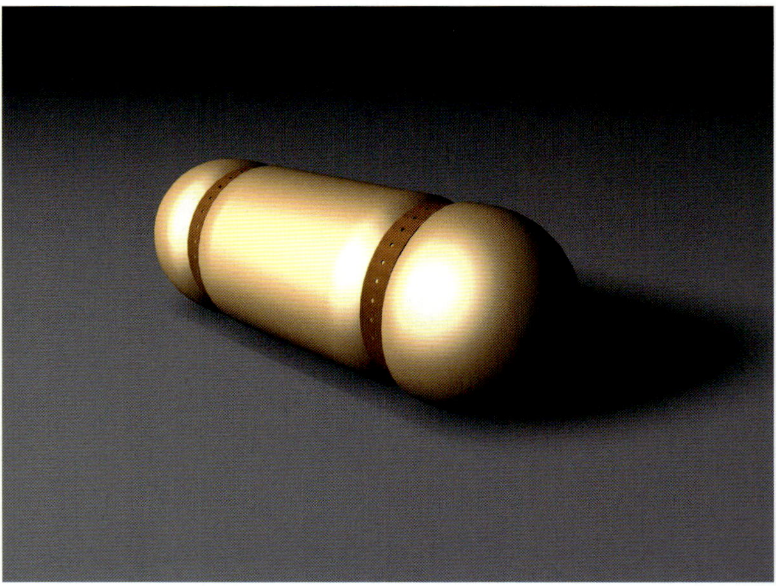

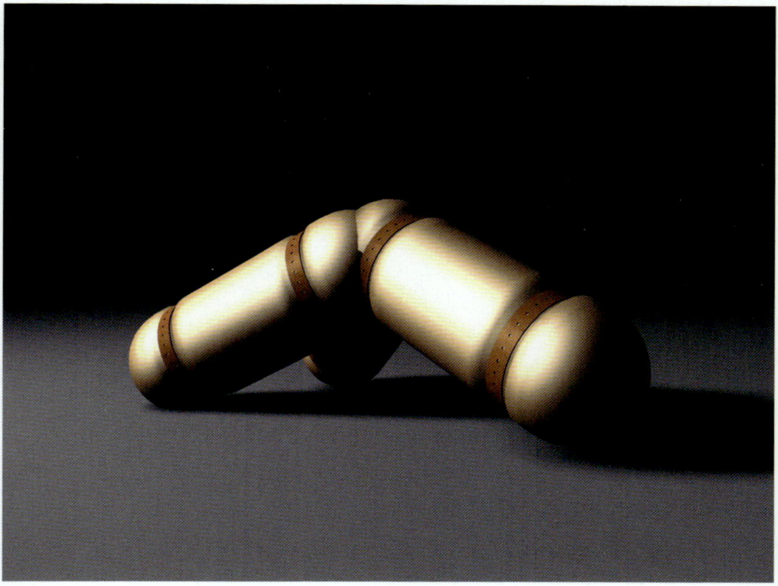

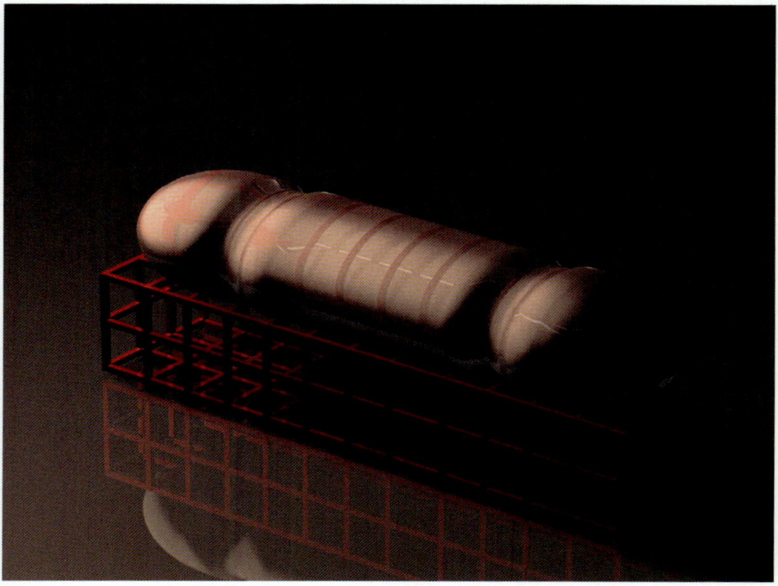

Banc cubique

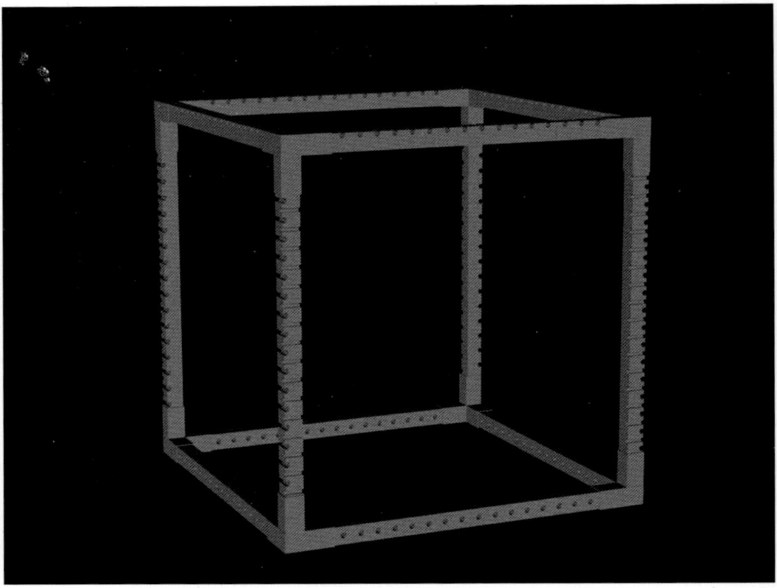

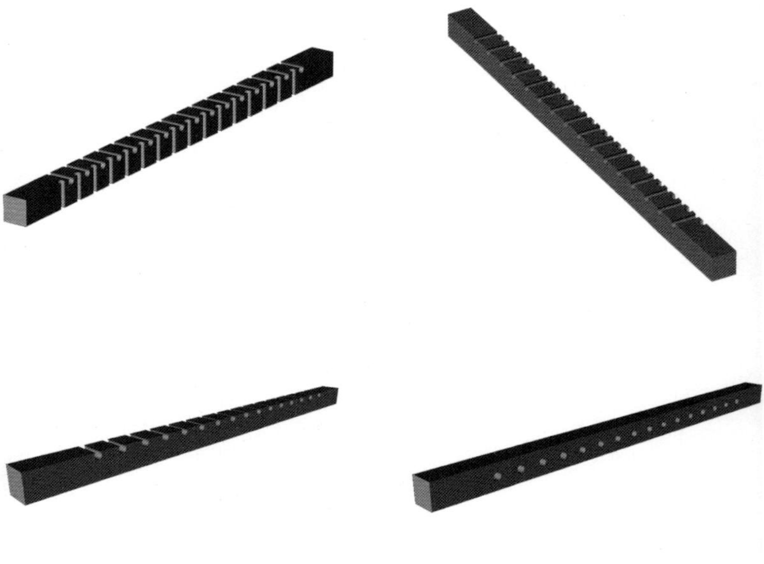

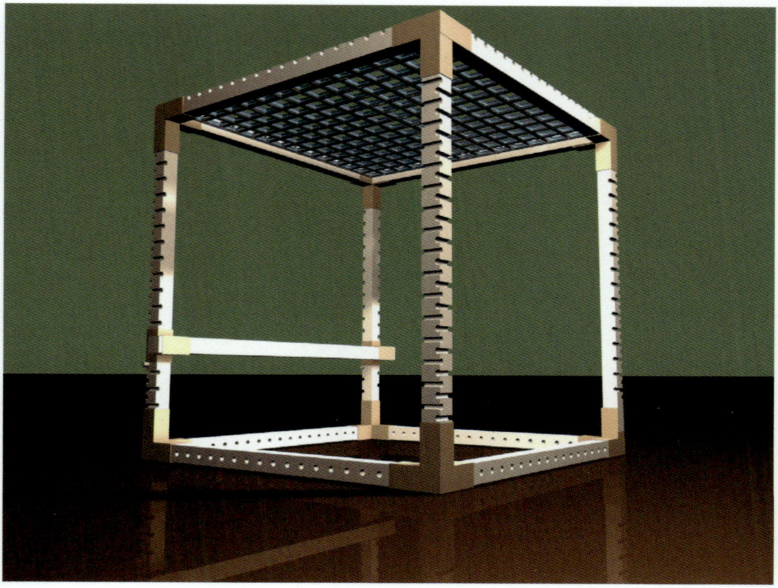

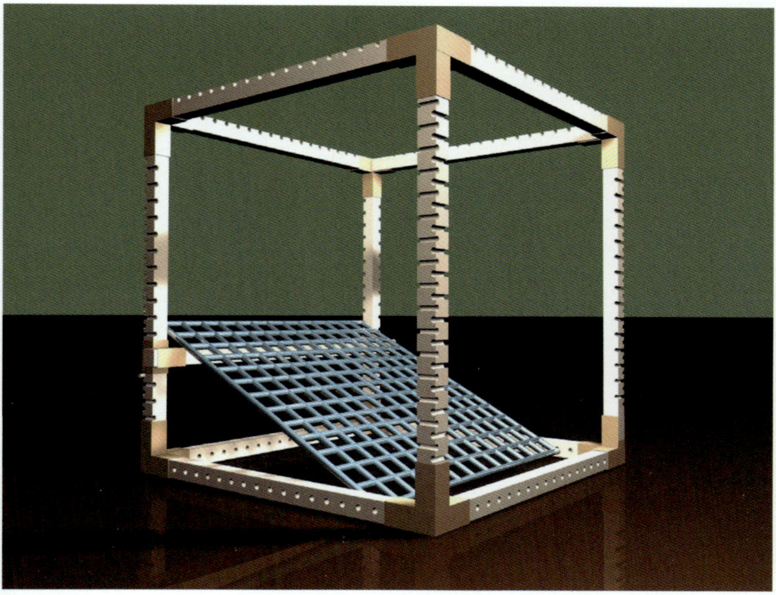

Protect Paint

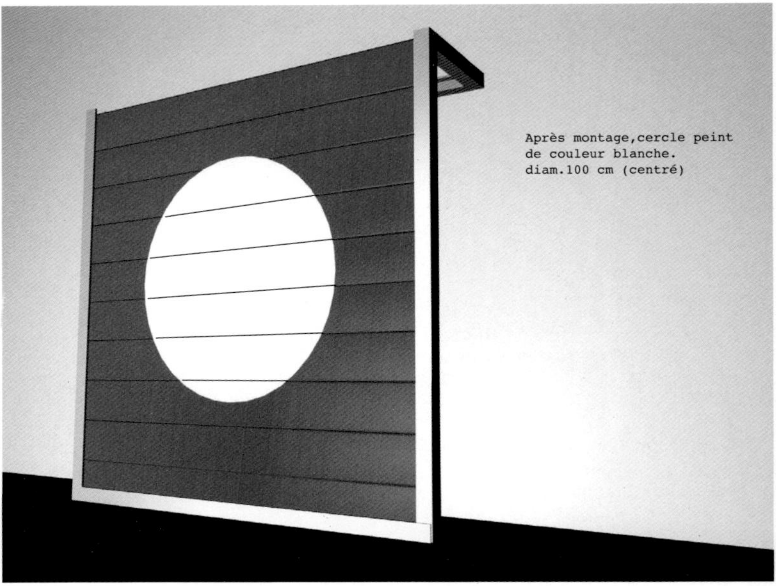

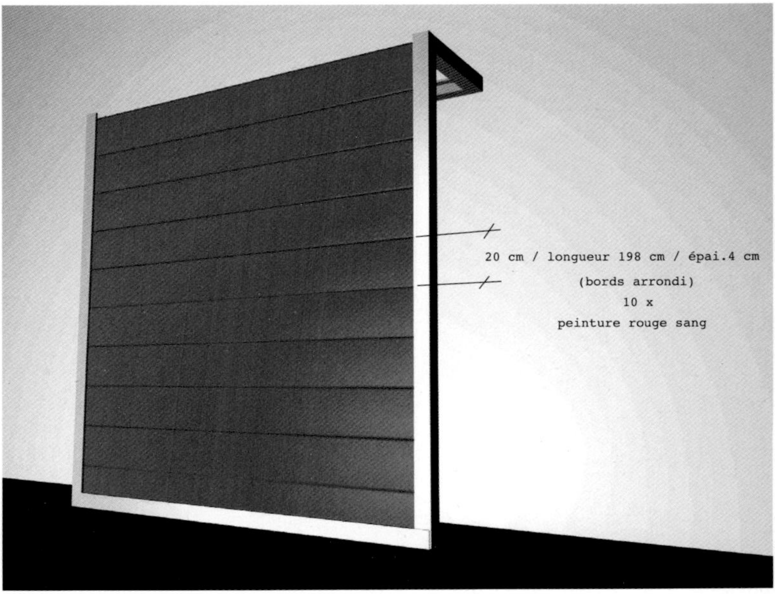

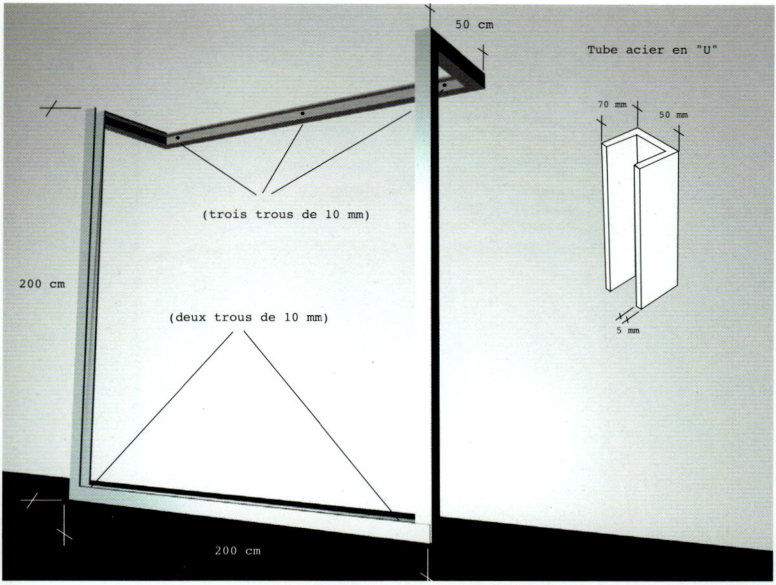
50 cm
Tube acier en "U"
70 mm
50 mm
(trois trous de 10 mm)
200 cm
(deux trous de 10 mm)
5 mm
200 cm

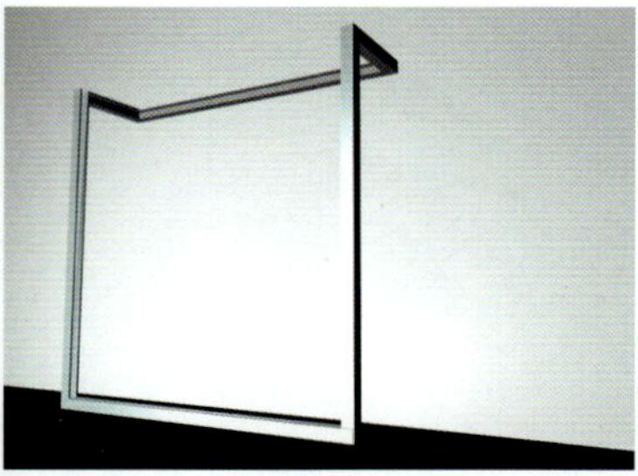

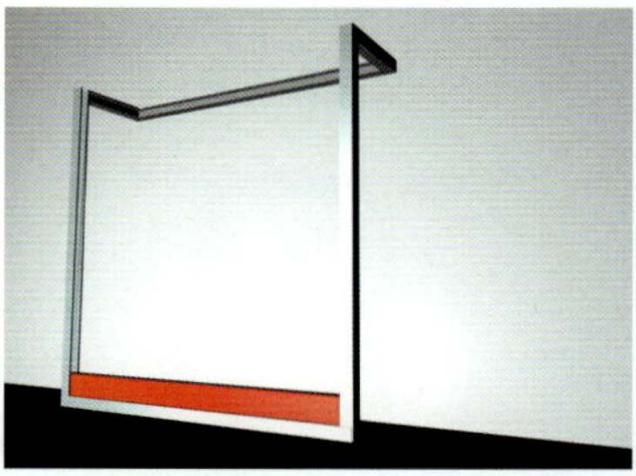

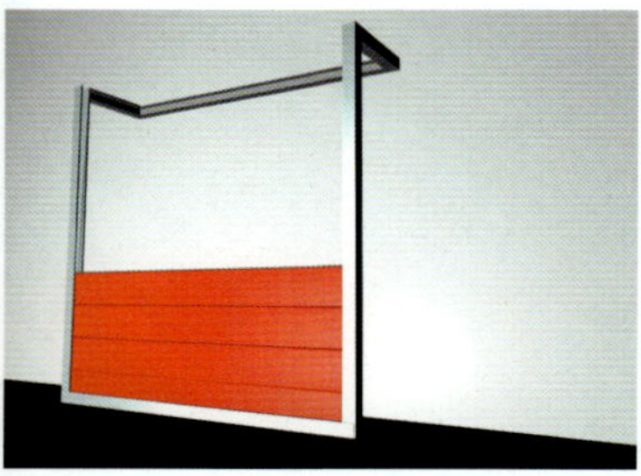

Galerie-atelier

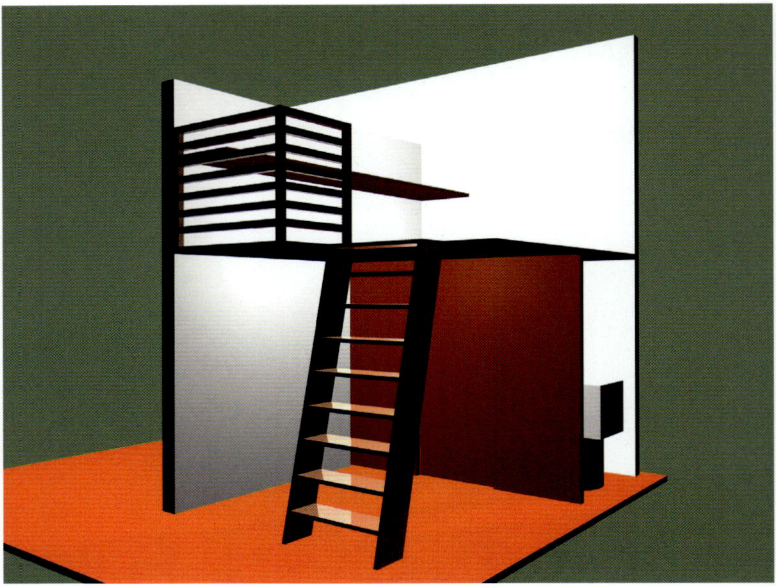

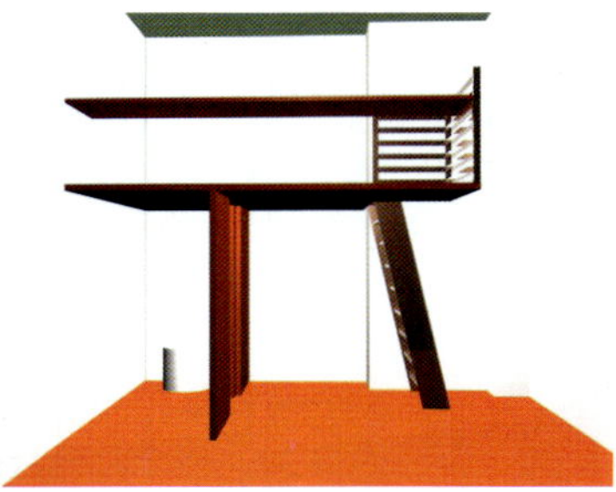

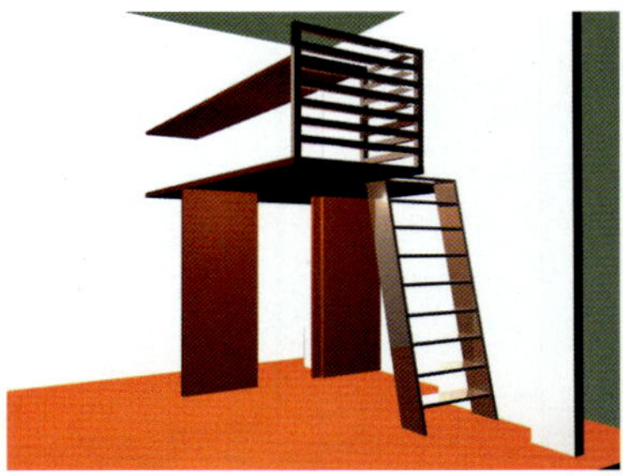

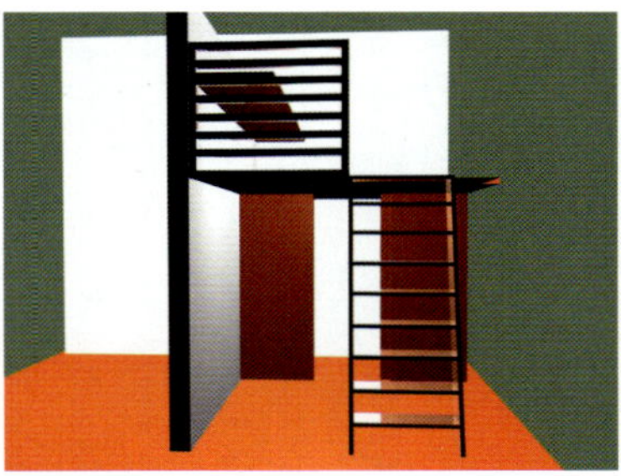

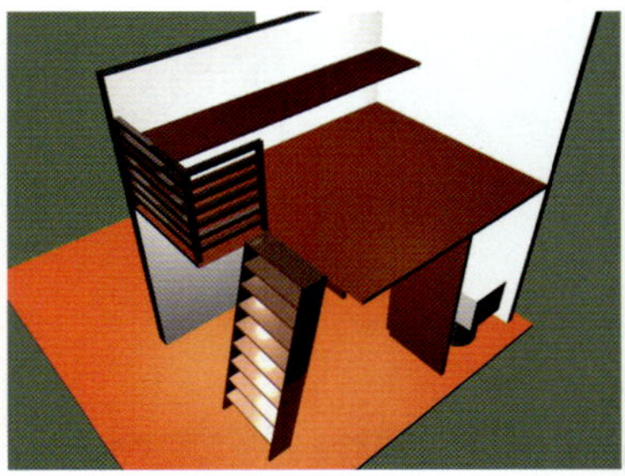

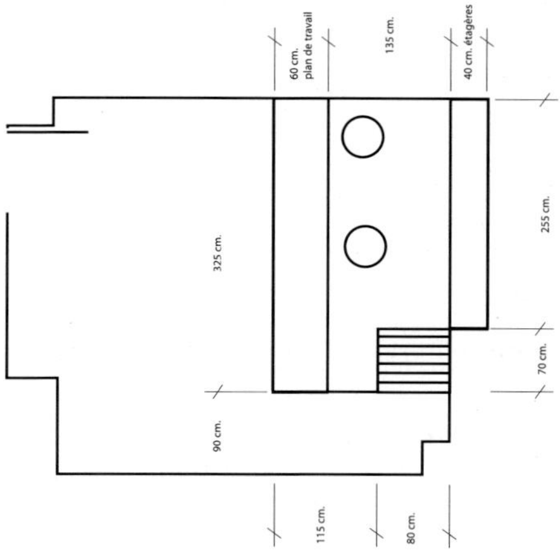
60 cm.
plan de travail
135 cm.
40 cm. étagères
325 cm.
255 cm.
70 cm.
90 cm.
115 cm.
80 cm.

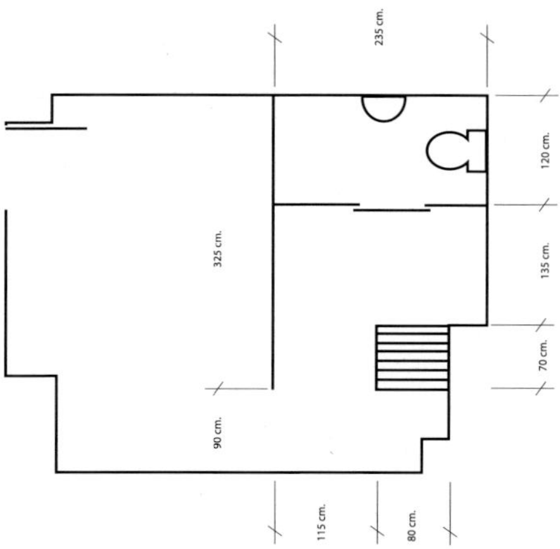
235 cm.
325 cm.
120 cm.
135 cm.
70 cm.
90 cm.
115 cm.
80 cm.

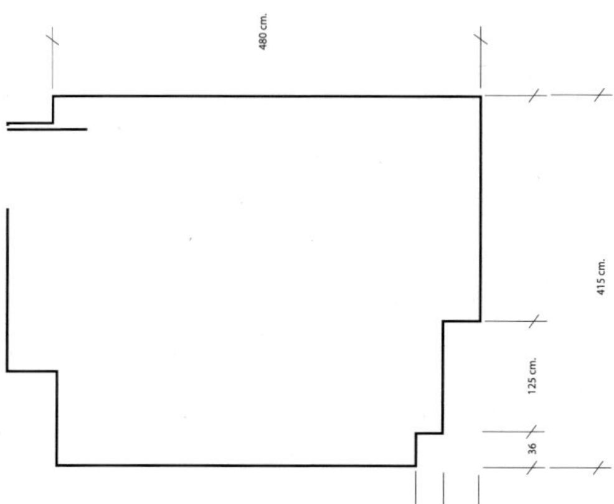
480 cm.
415 cm.
125 cm.
36
29
41

Superbed

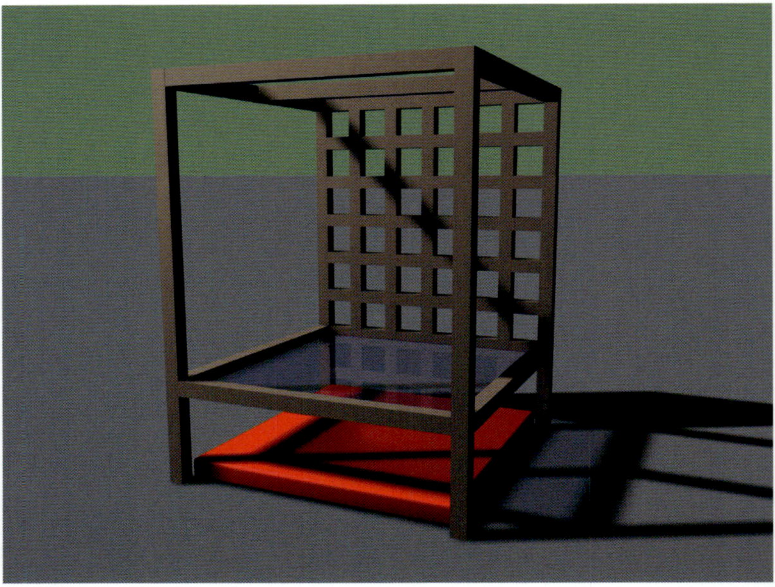

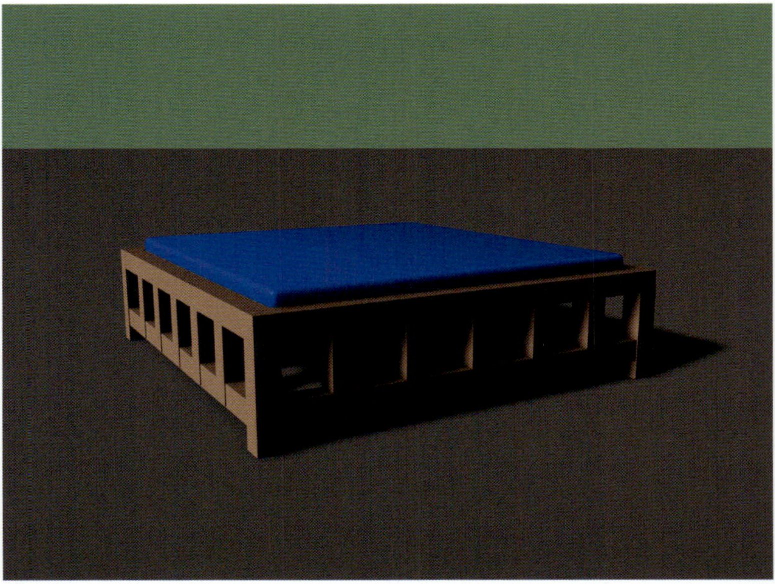

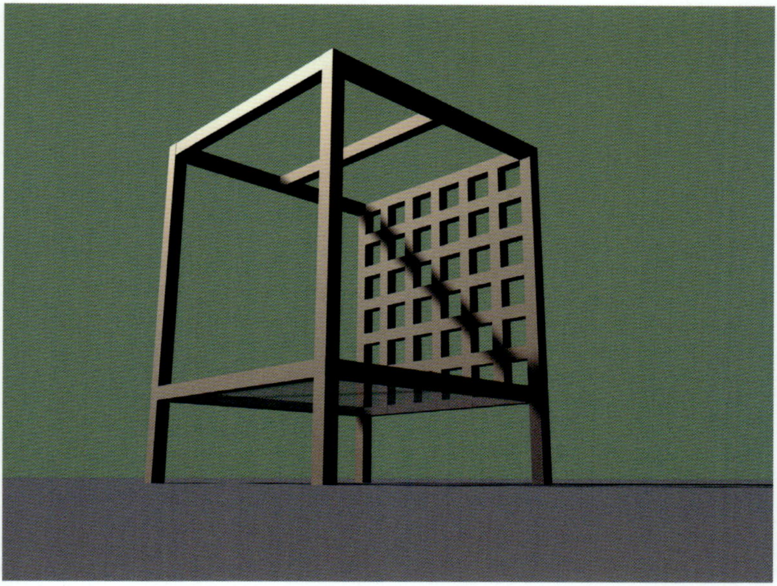

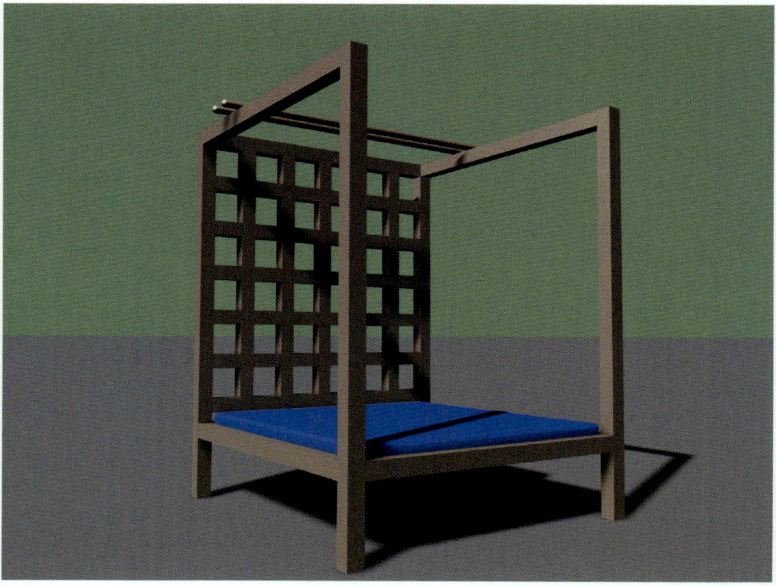

Capsule trouée

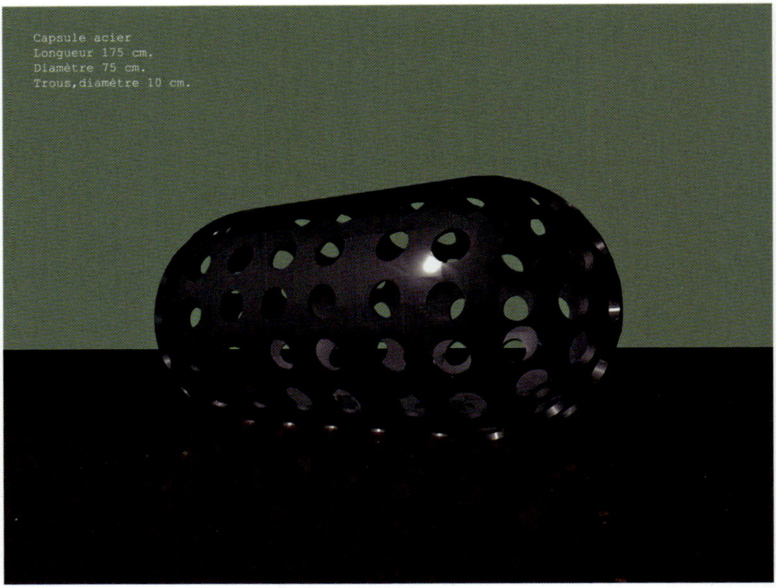

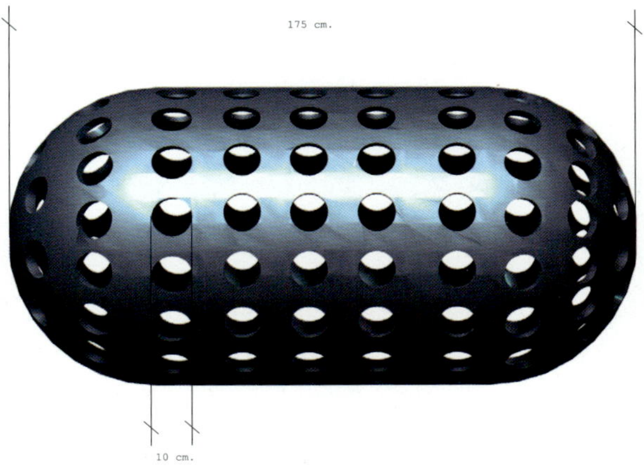

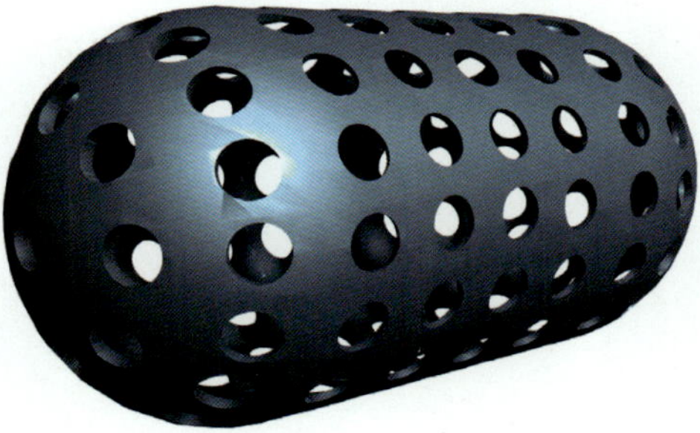

Base de la capsule
fait avec un ou plusieurs
éléments de citernes existante

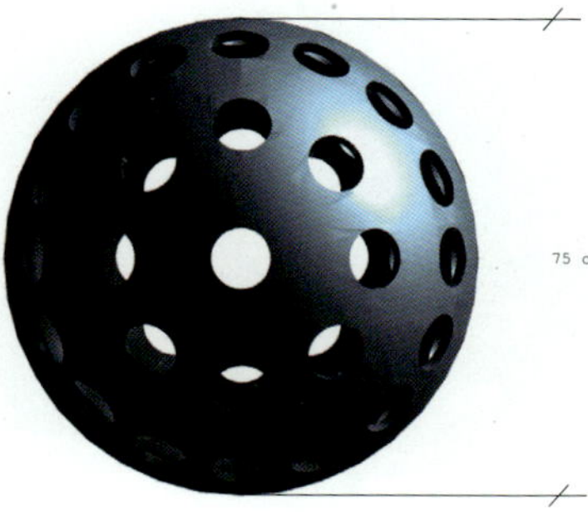

Capsule multifonction

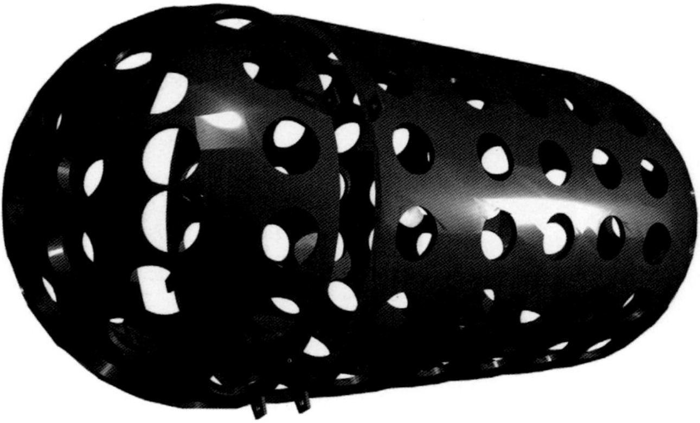

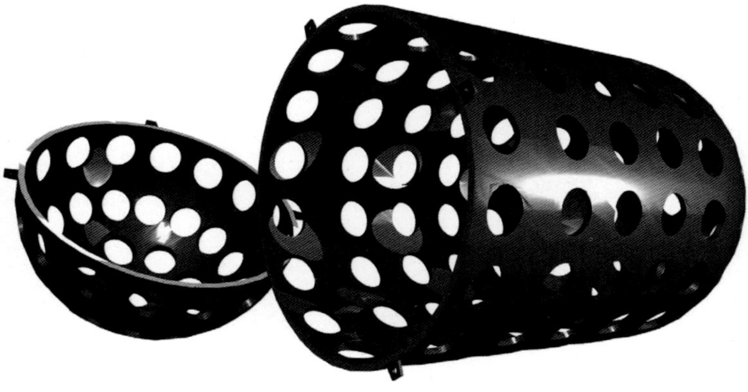

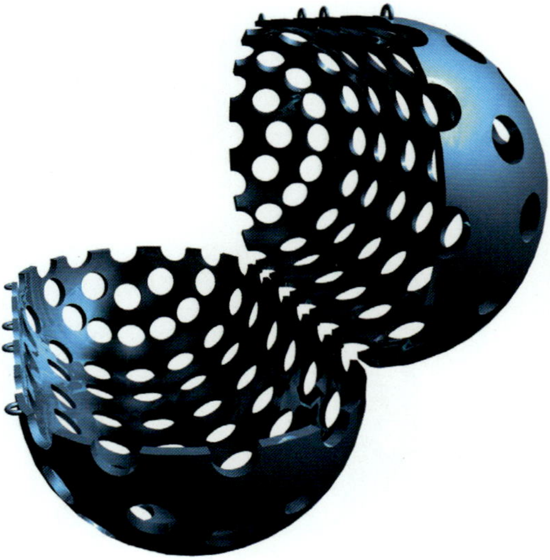

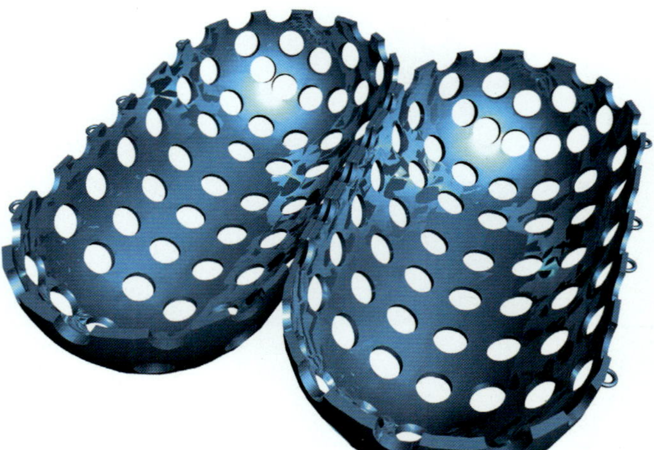

Capsule de crémation

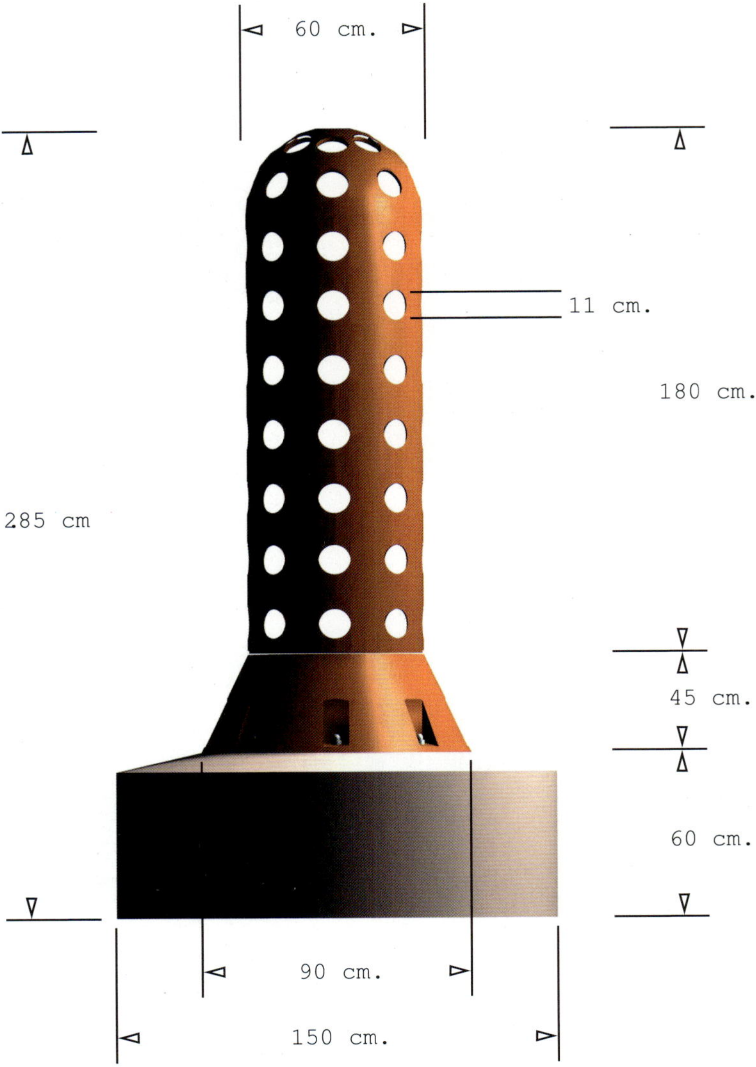

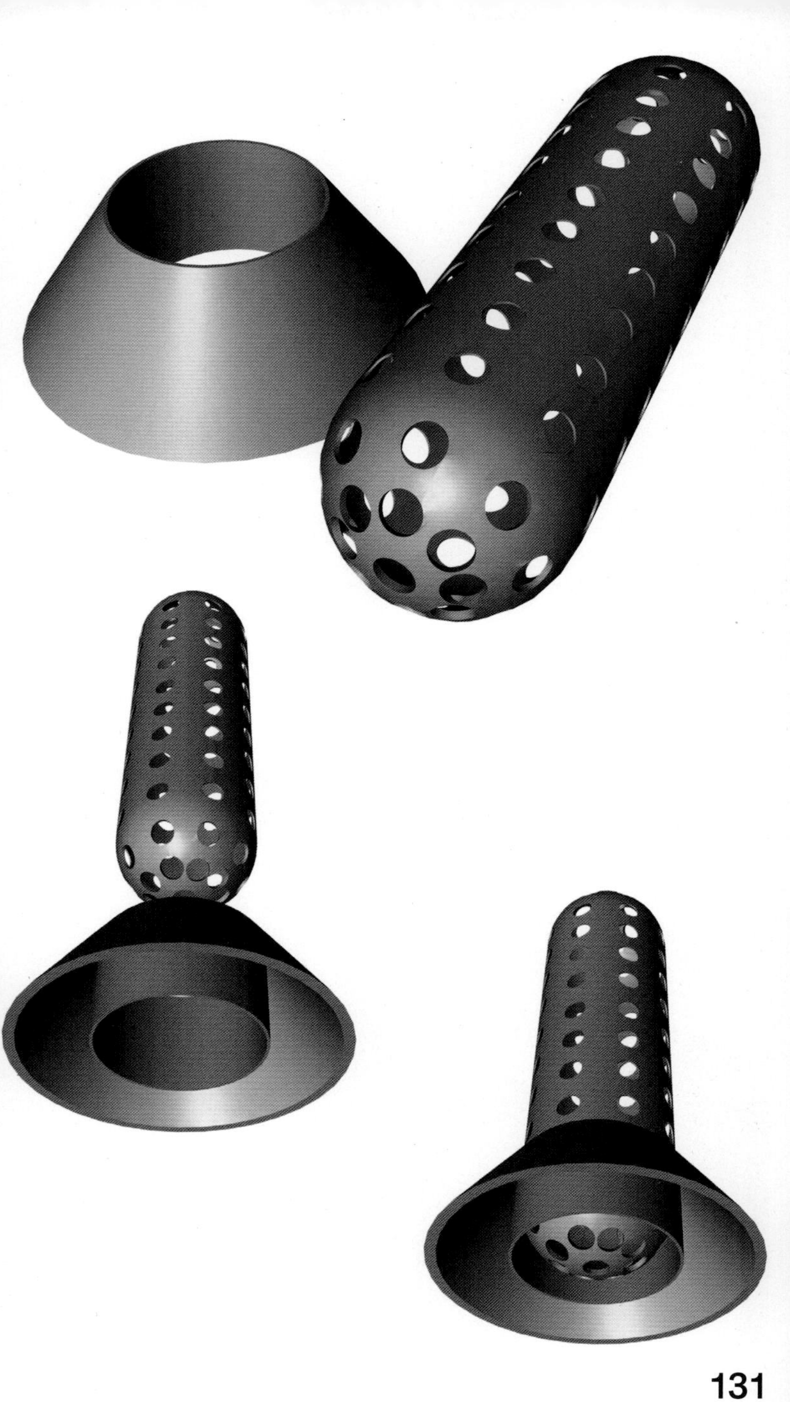

Cubes

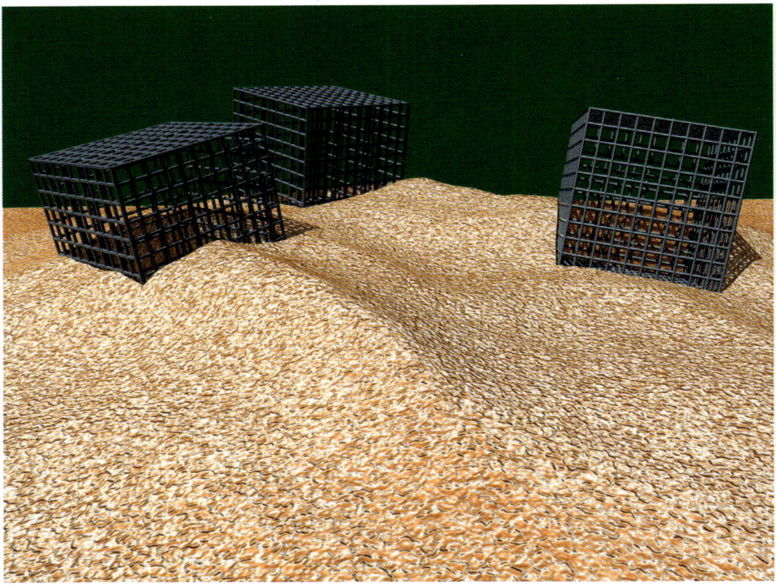

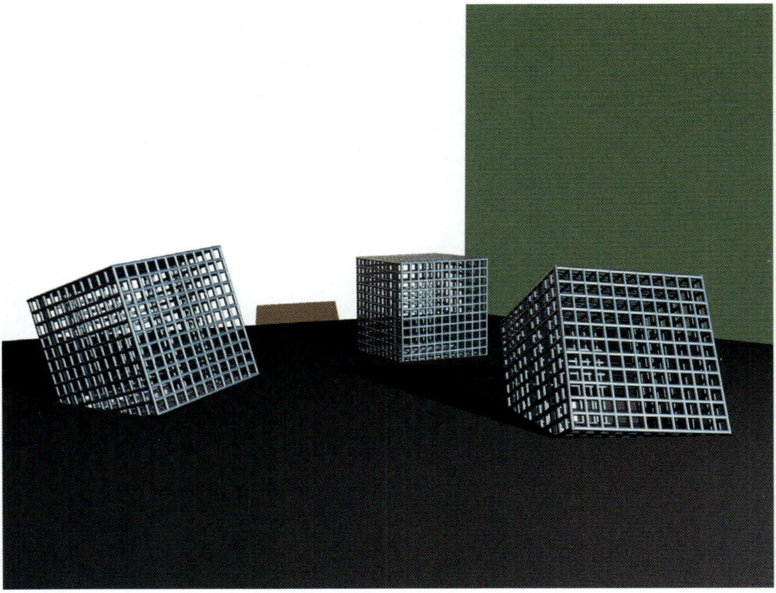

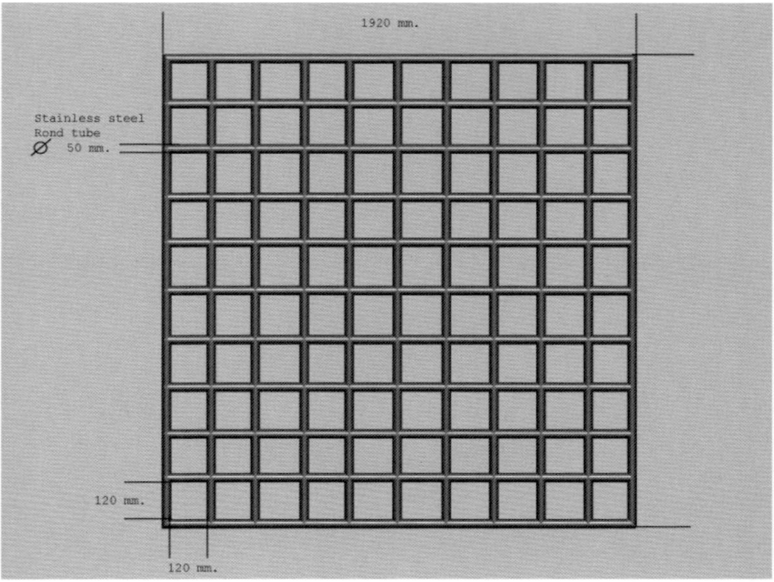
1920 mm.
Stainless steel
Rond tube
Ø 50 mm.
120 mm.
120 mm.

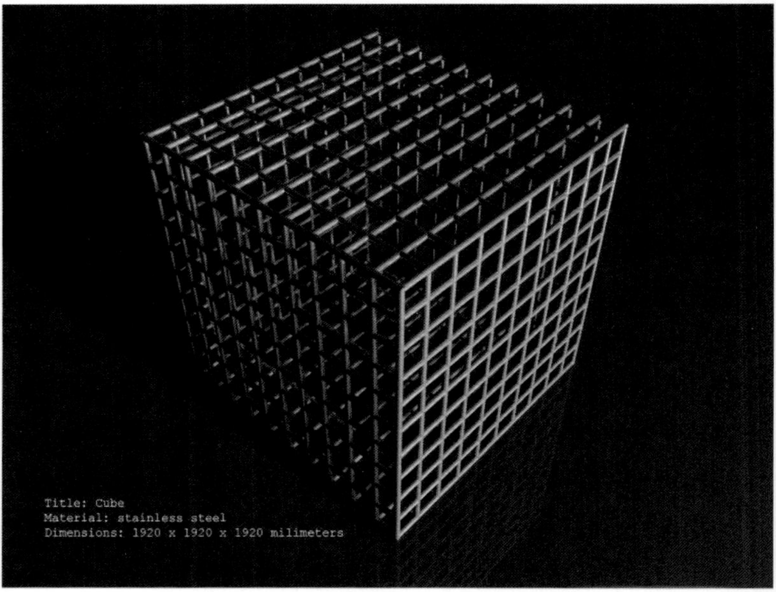
Title: Cube
Material: stainless steel
Dimensions: 1920 x 1920 x 1920 milimeters

Chariot concierge

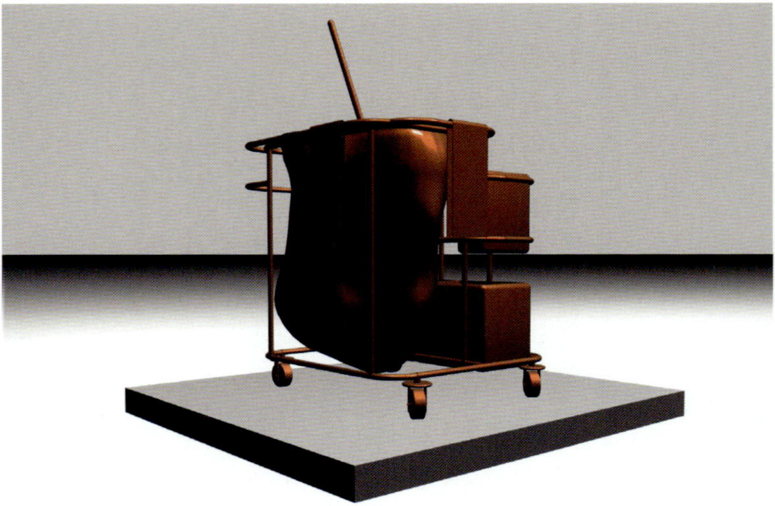

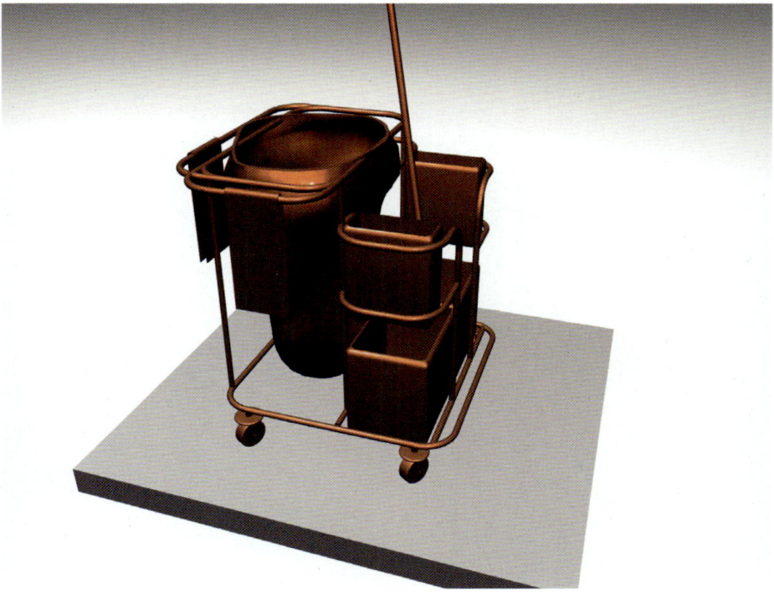

Salle de classe

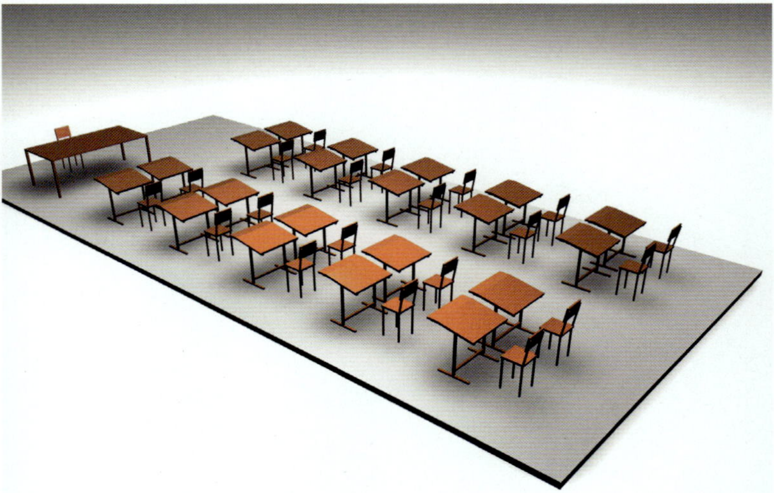

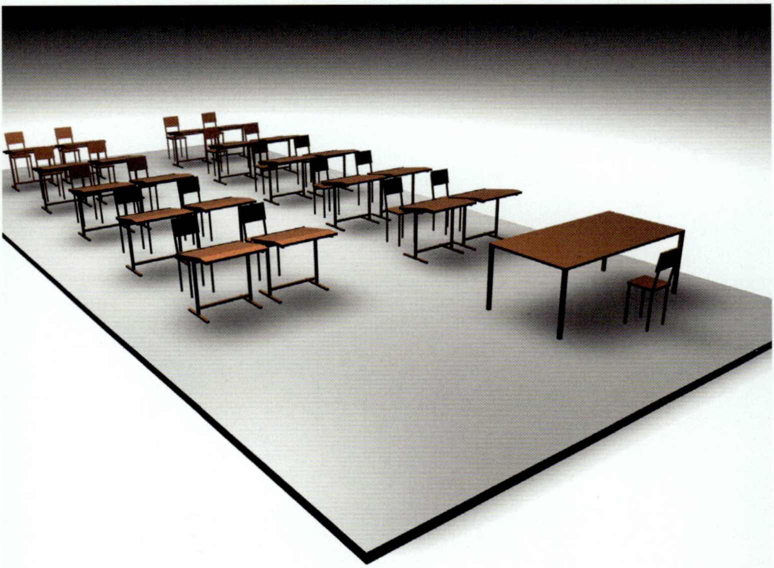

Mât de cocagne

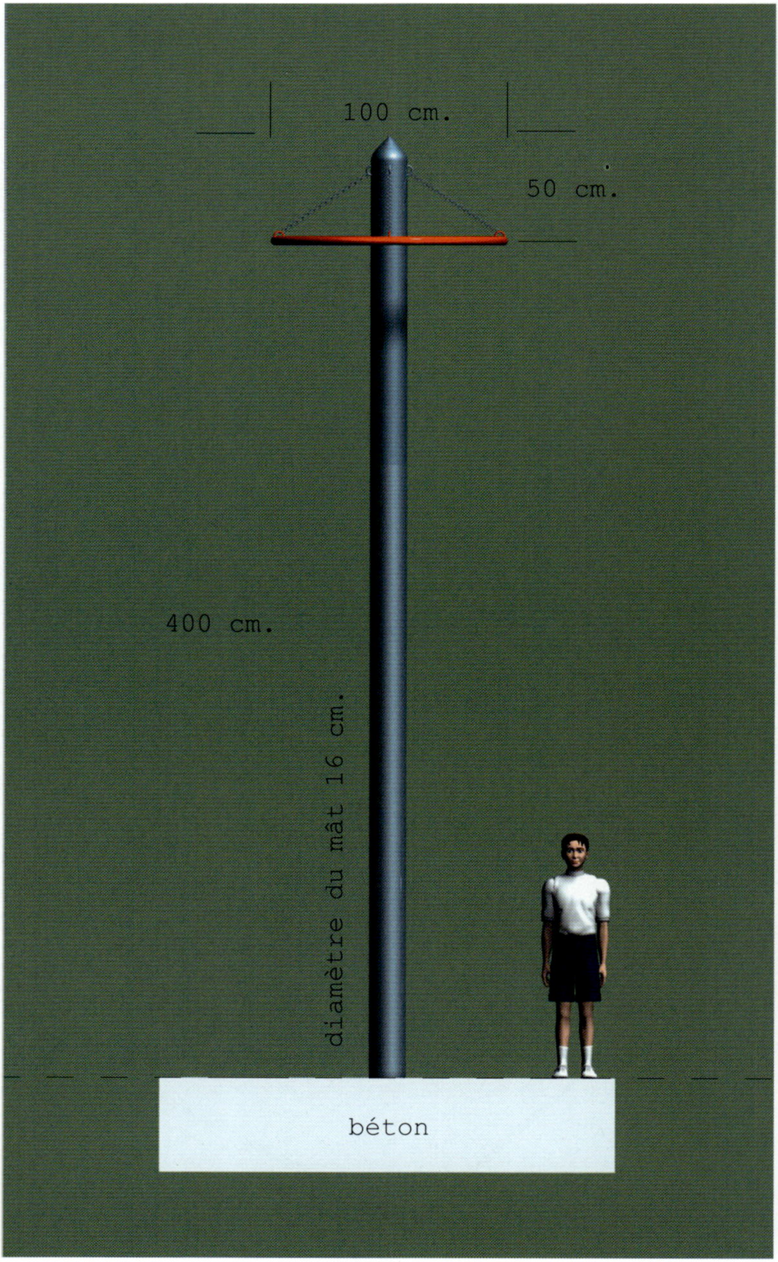

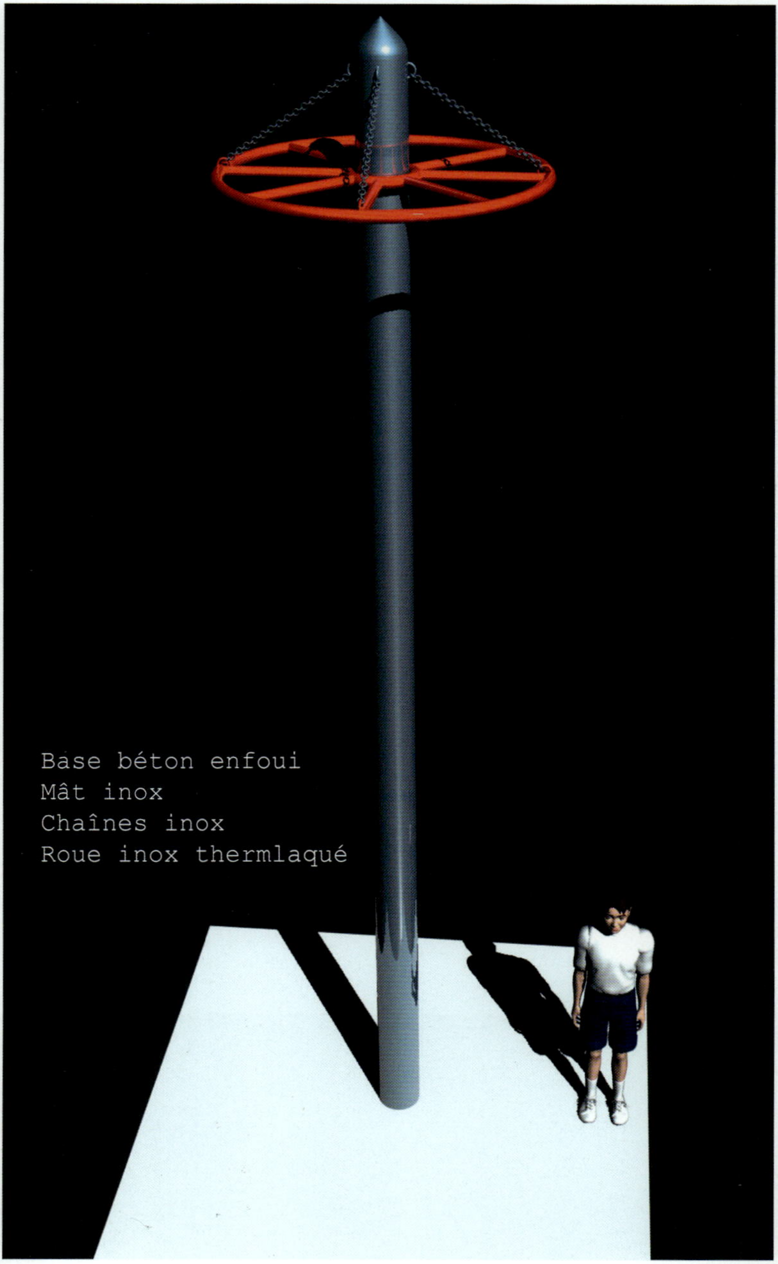
Base béton enfoui
Mât inox
Chaînes inox
Roue inox thermlaqué

Salle de réunion

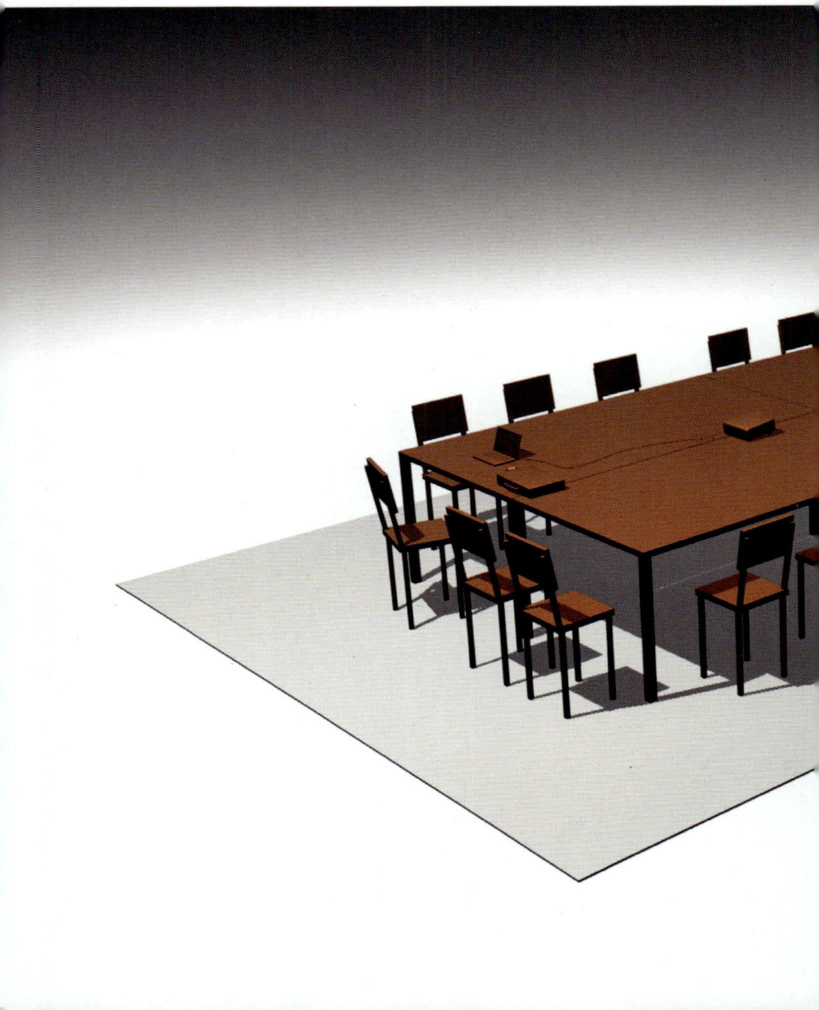

Dimensions au sol environ 8 x 3.5 mètres
Bronze
6 tables
21 chaises
1 écran, 1 bimer, 1 ordinateur, 1 malette

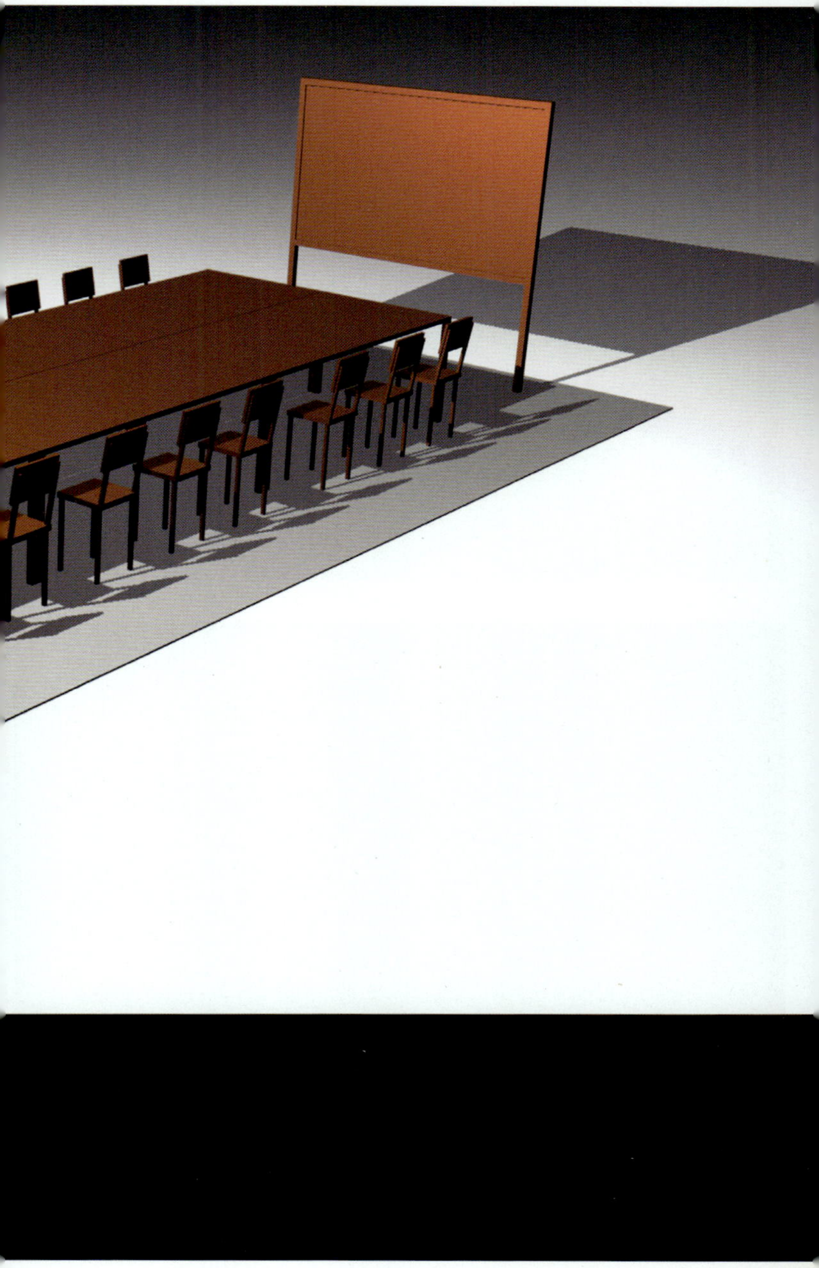

Chèvre

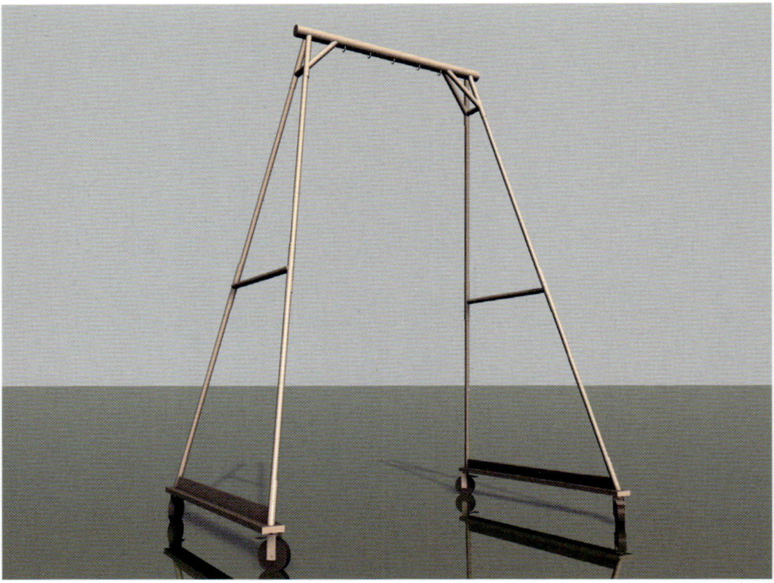

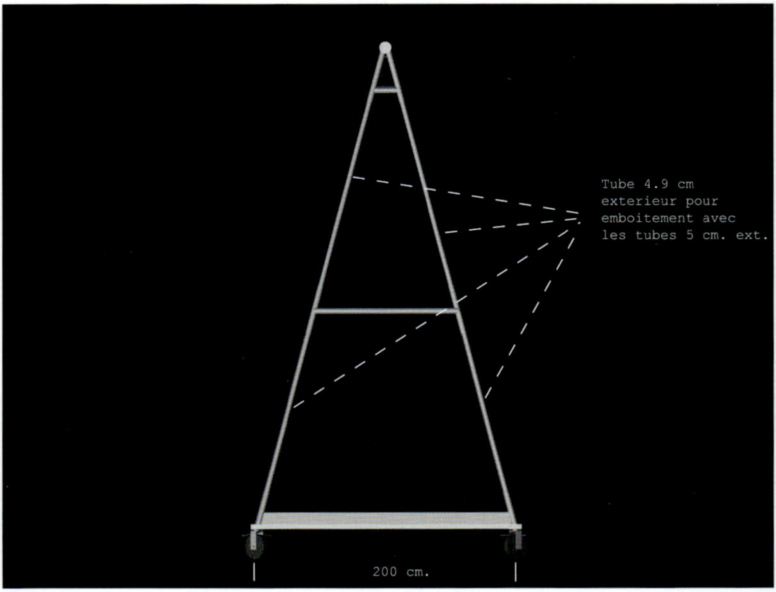
Tube 4.9 cm
exterieur pour
emboitement avec
les tubes 5 cm. ext.
200 cm.

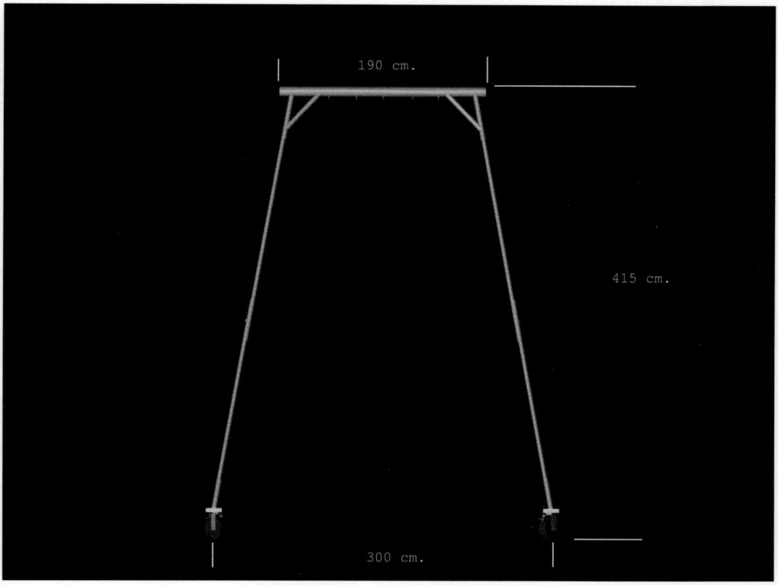
190 cm.
415 cm.
300 cm.

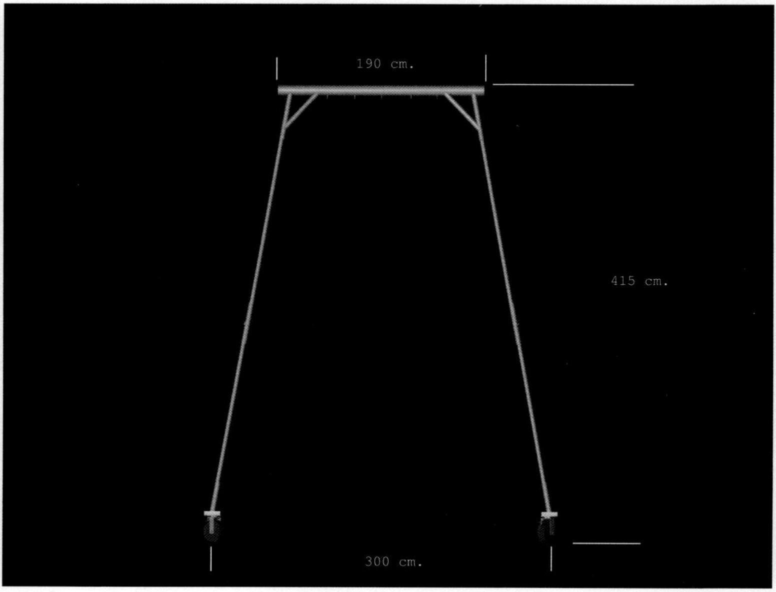
190 cm.
415 cm.
300 cm.

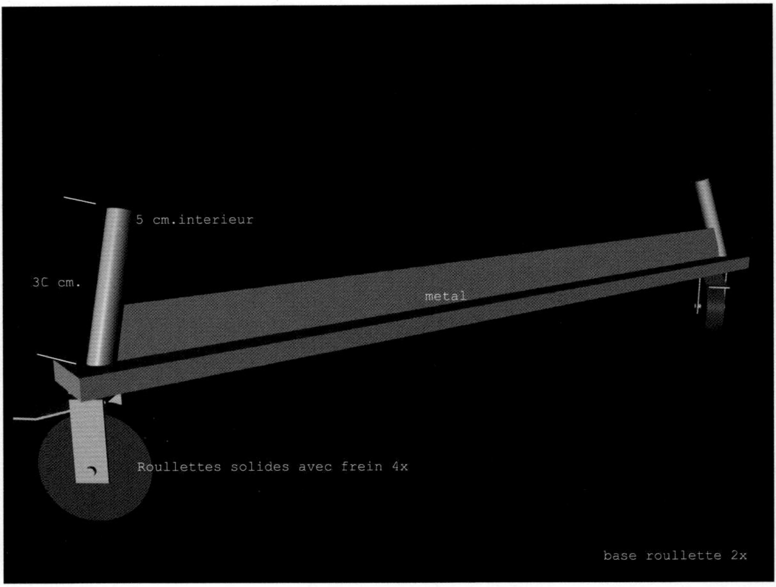
5 cm.interieur
3C cm.
metal
Roullettes solides avec frein 4x
base roullette 2x

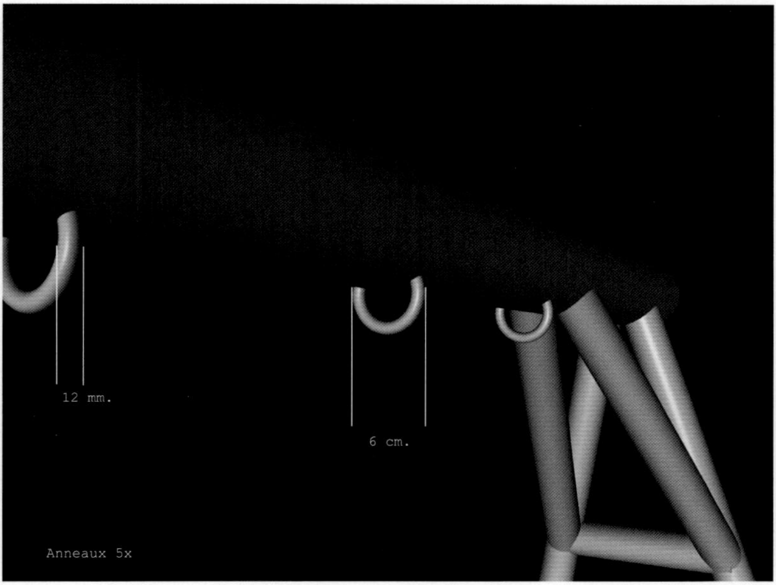
12 mm.
6 cm.
Anneaux 5x

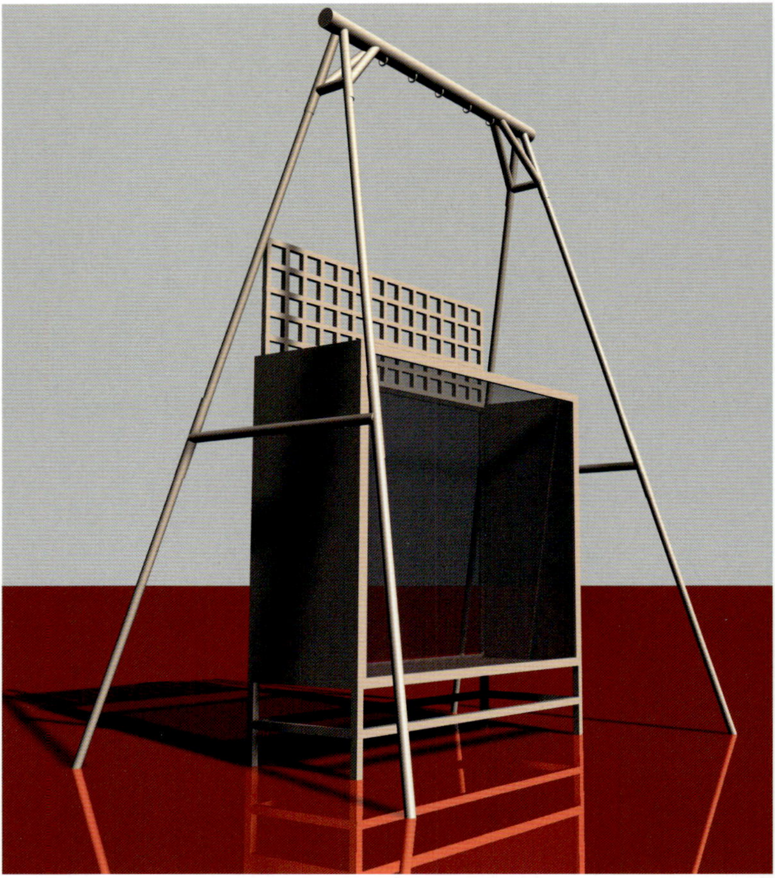

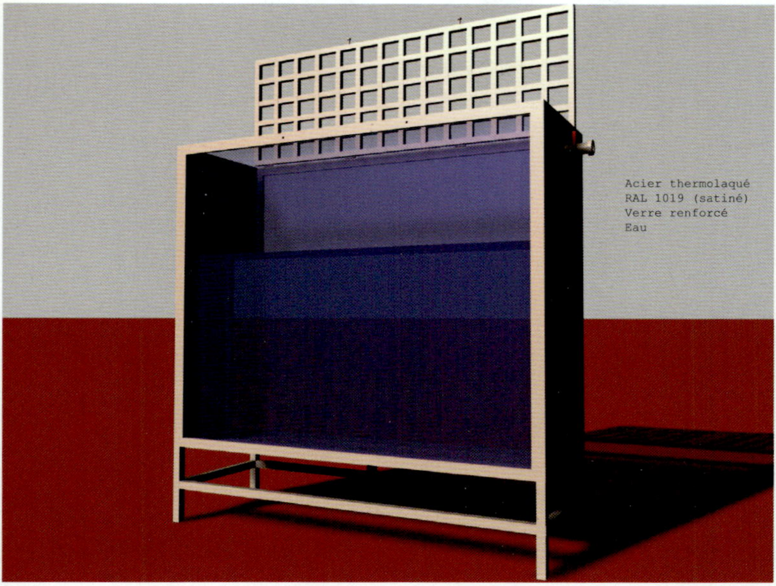
Acier thermolaqué
RAL 1019 (satiné)
Verre renforcé
Eau

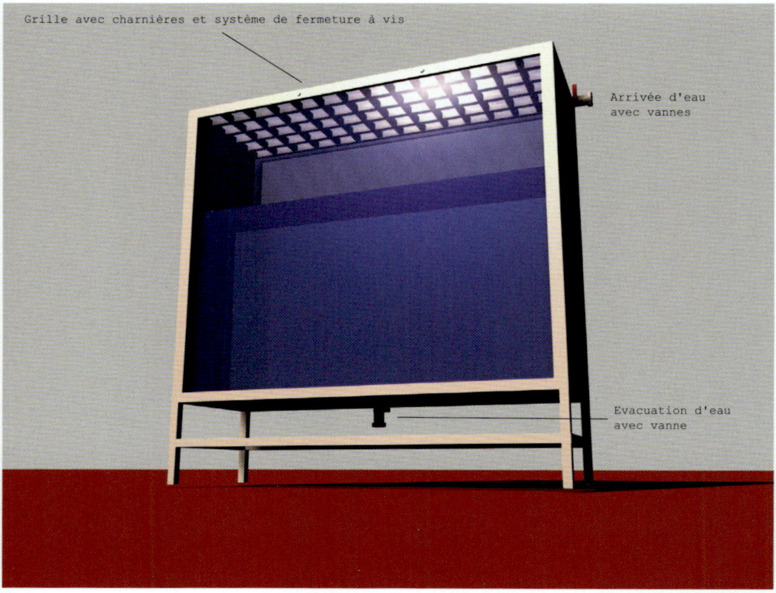
Grille avec charnières et système de fermeture à vis
Arrivée d'eau
avec vannes
Evacuation d'eau
avec vanne

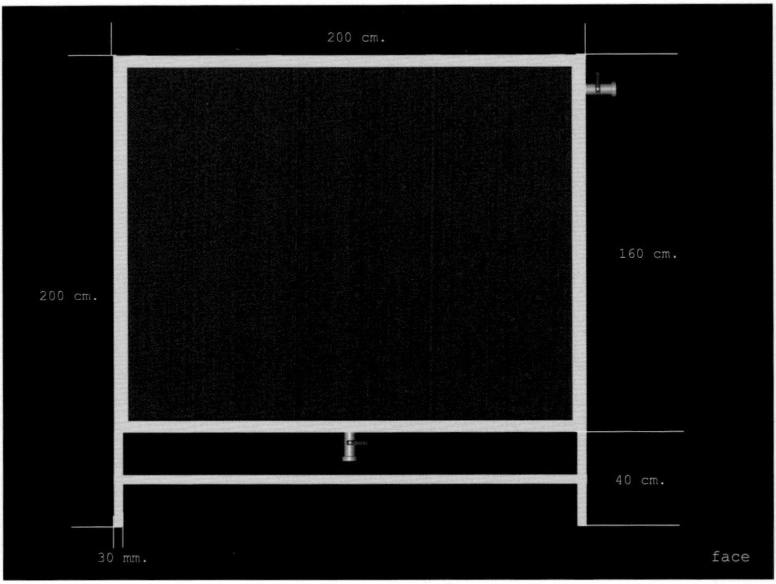
200 cm.
160 cm.
200 cm.
40 cm.
30 mm.
face

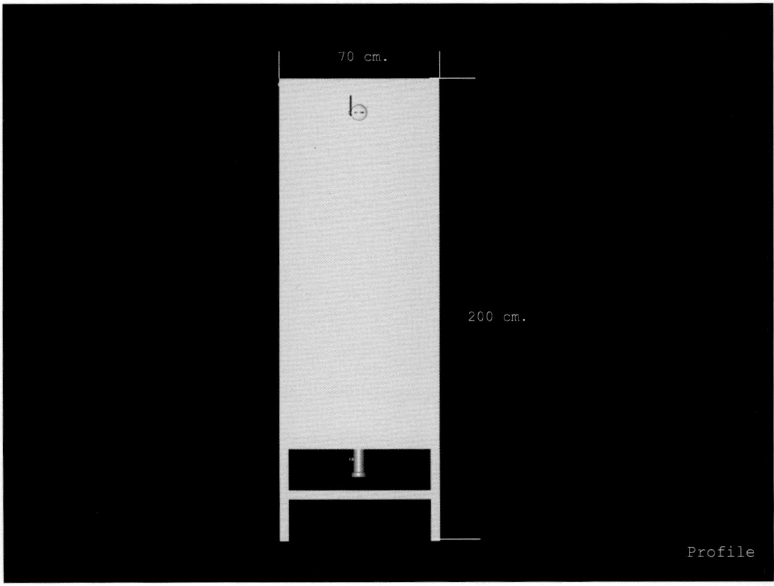
70 cm.
200 cm.
Profile

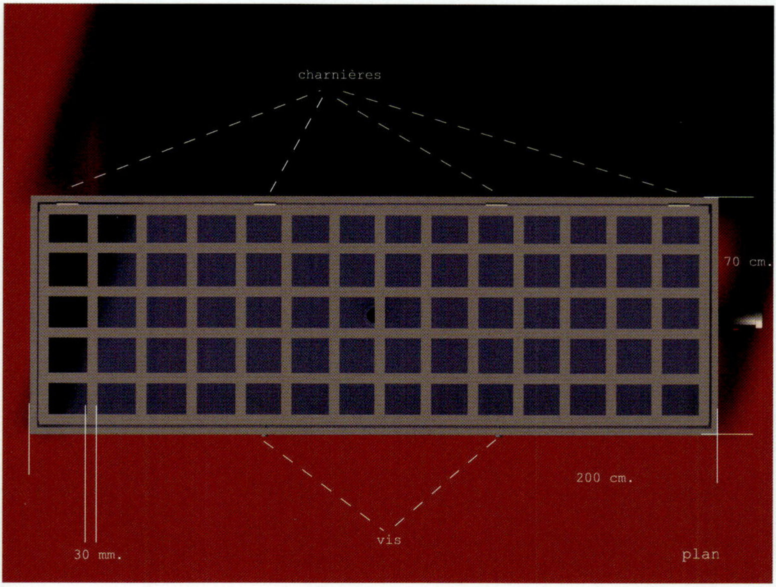
charnières
70 cm.
200 cm.
vis
30 mm.
plan

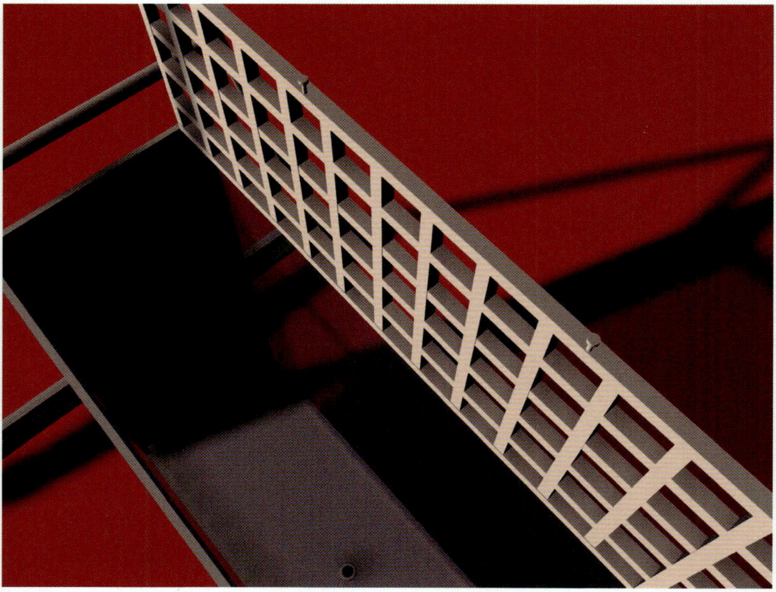

Rings

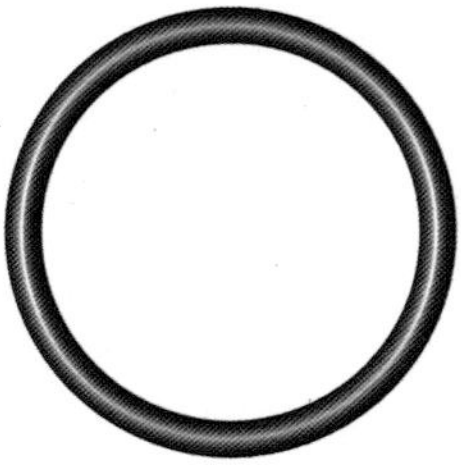

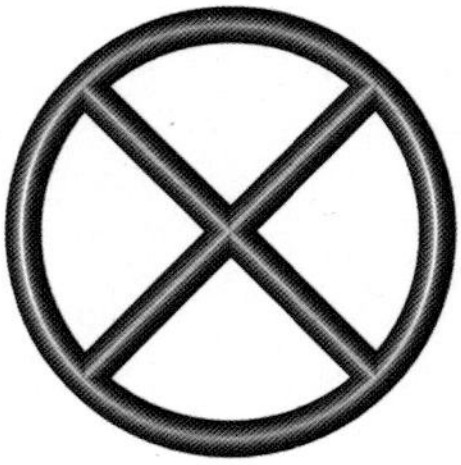

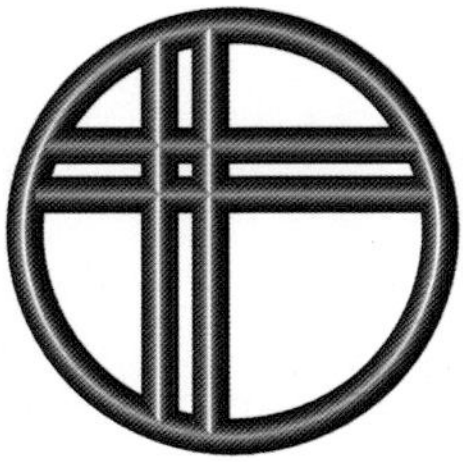

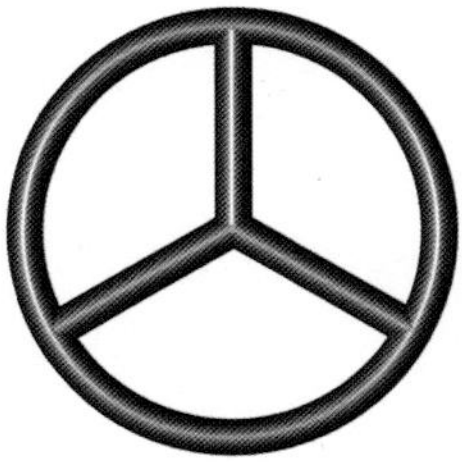

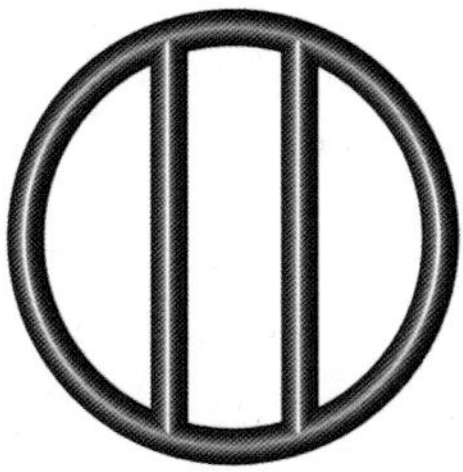

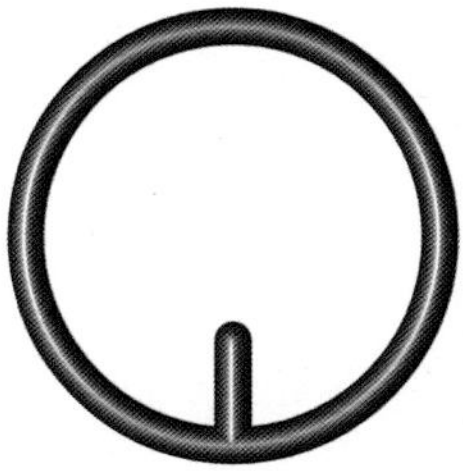

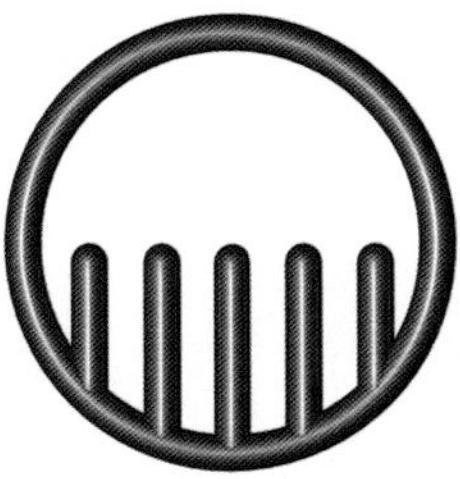

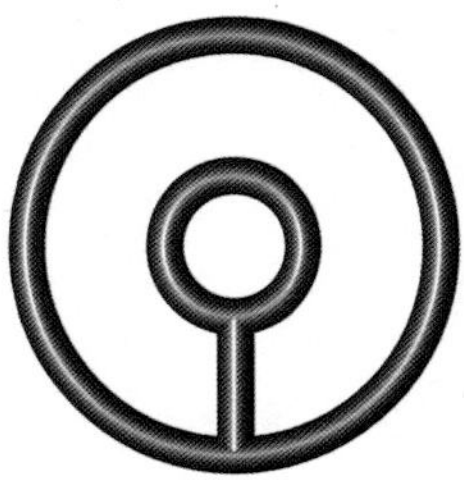

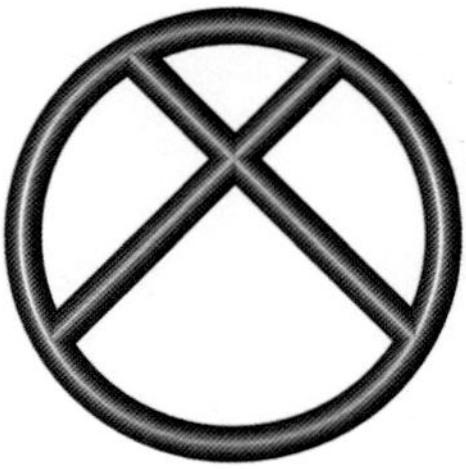

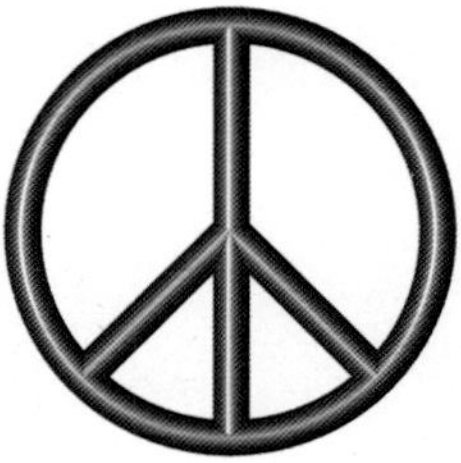

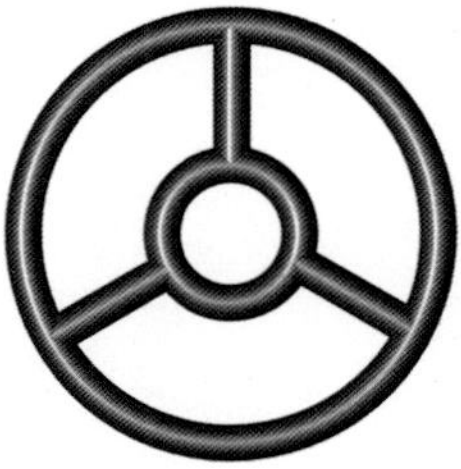

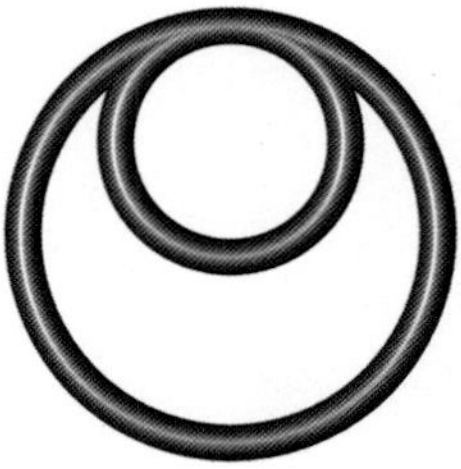

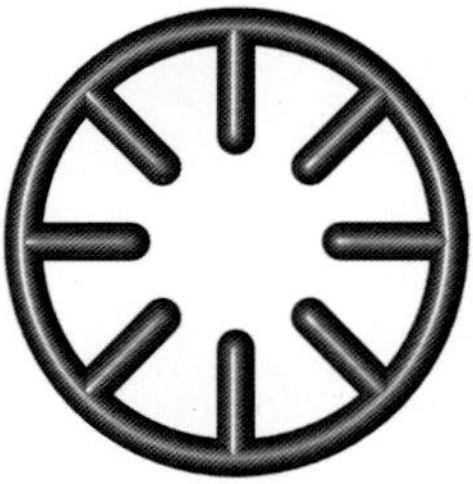

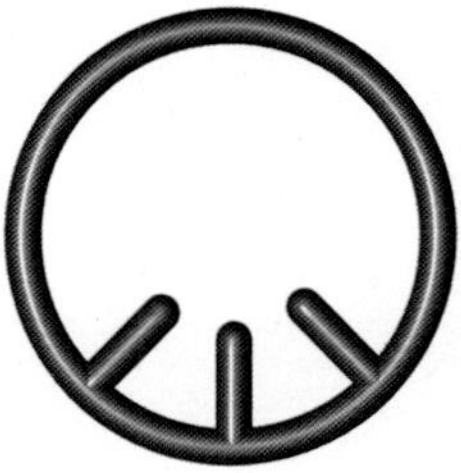

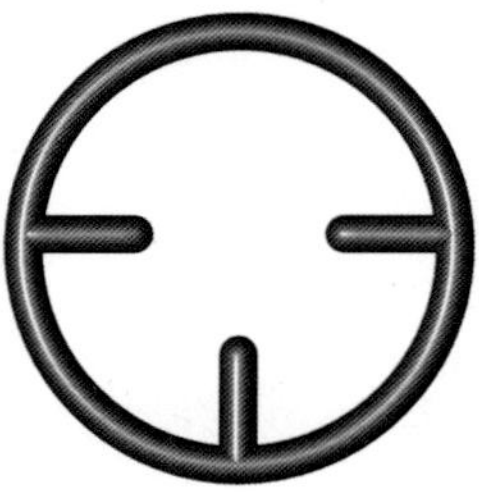

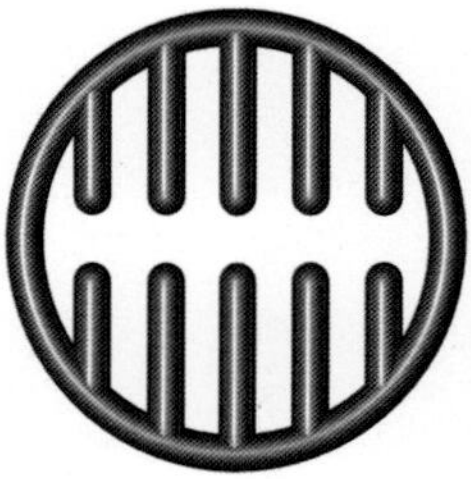

Multipotence

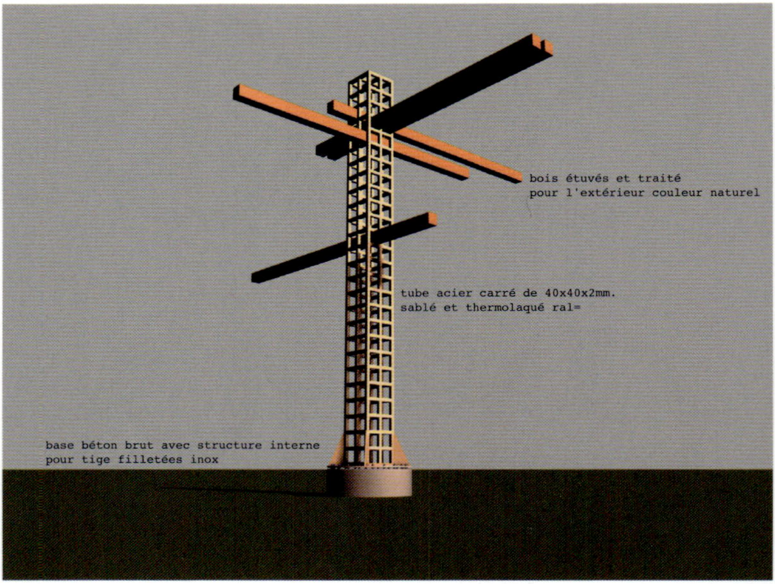

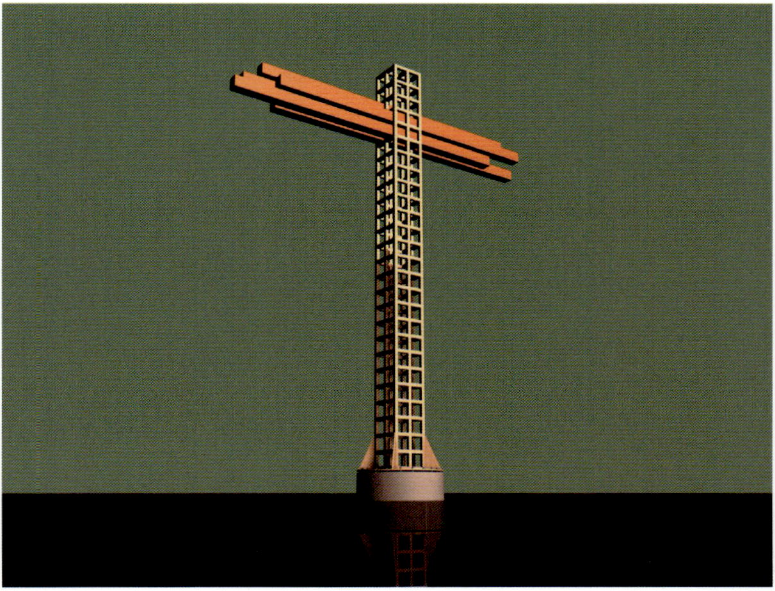

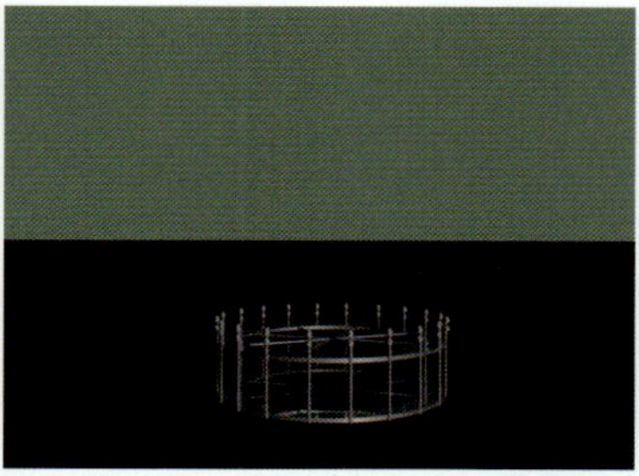
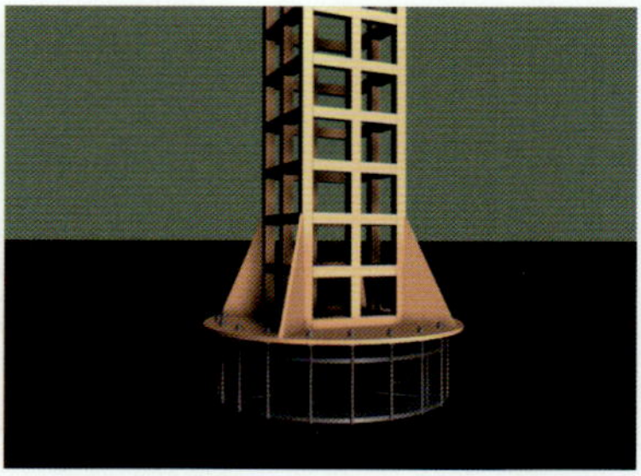
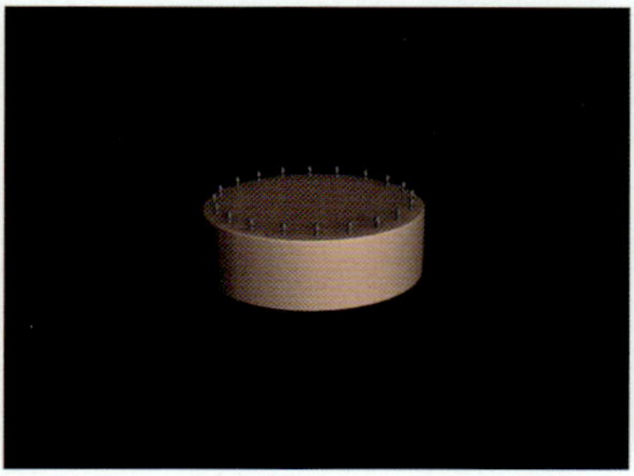
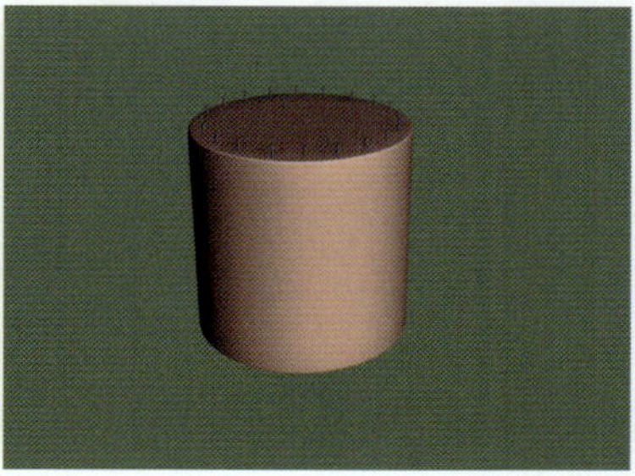
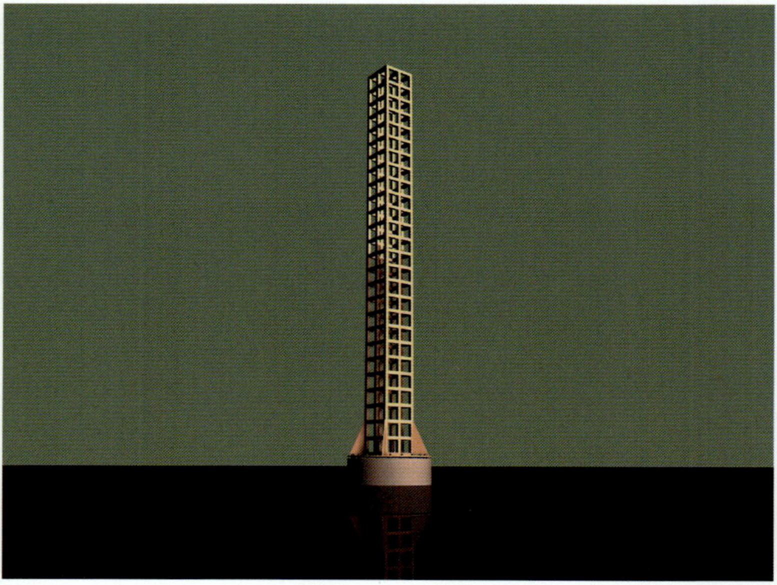

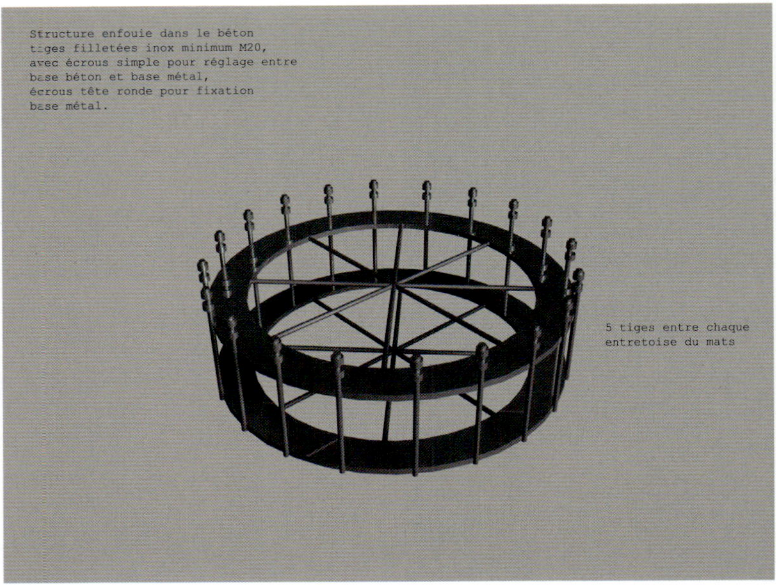
Structure enfouie dans le béton
tiges filletées inox minimum M20,
avec écrous simple pour réglage entre
base béton et base métal,
écrous tête ronde pour fixation
base métal.
5 tiges entre chaque
entretoise du mats

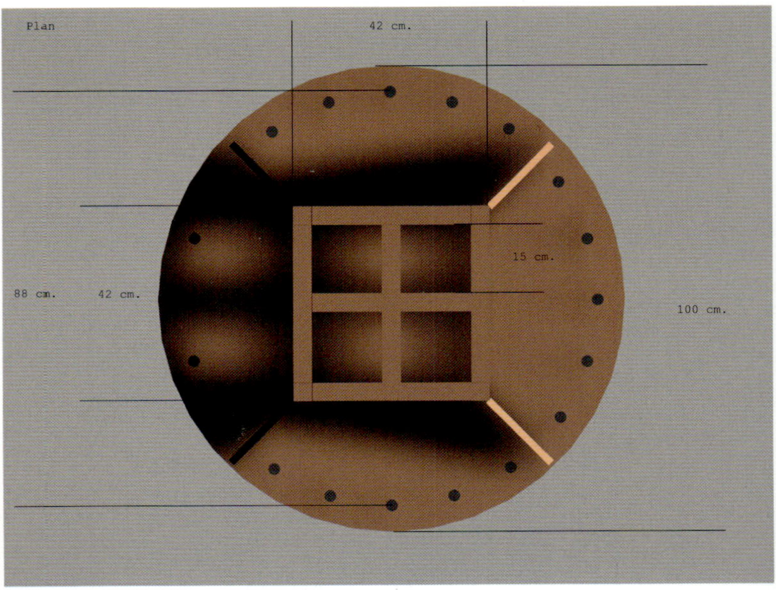
Plan
42 cm.
15 cm.
88 cm.
42 cm.
100 cm.

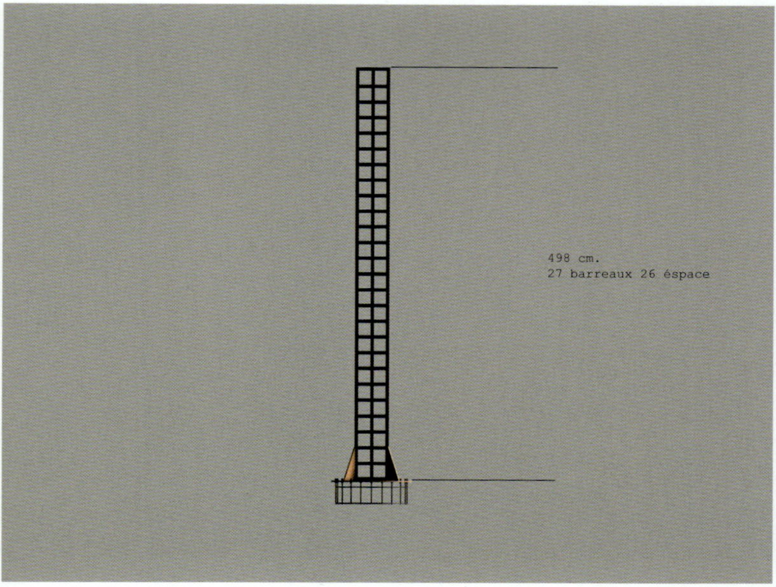
498 cm.
27 barreaux 26 éspace

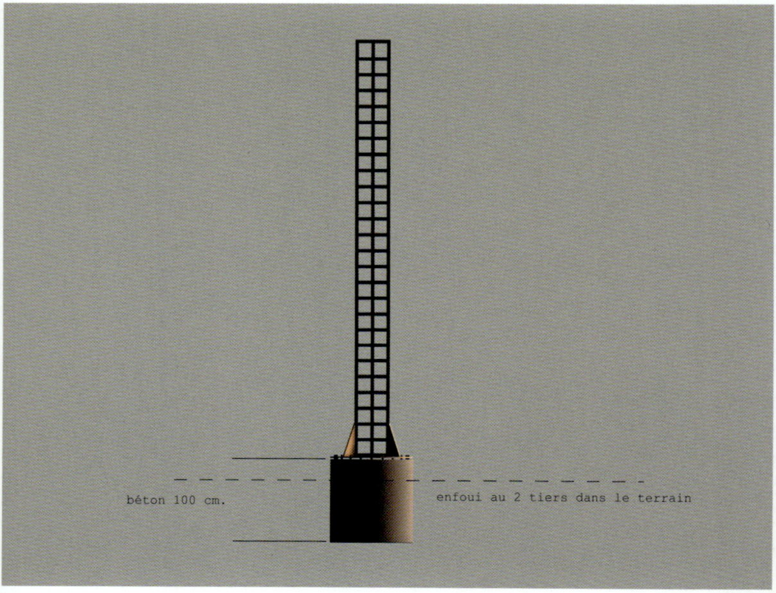
béton 100 cm.
enfoui au 2 tiers dans le terrain

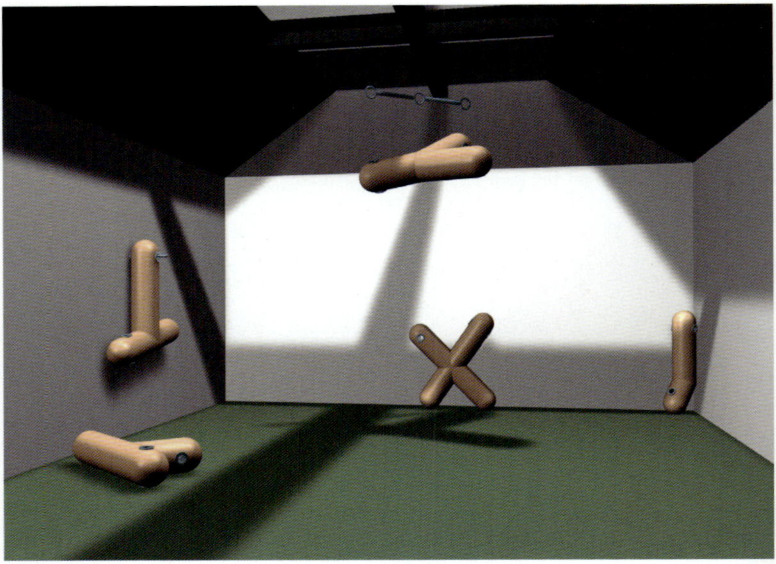

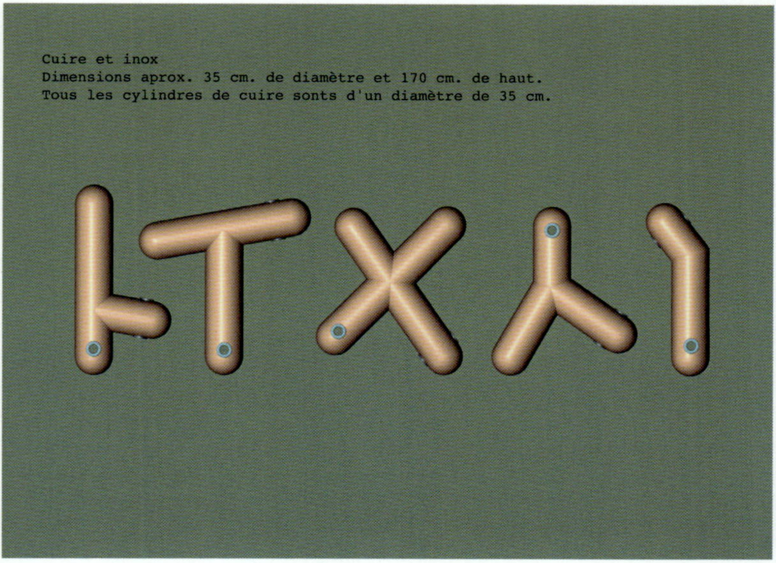
Cuire et inox
Dimensions aprox. 35 cm. de diamètre et 170 cm. de haut.
Tous les cylindres de cuire sonts d'un diamètre de 35 cm.

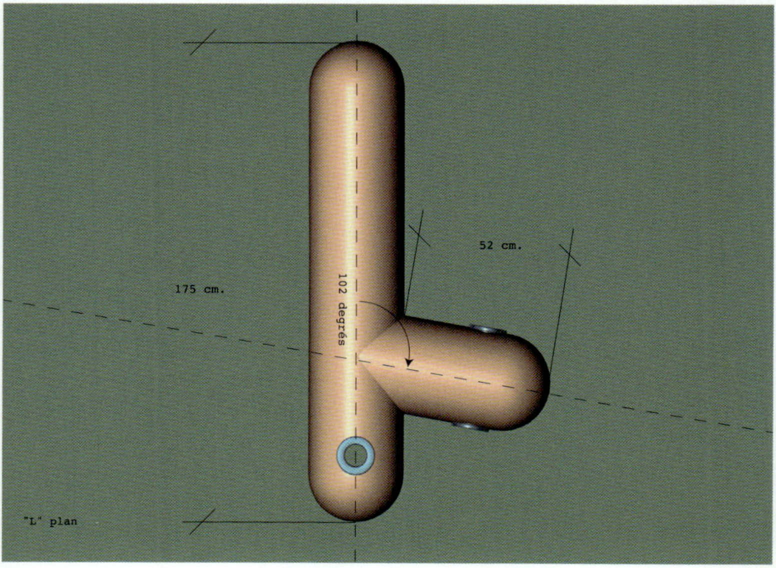
52 cm.
175 cm.
102 degrés
"L" plan

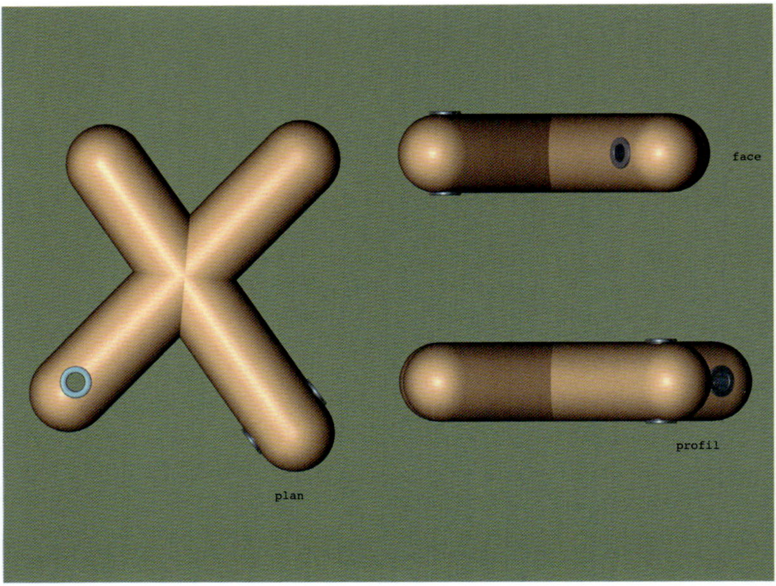
face
profil
plan

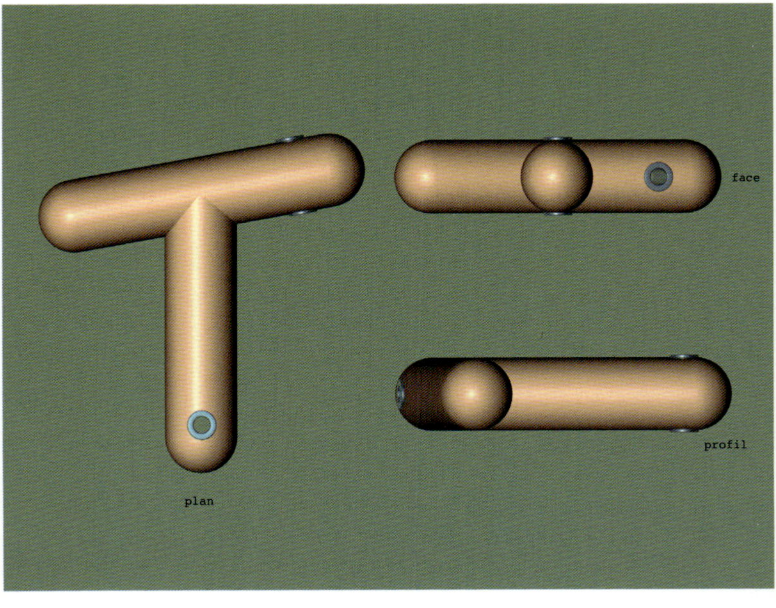
face
profil
plan

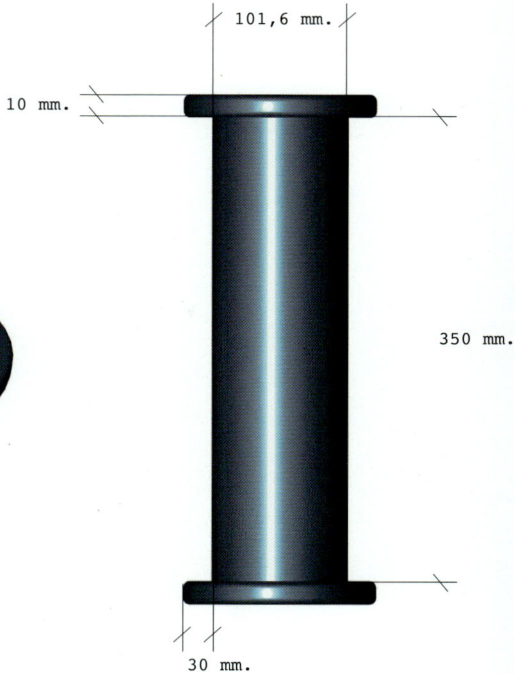
101,6 mm.
10 mm.
350 mm.
30 mm.

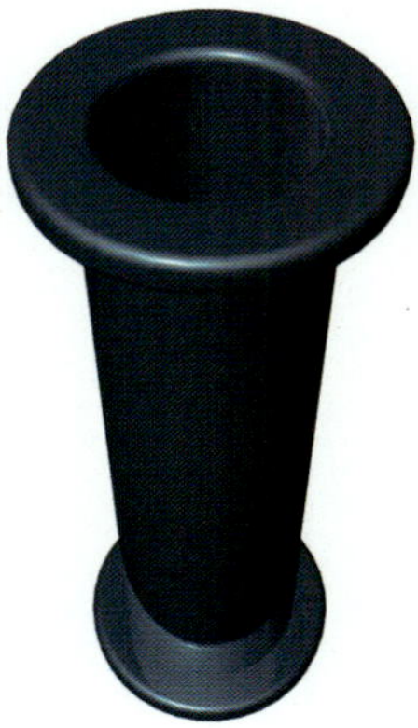

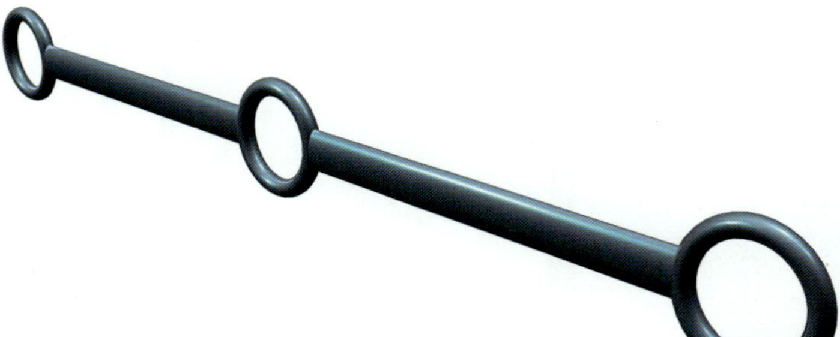

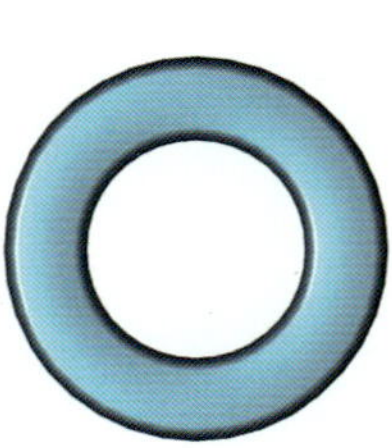

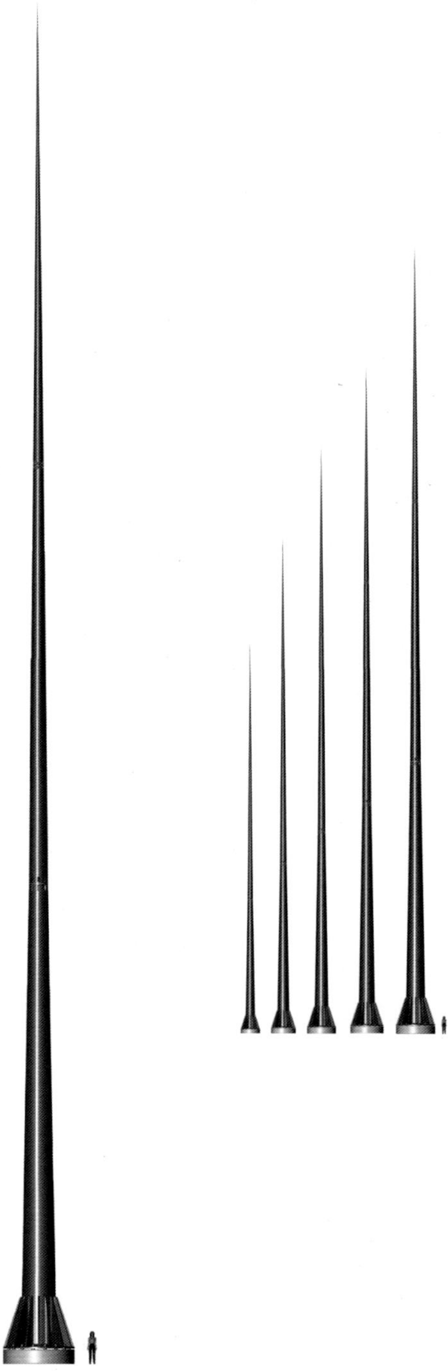

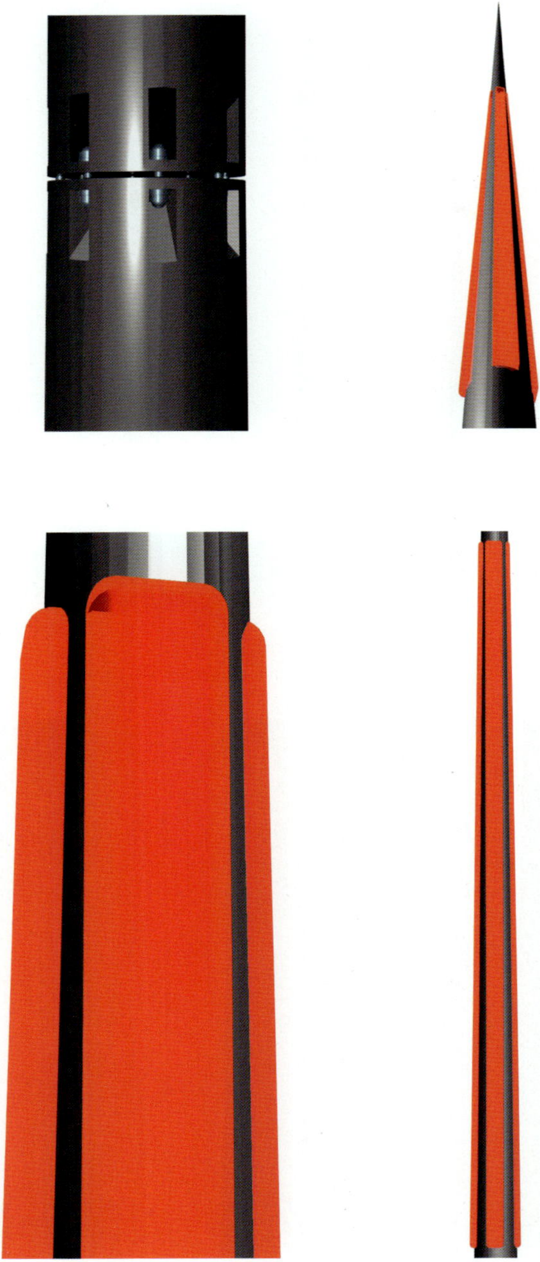

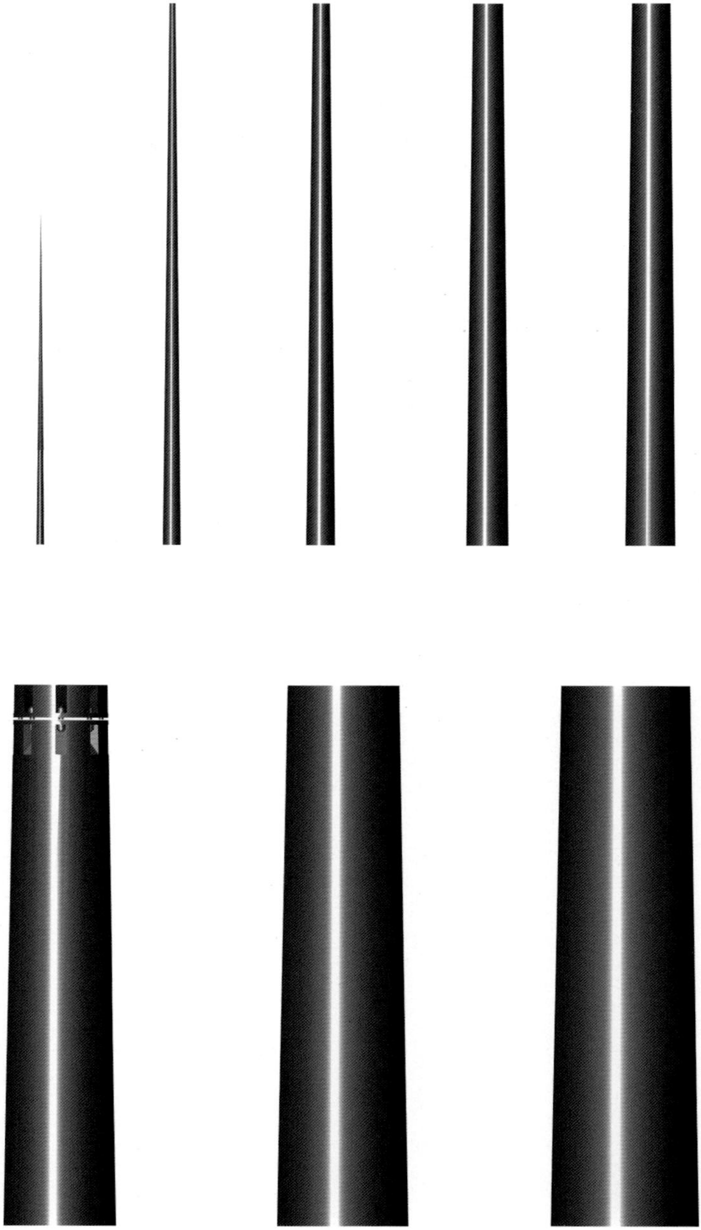

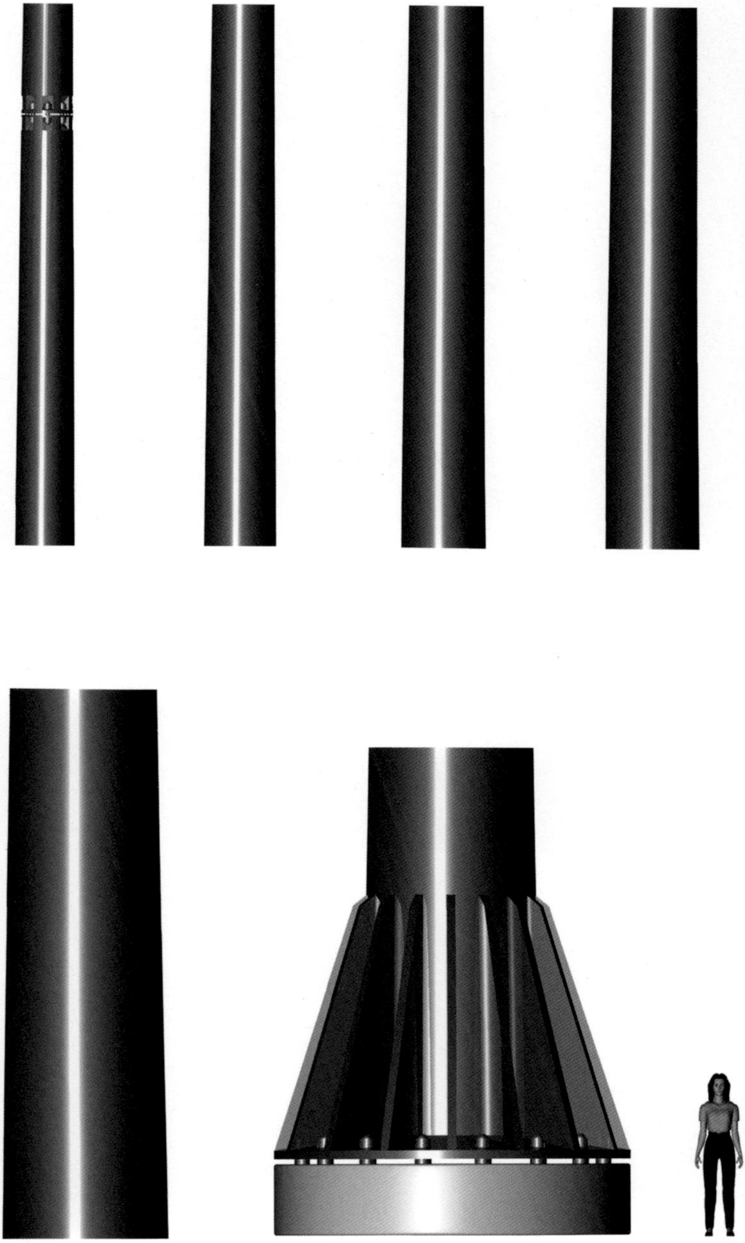

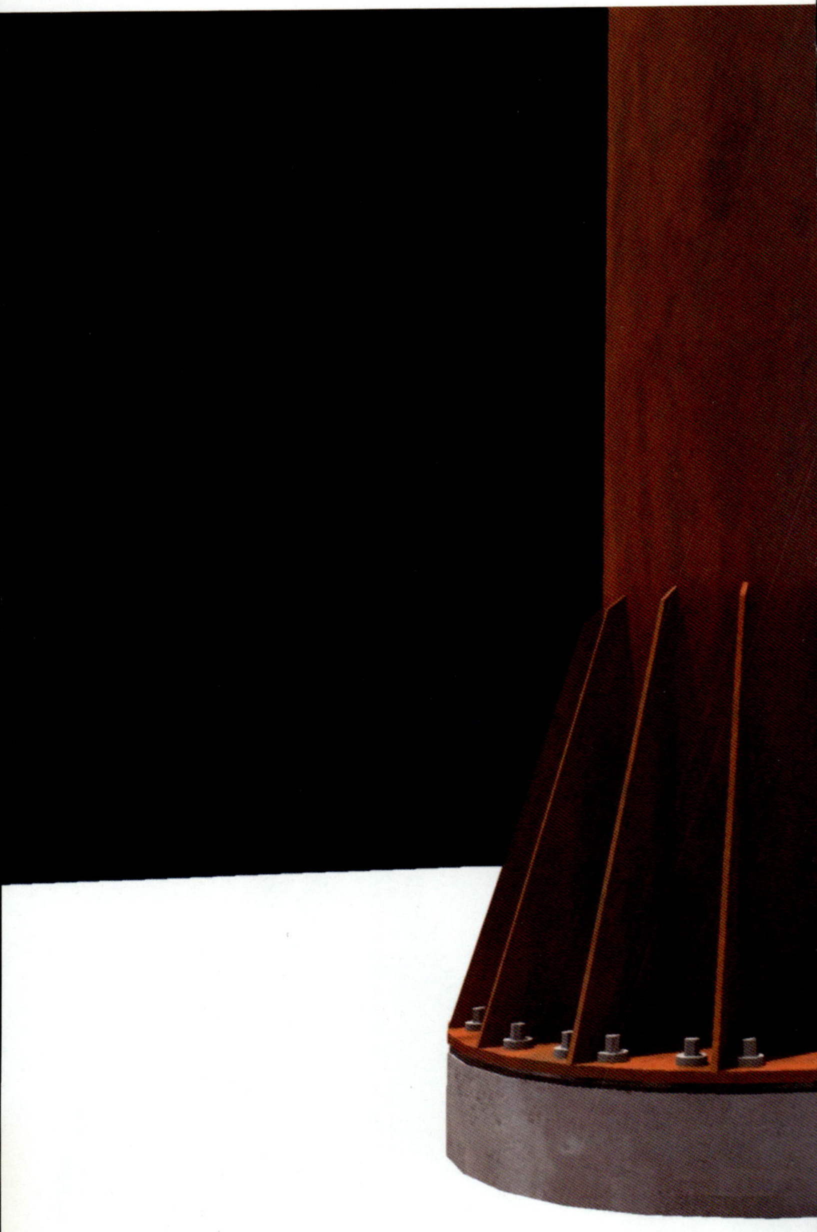

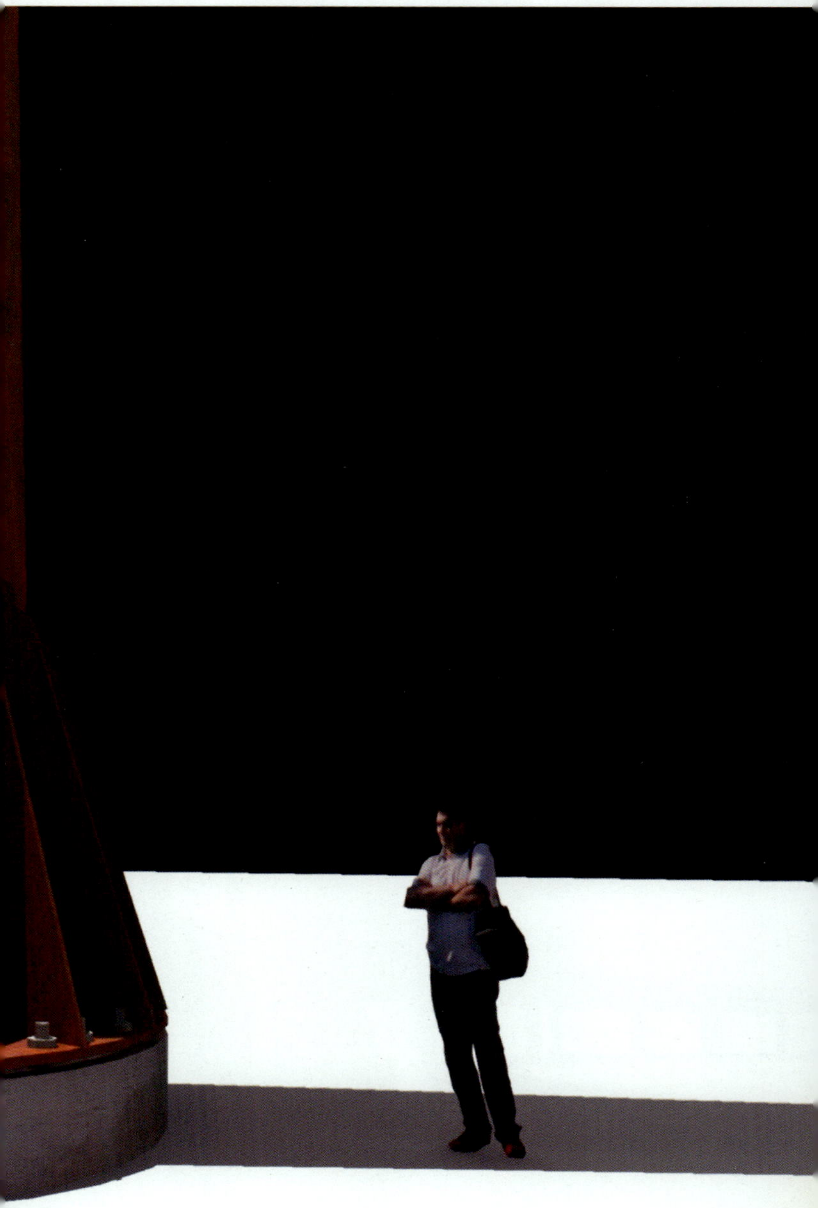

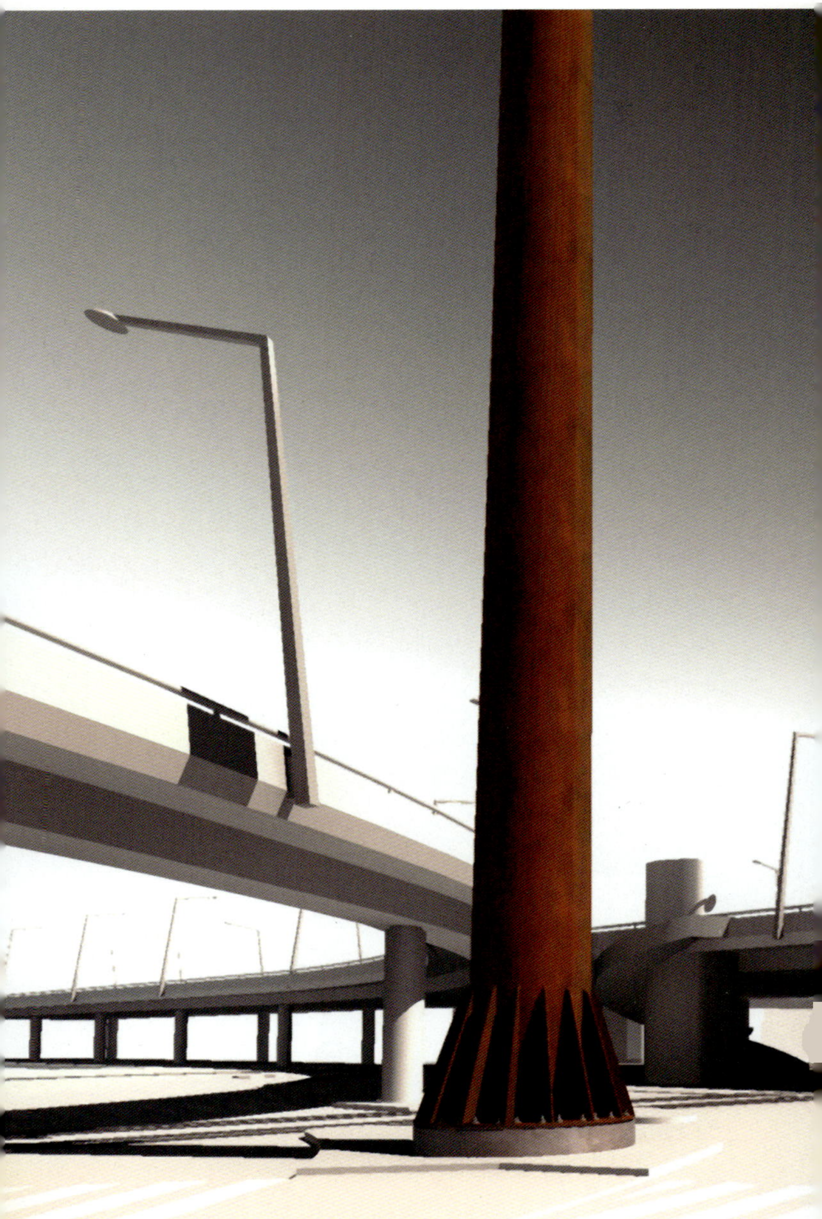

Strap Paint

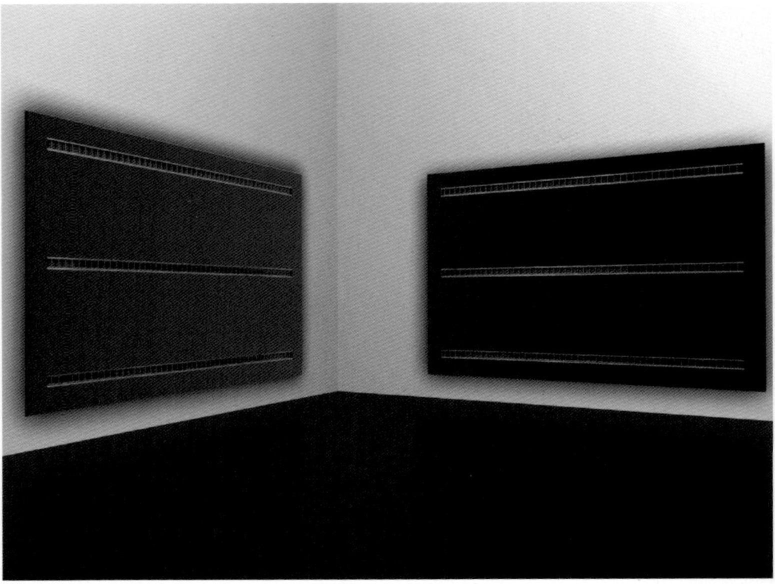

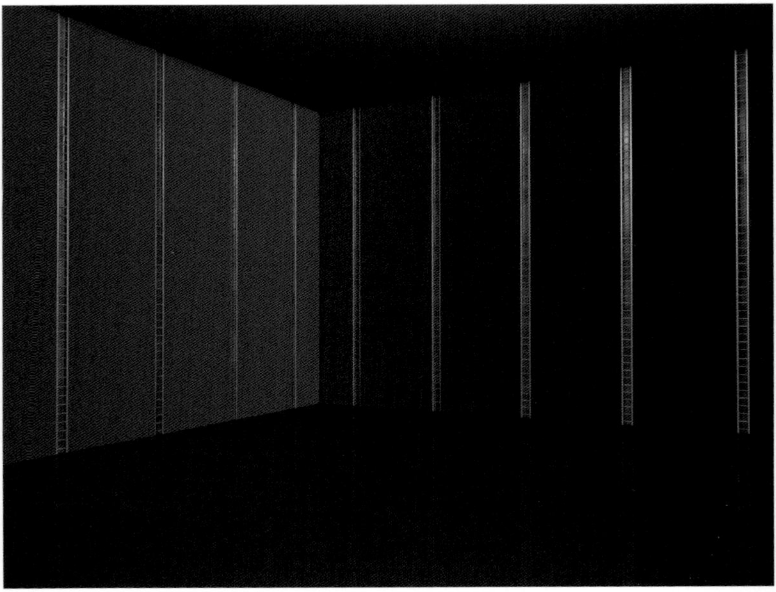

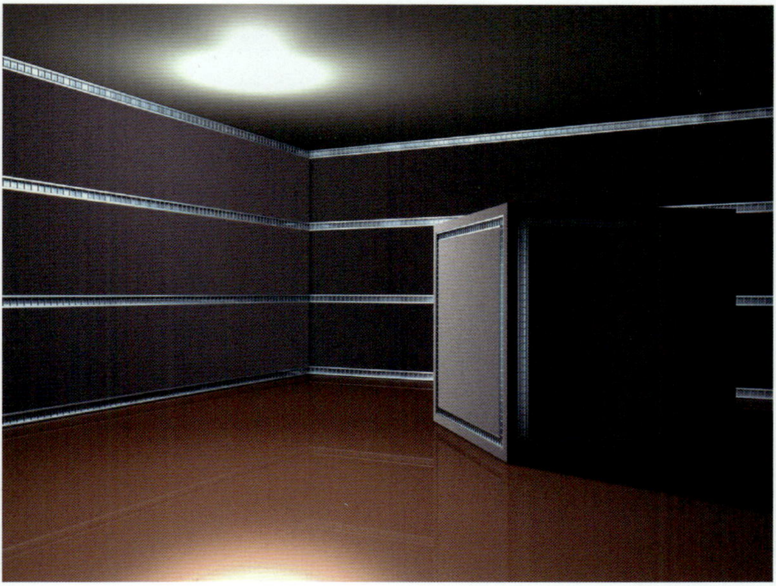

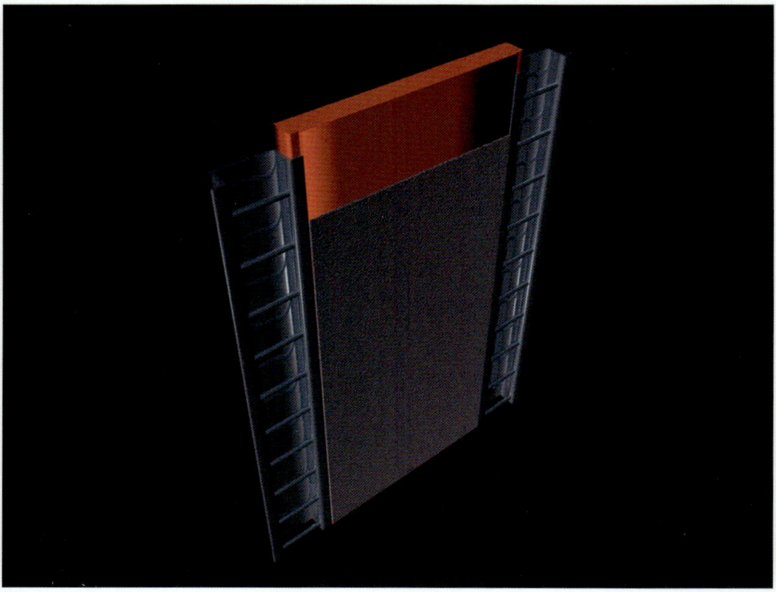

Meeting Room

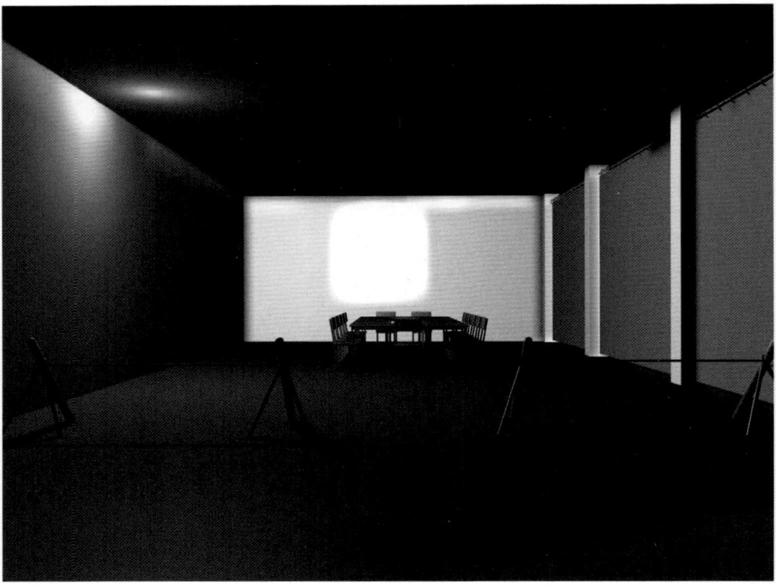

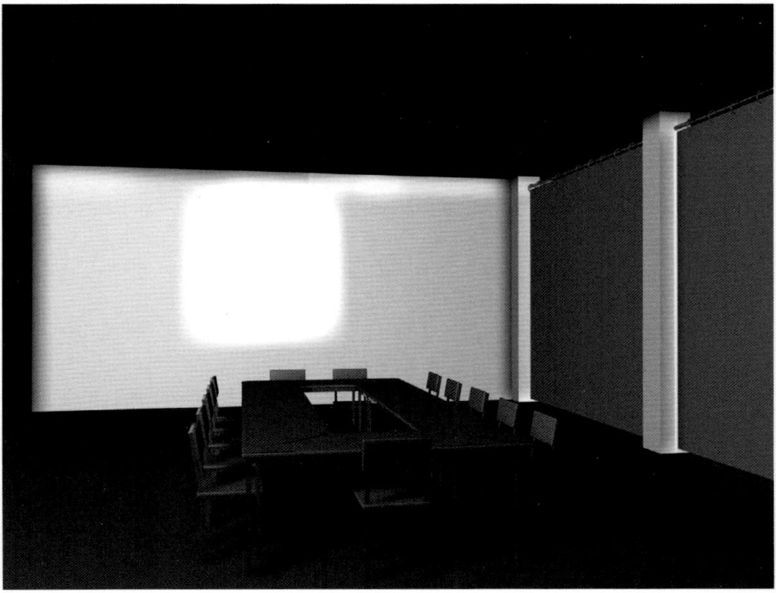

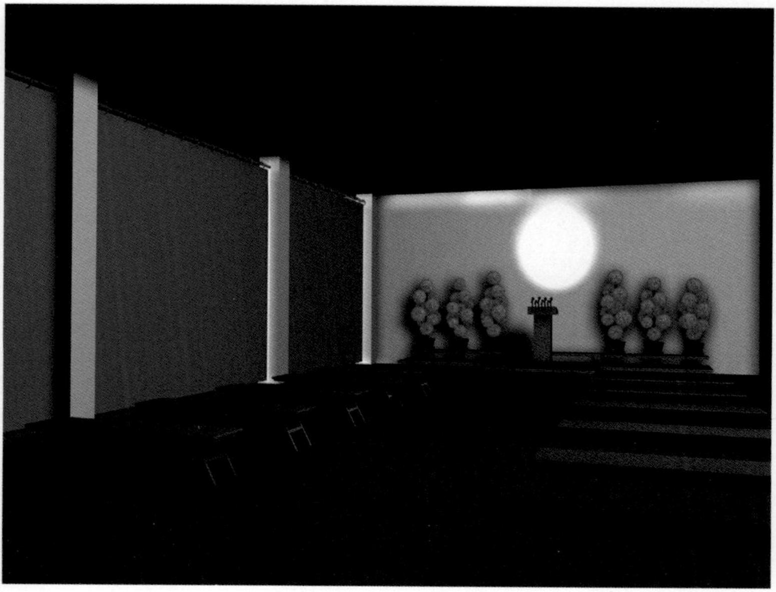

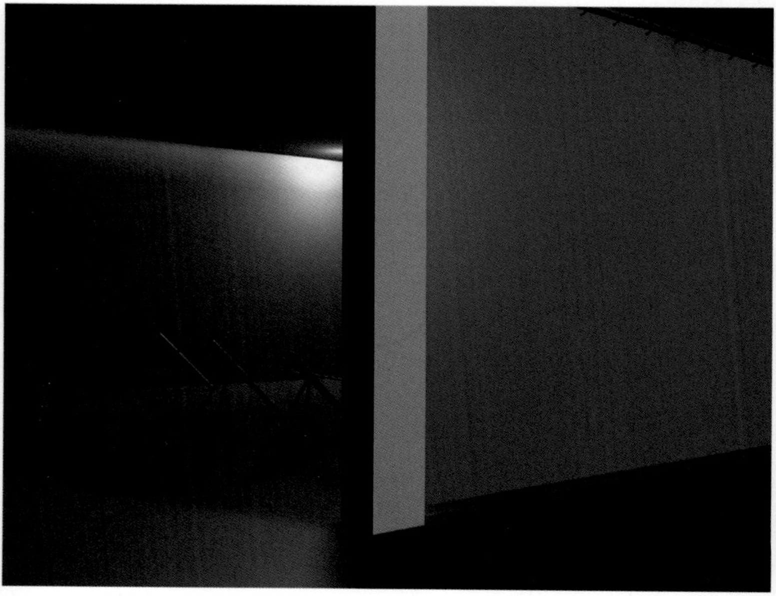

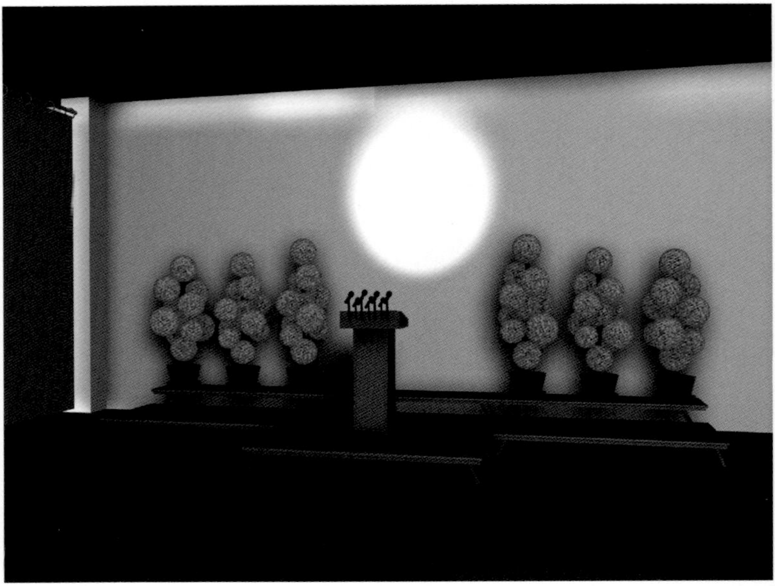

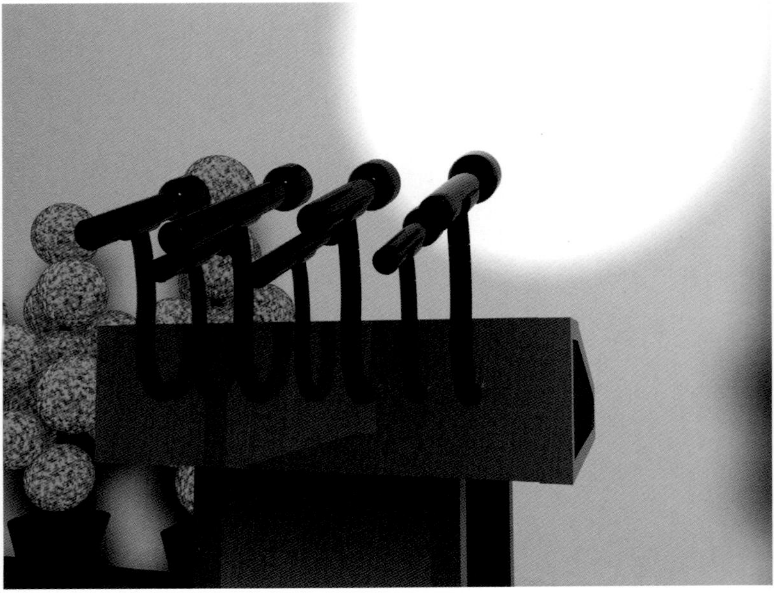

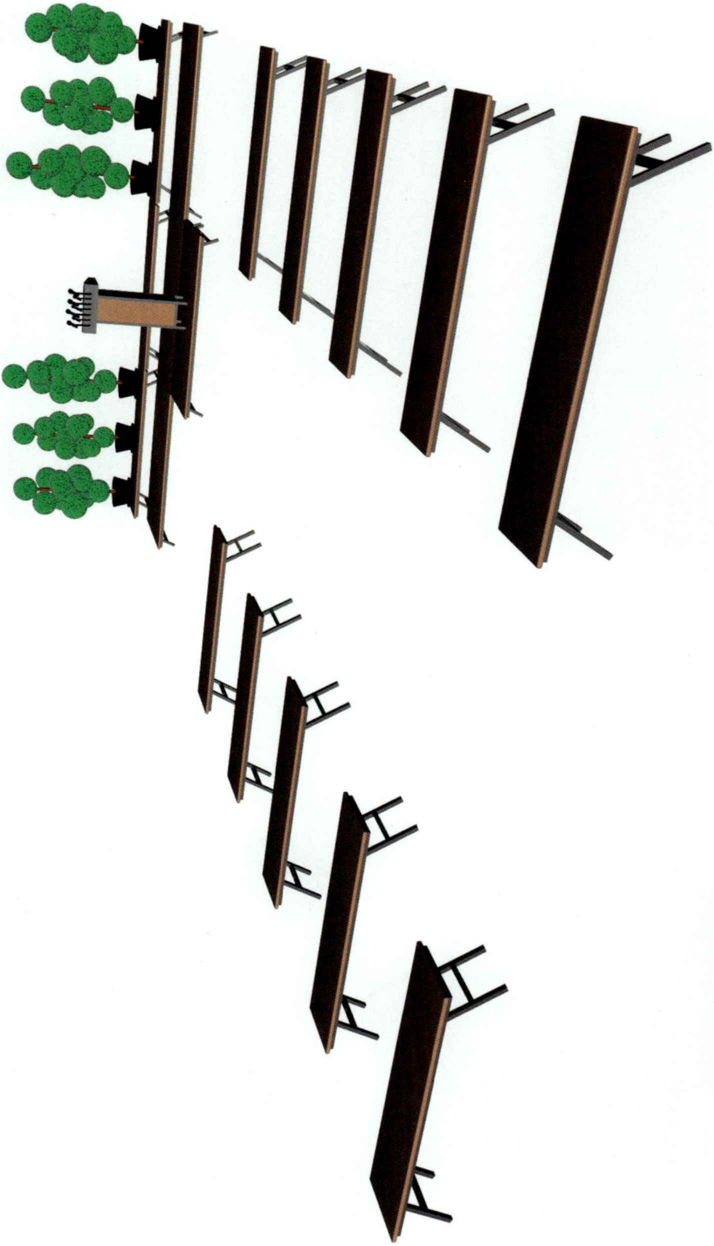

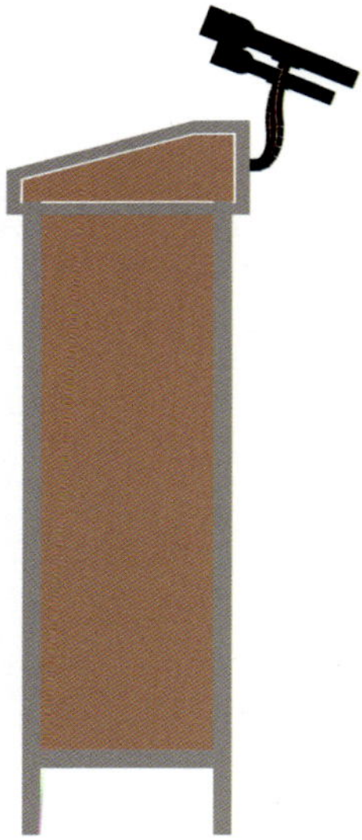

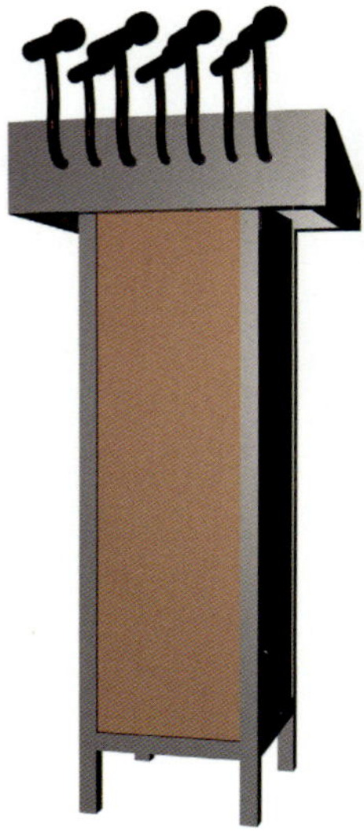

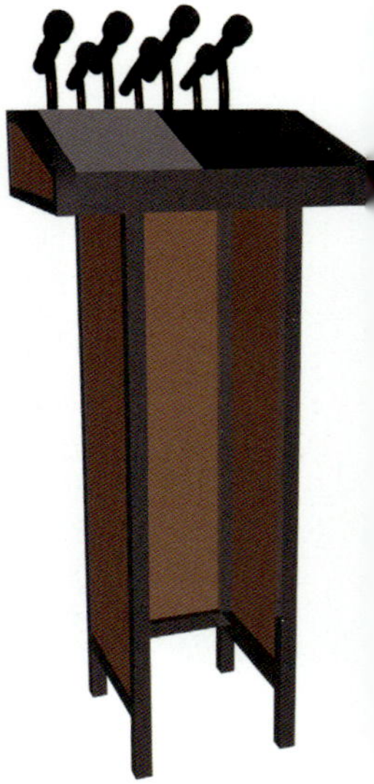

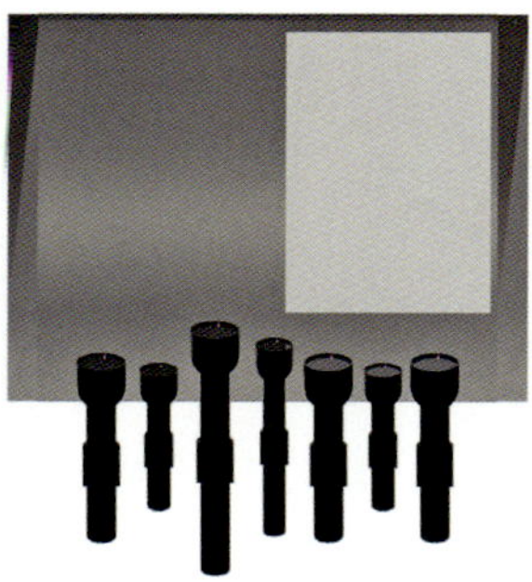

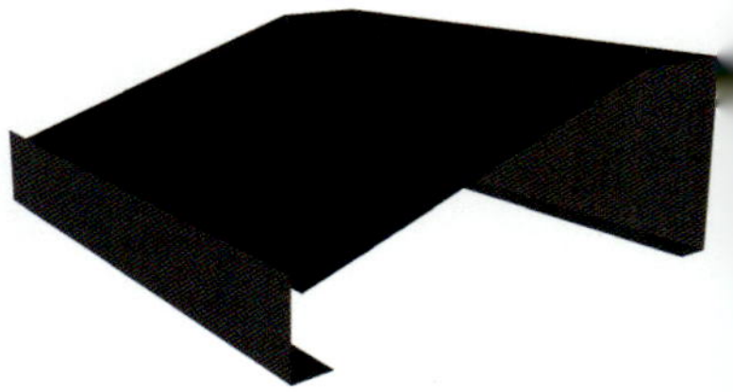

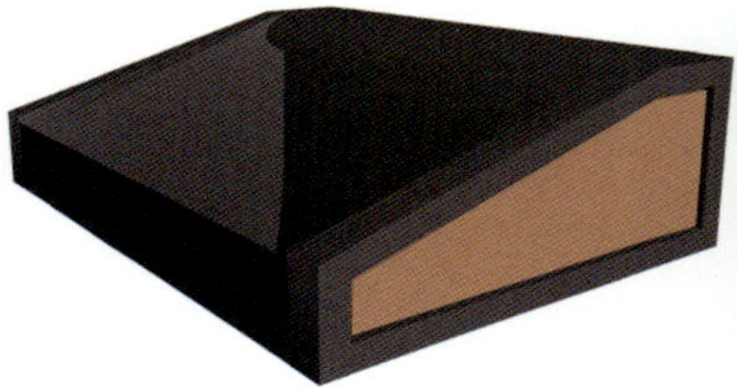

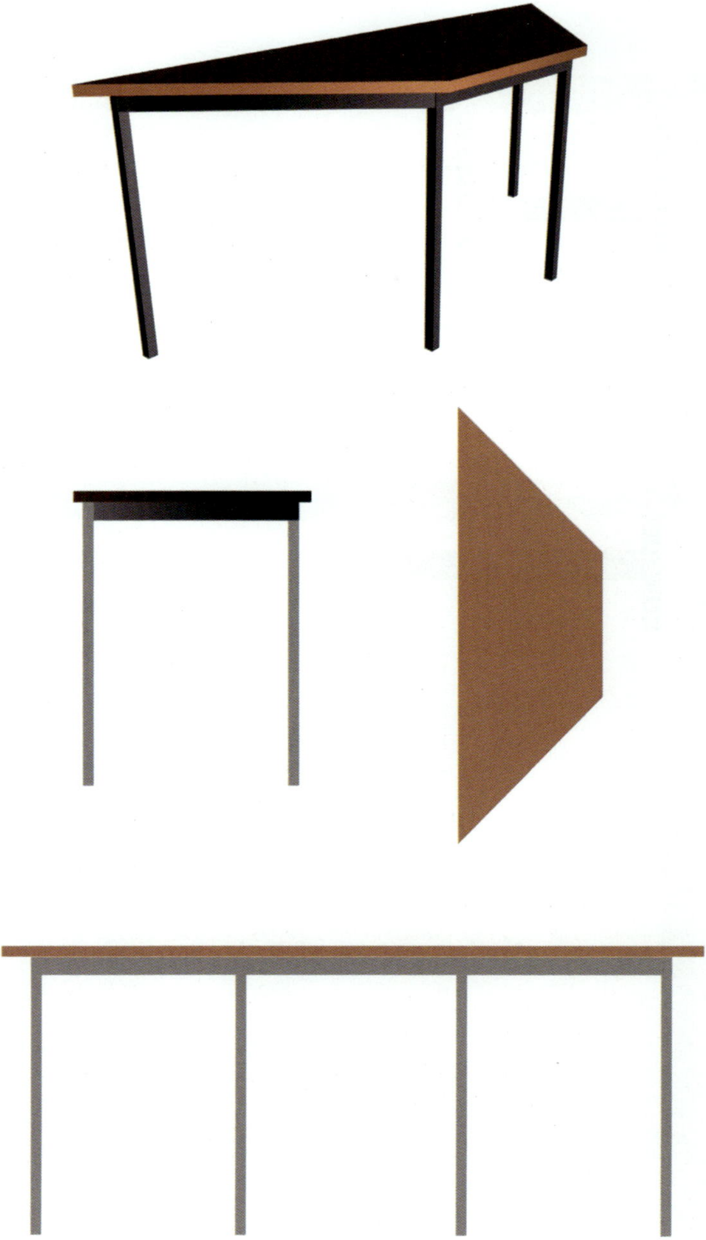

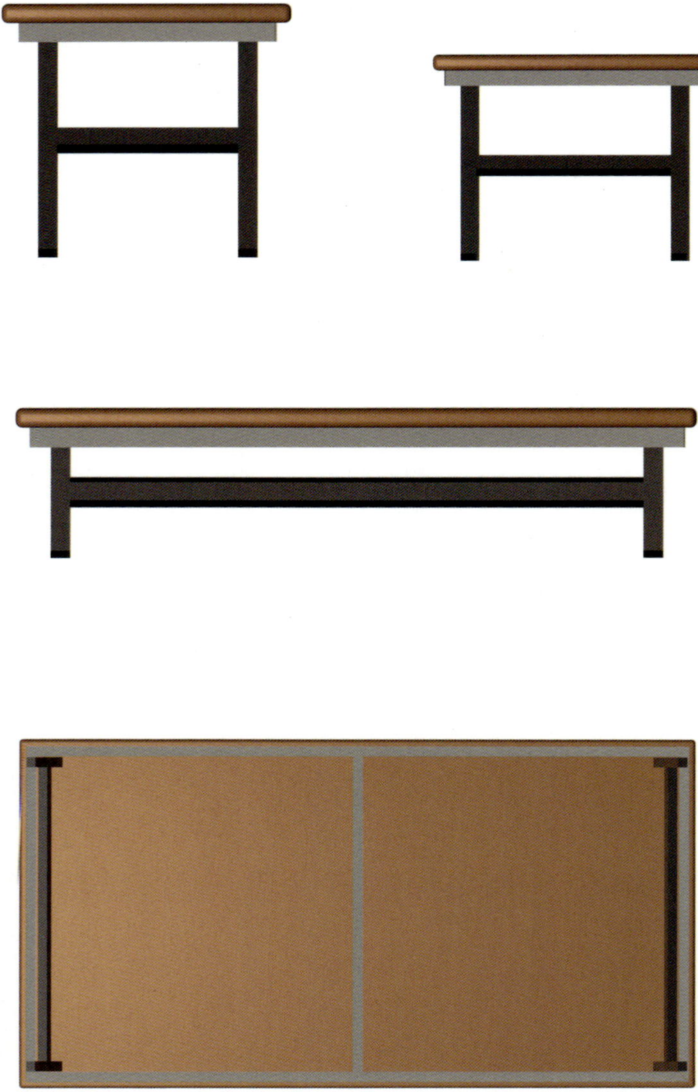

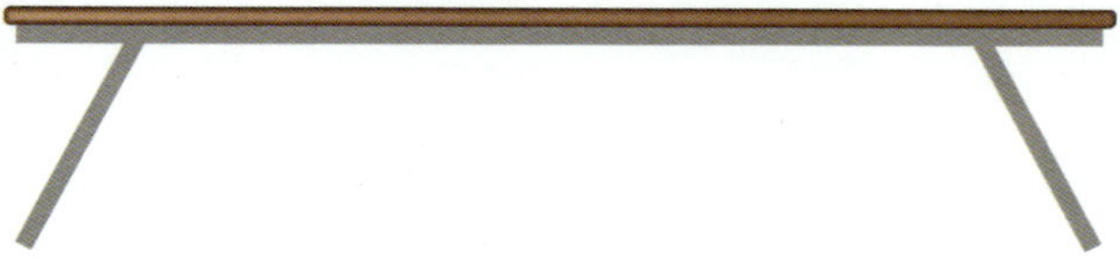

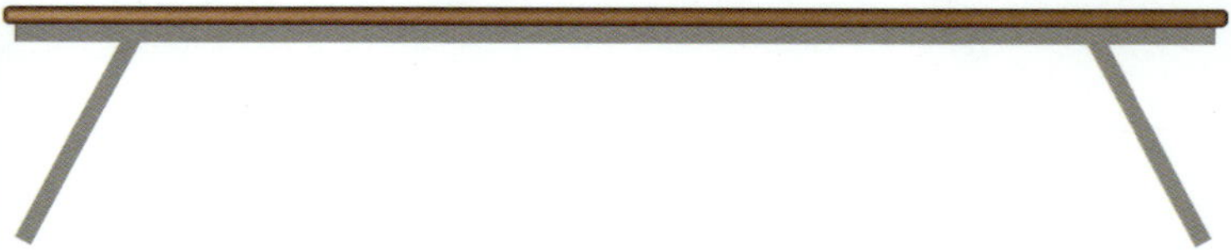

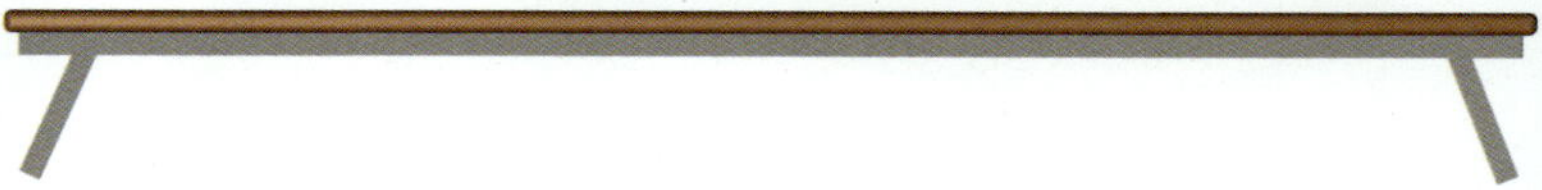

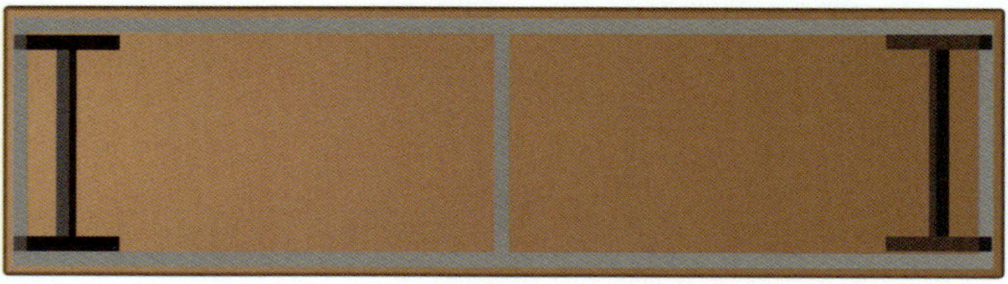

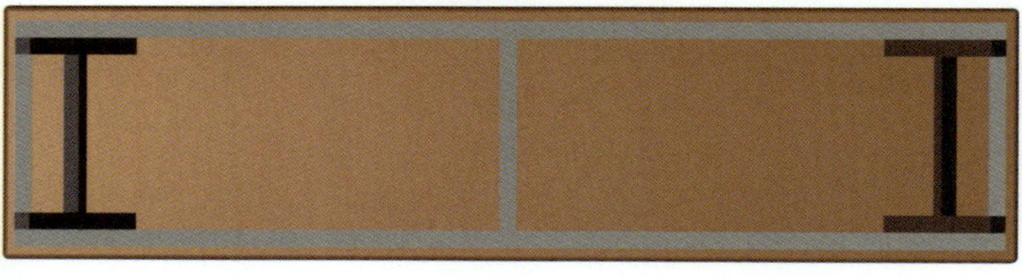

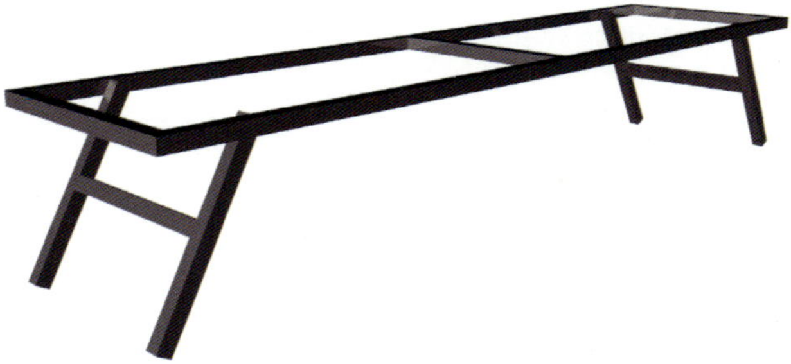

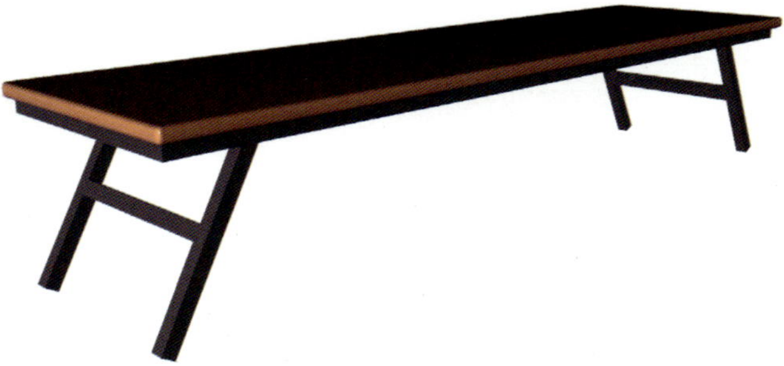

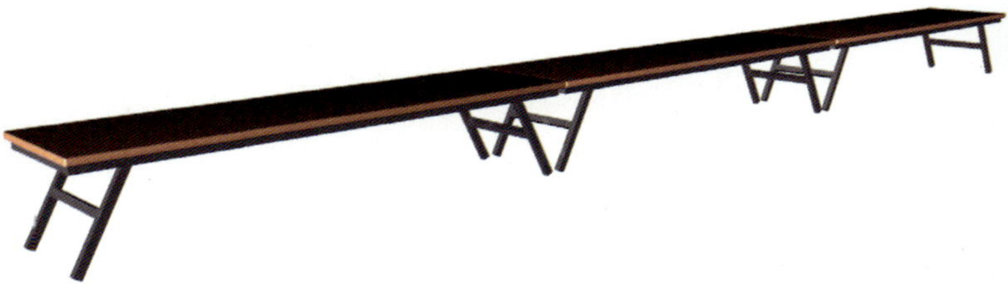

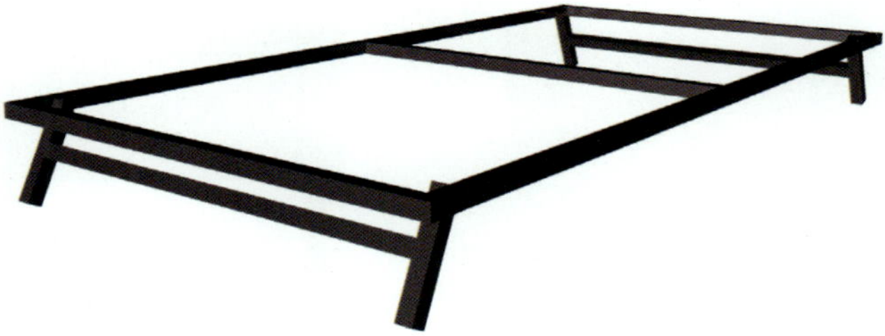

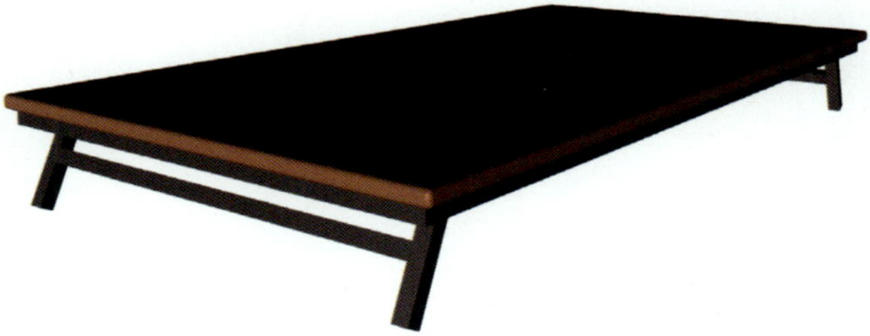

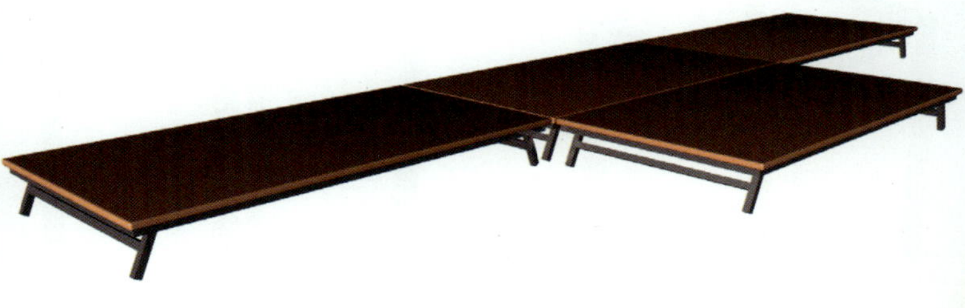

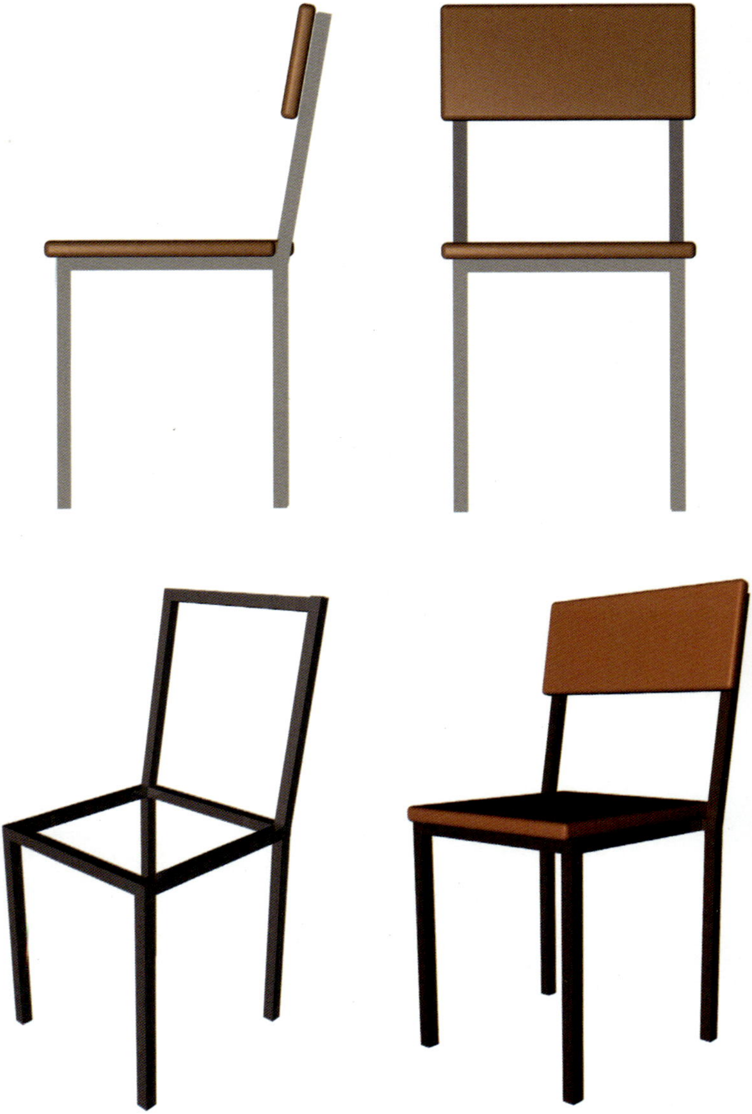

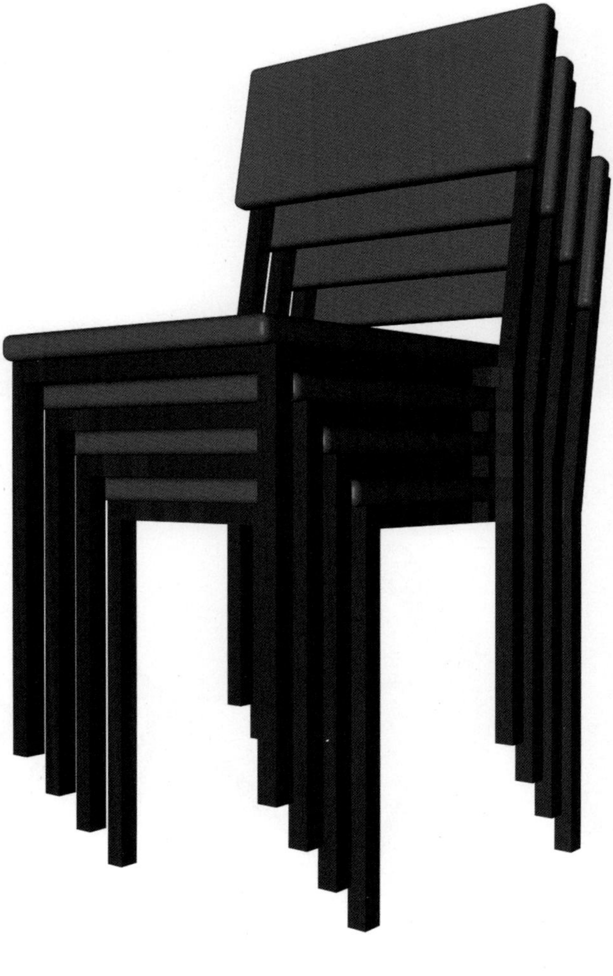

Barrière

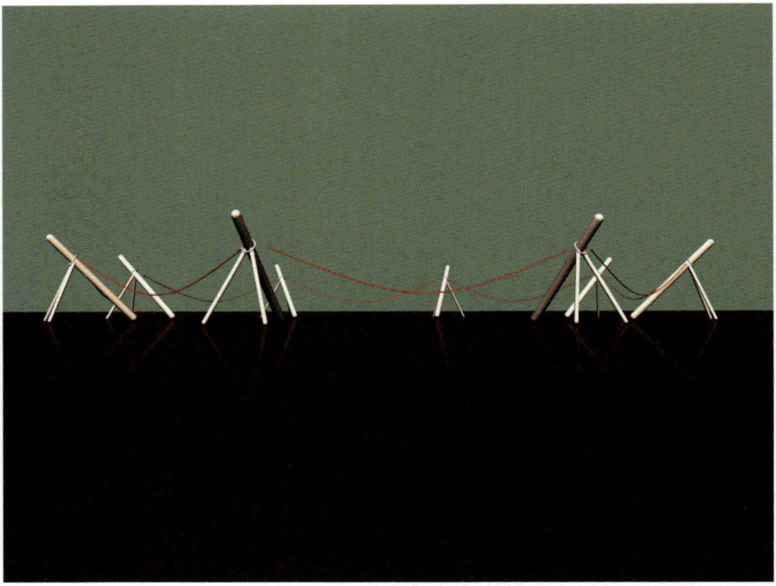

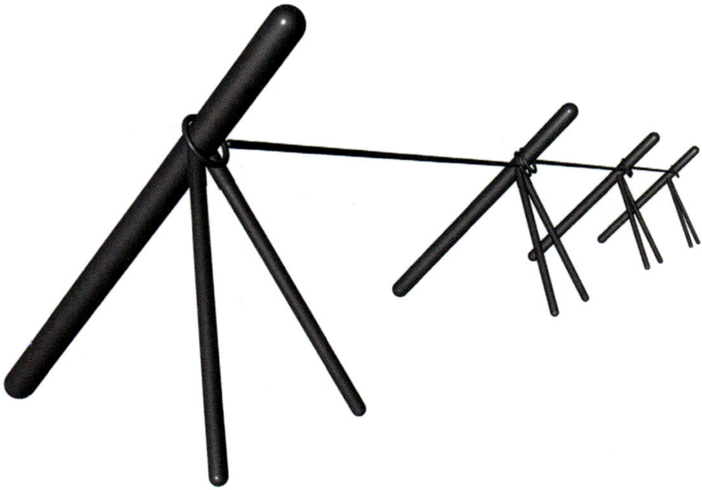

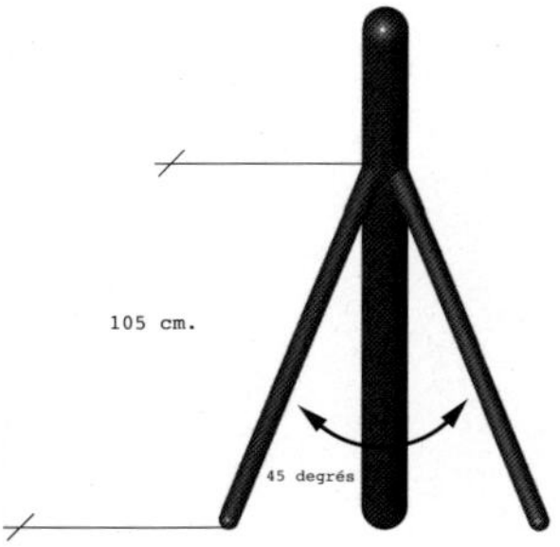
105 cm.
45 degrés

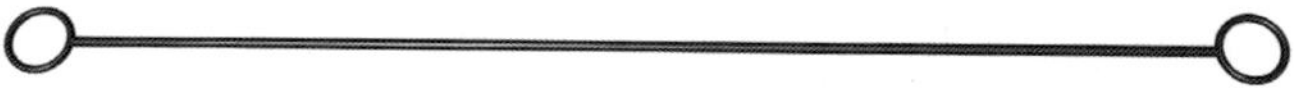

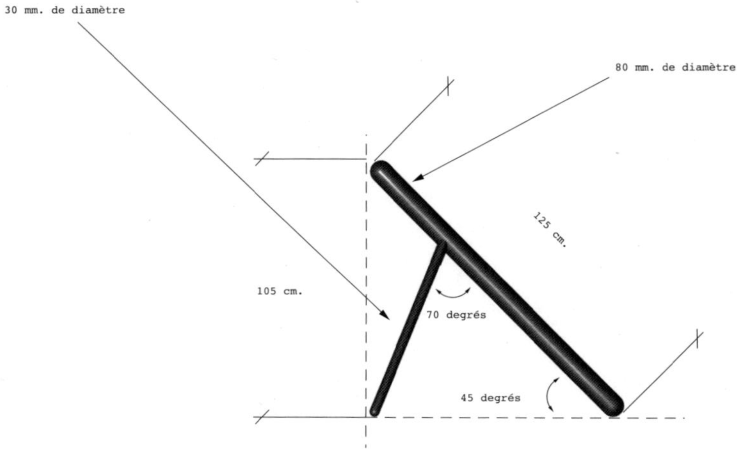
30 mm. de diamètre
80 mm. de diamètre
125 cm.
105 cm.
70 degrés
45 degrés

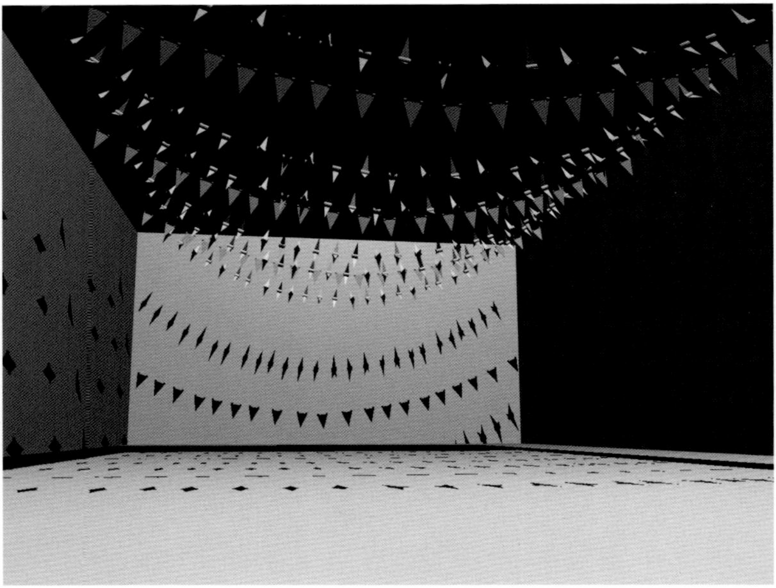

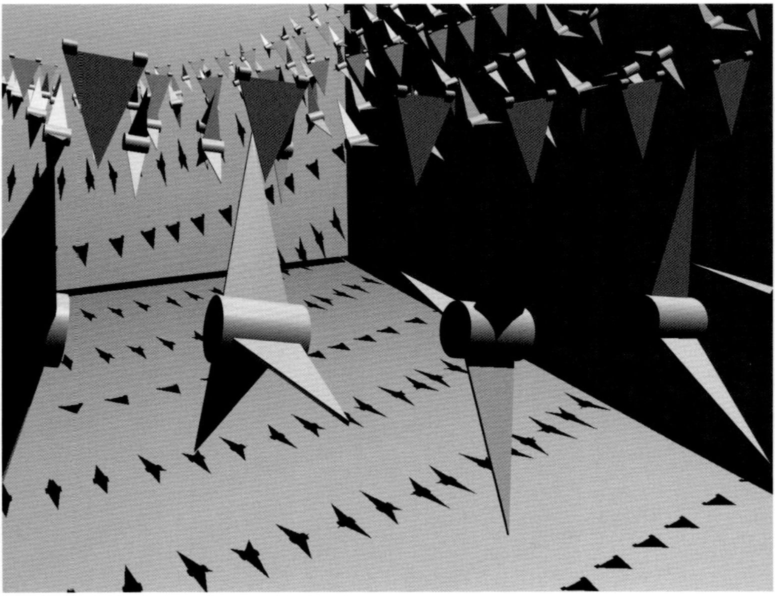

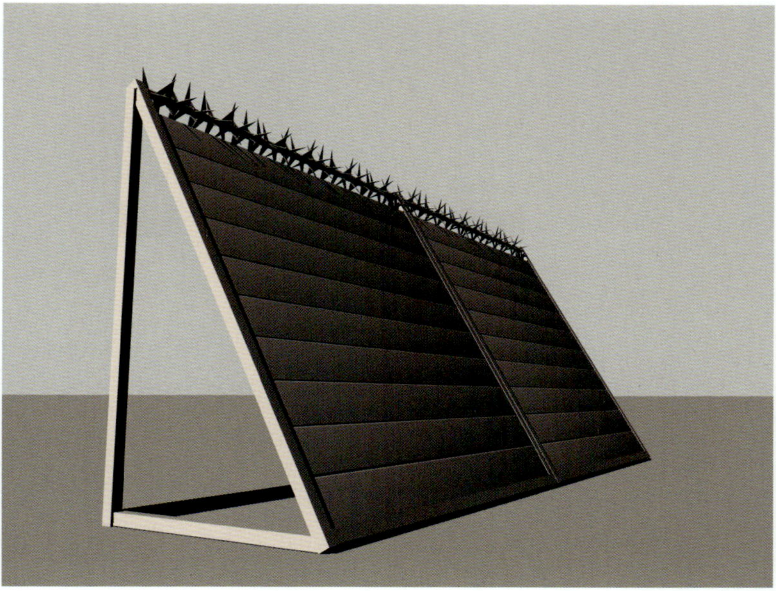

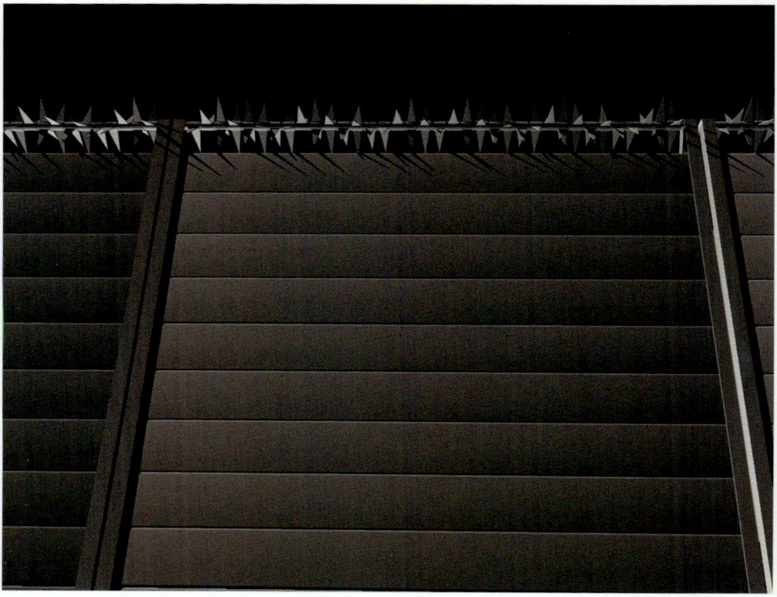

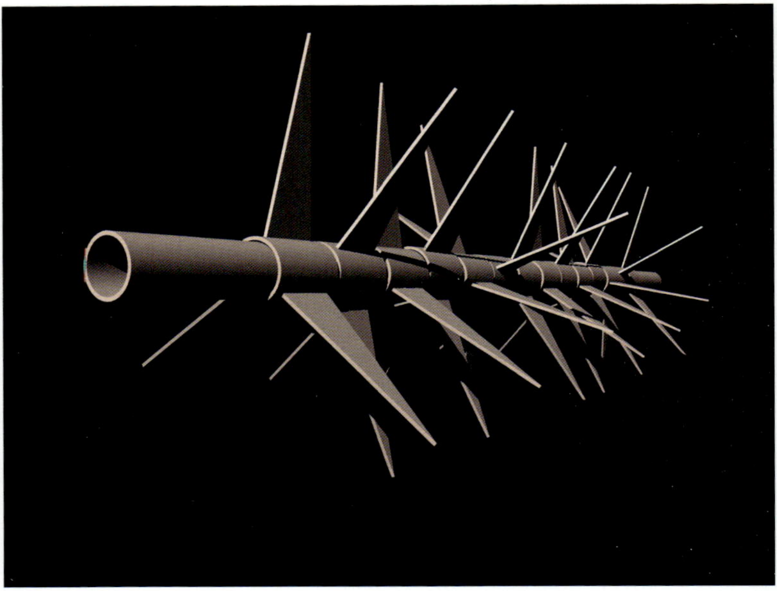

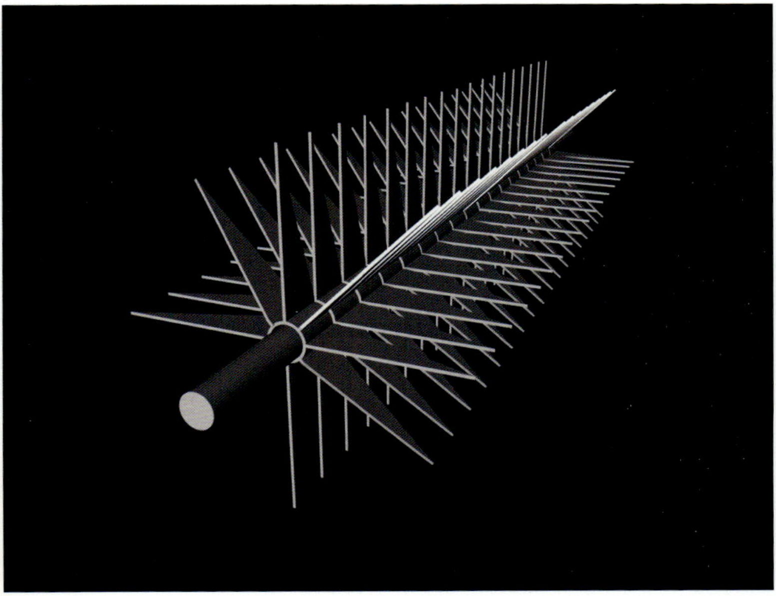

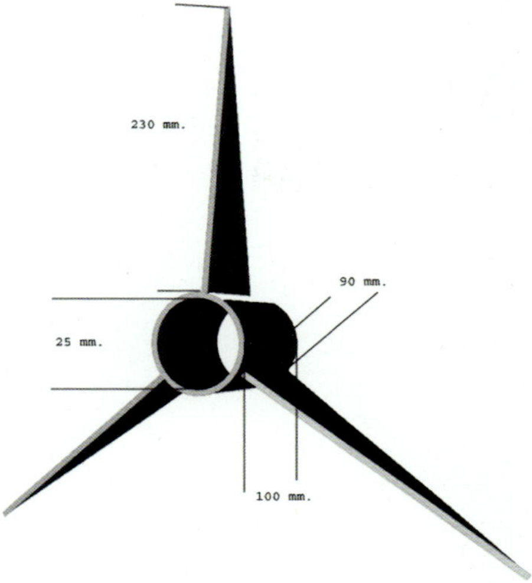
230 mm.
90 mm.
25 mm.
100 mm.

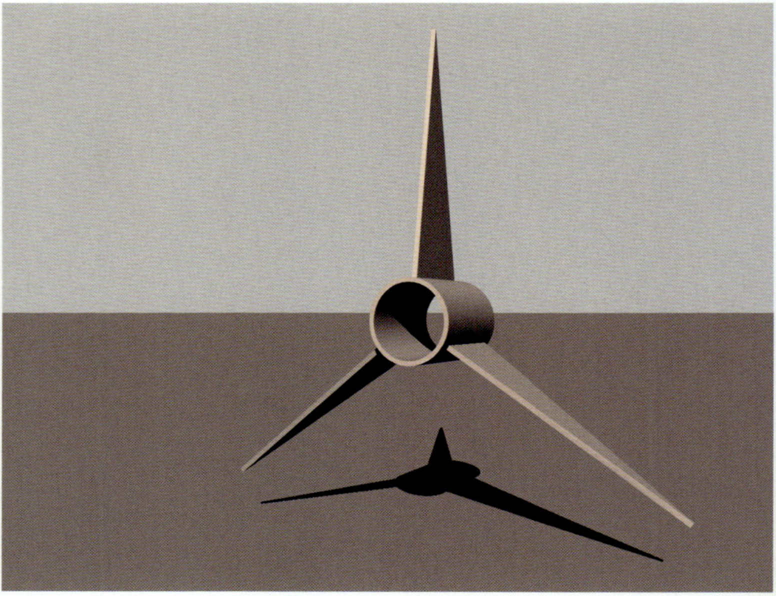

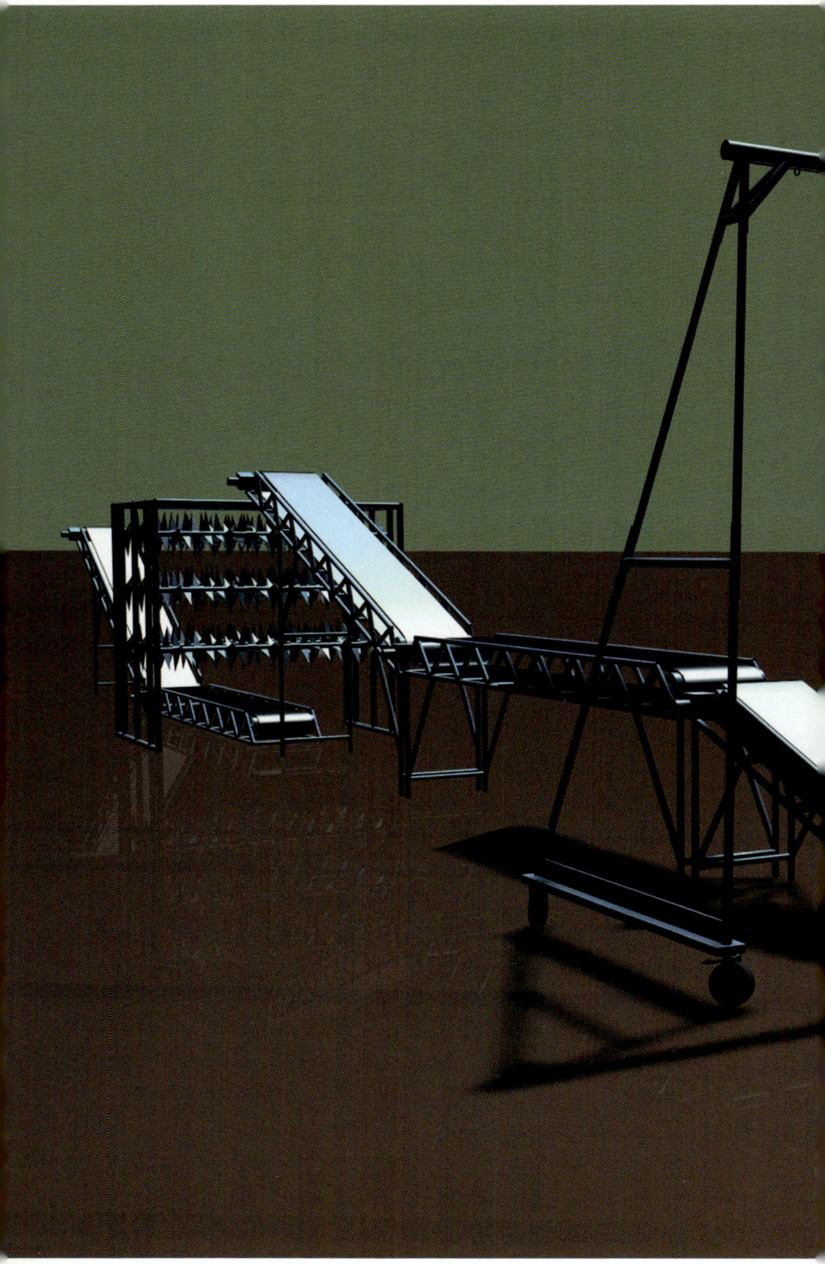

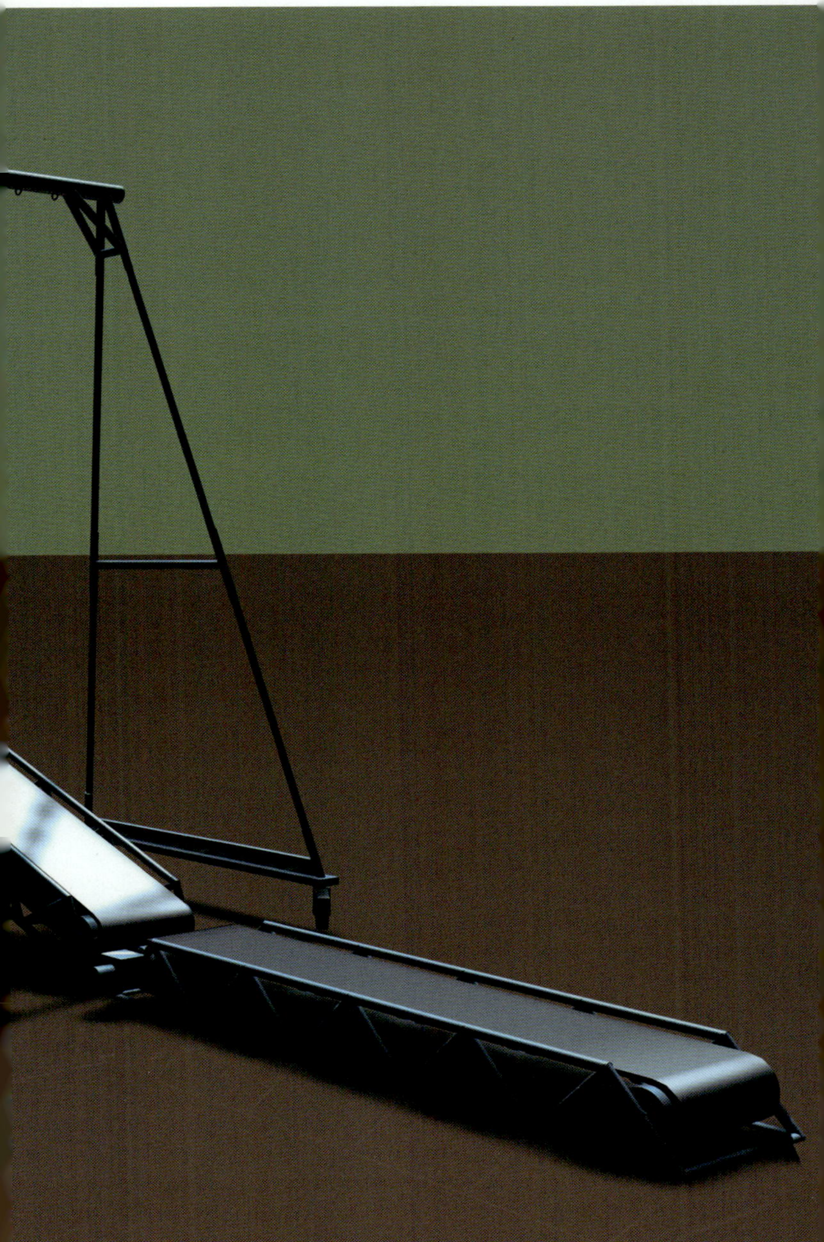

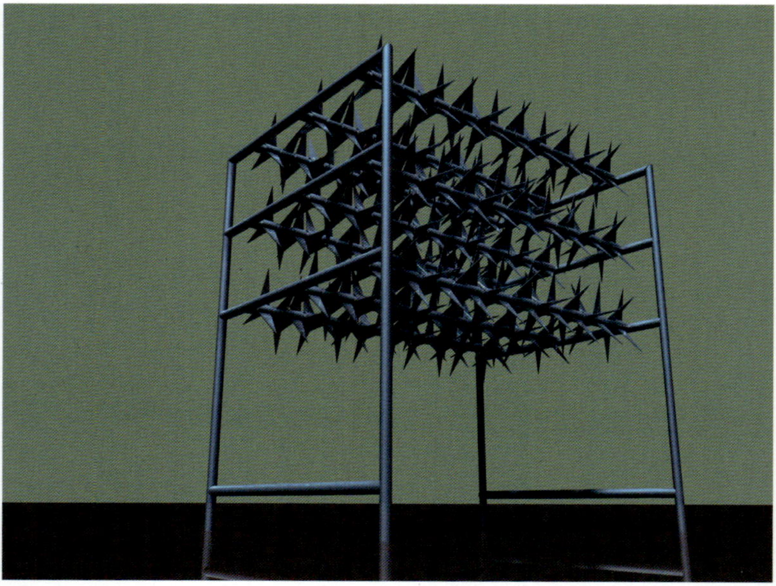

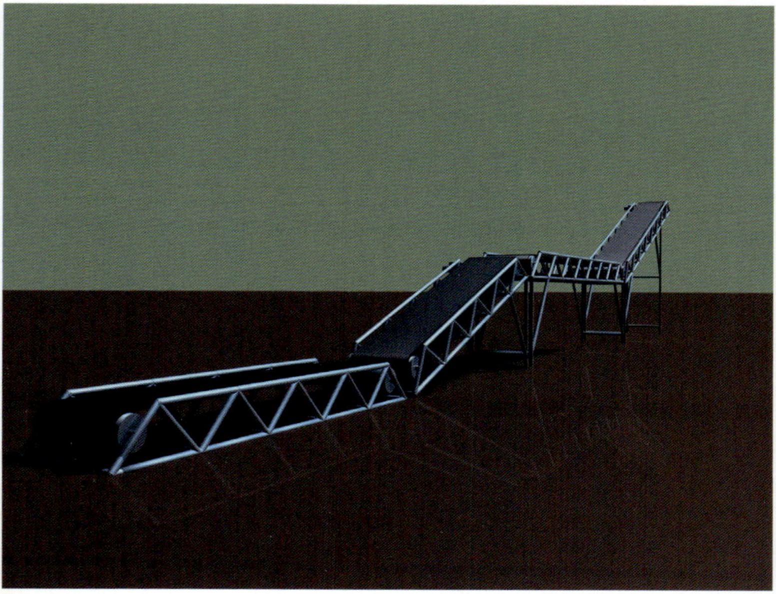

19 stars pars ligne / 9 lignes / = 171 stars

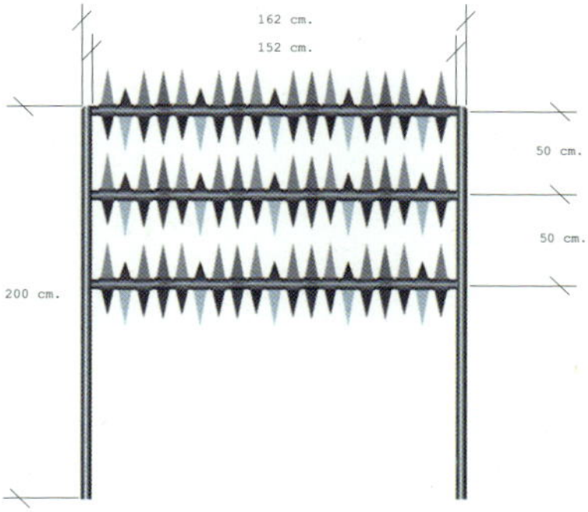

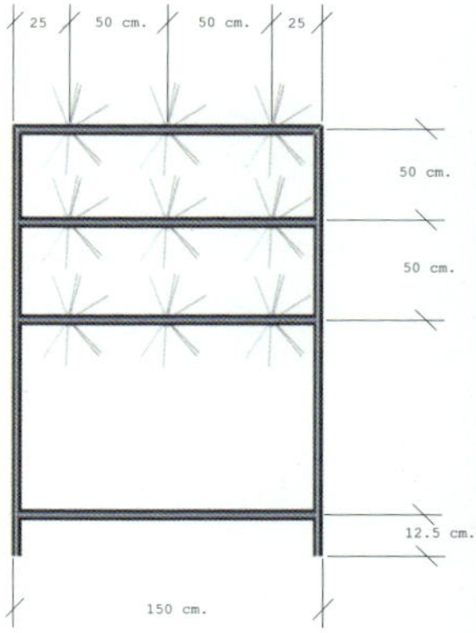

vue de dessus

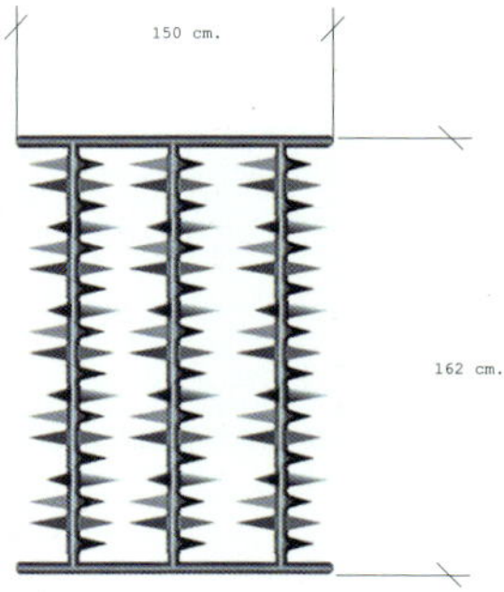

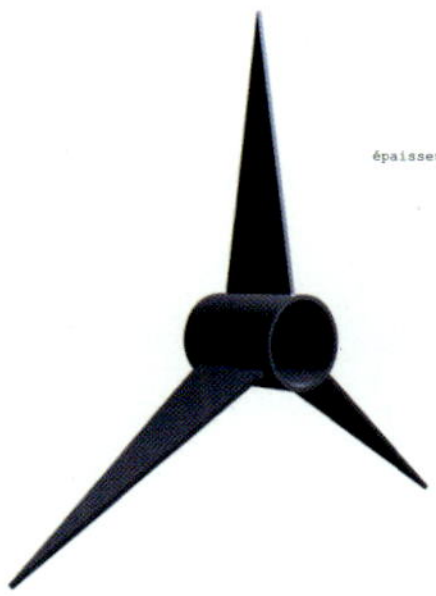

épaisseur tôle = 2.5 mm.

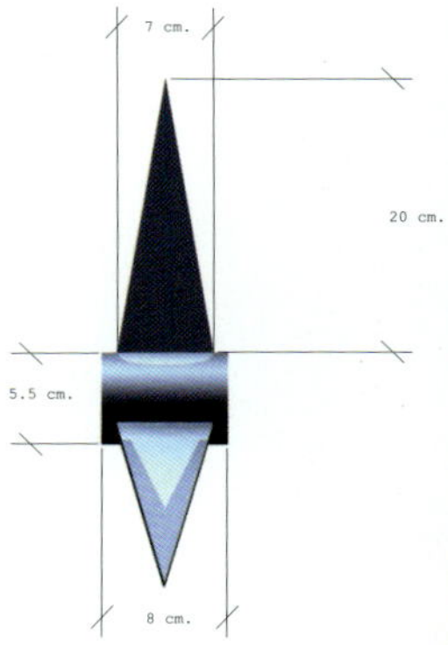

Tapis no:1 / 4
vue de dessous

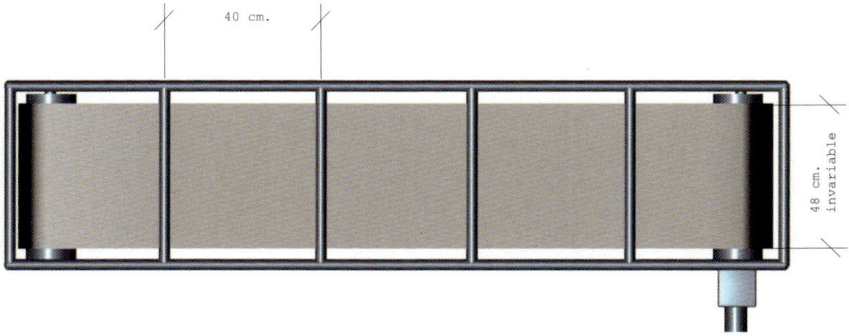

Tapis no:1 / 1

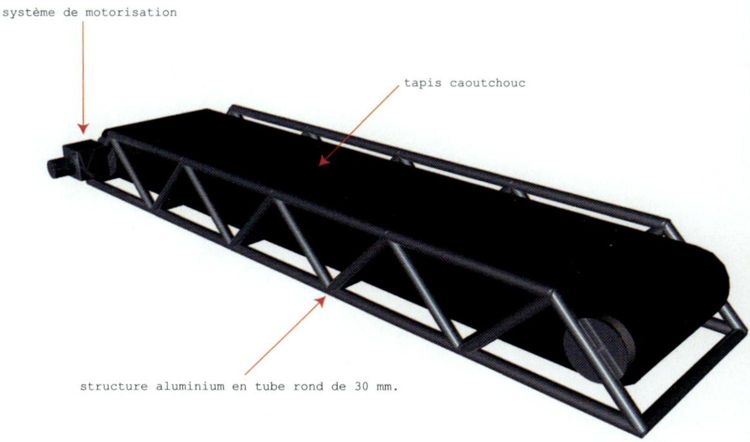

Tapis no:4

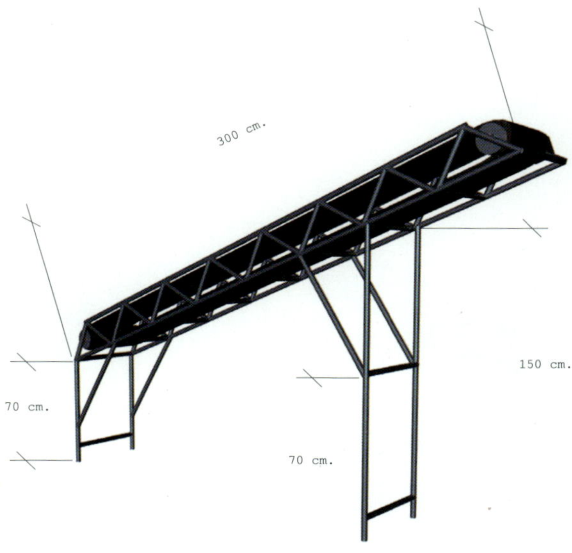

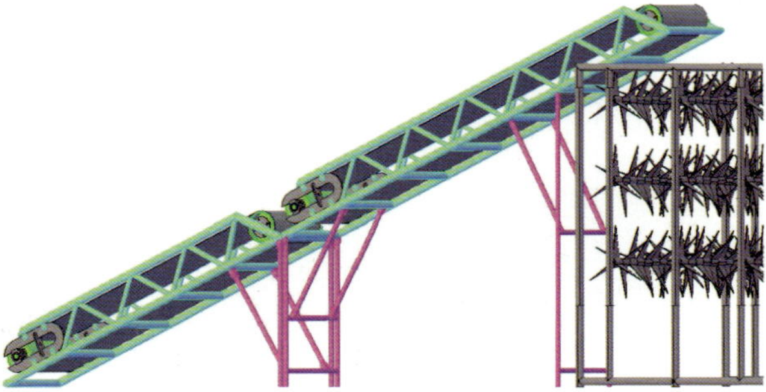

Détail du moteur

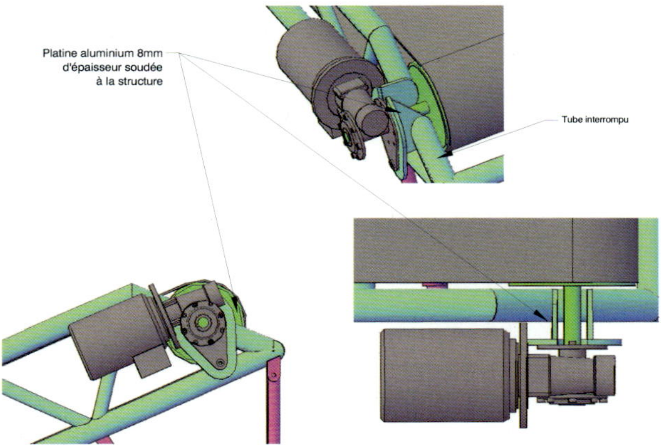

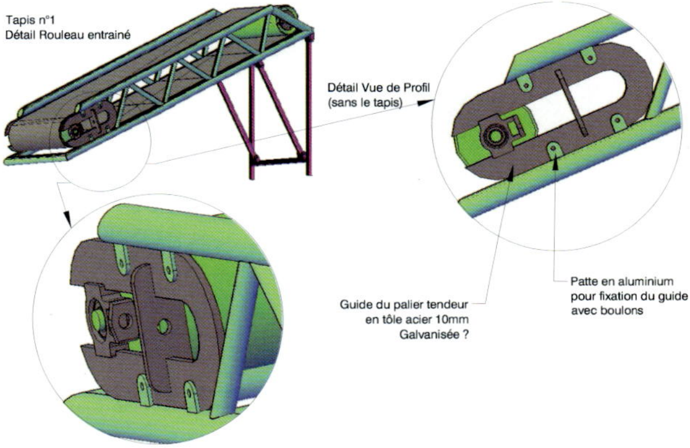

Tapis n°1
Détail Rouleau entraineur

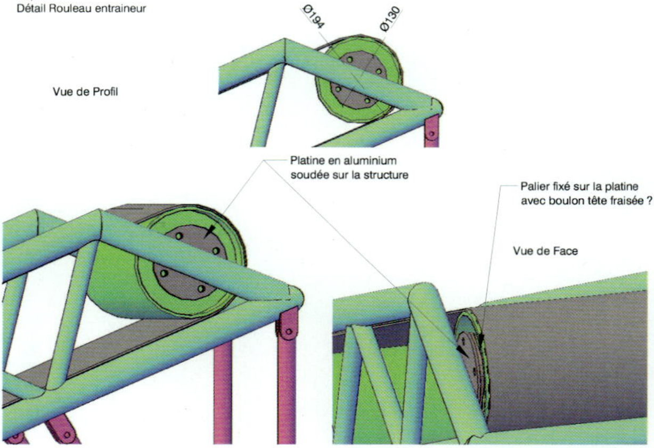

Détail Moteur

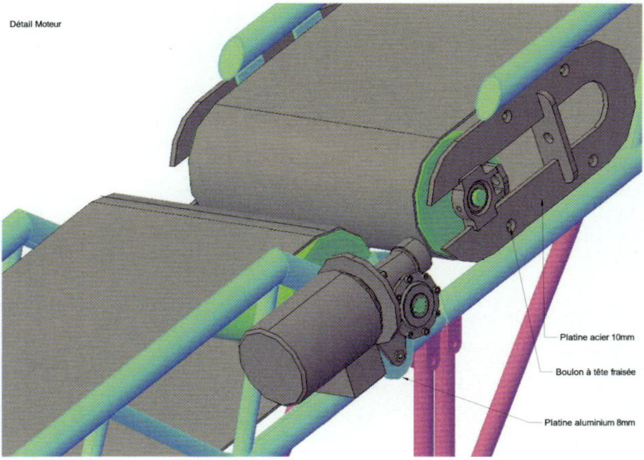

Tapis n°1
Détail des fixations des pieds

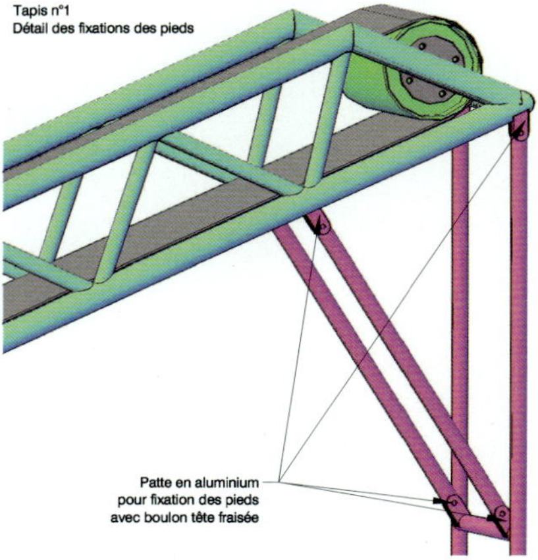

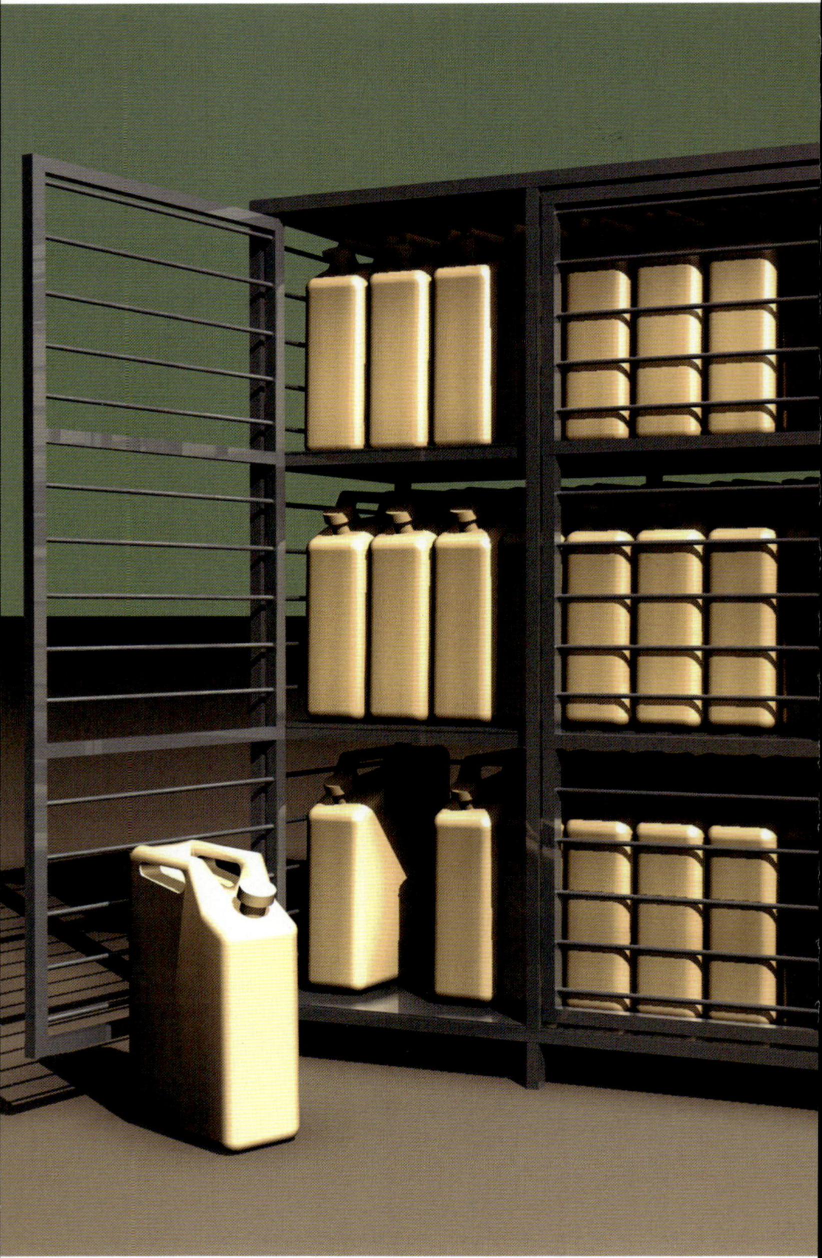

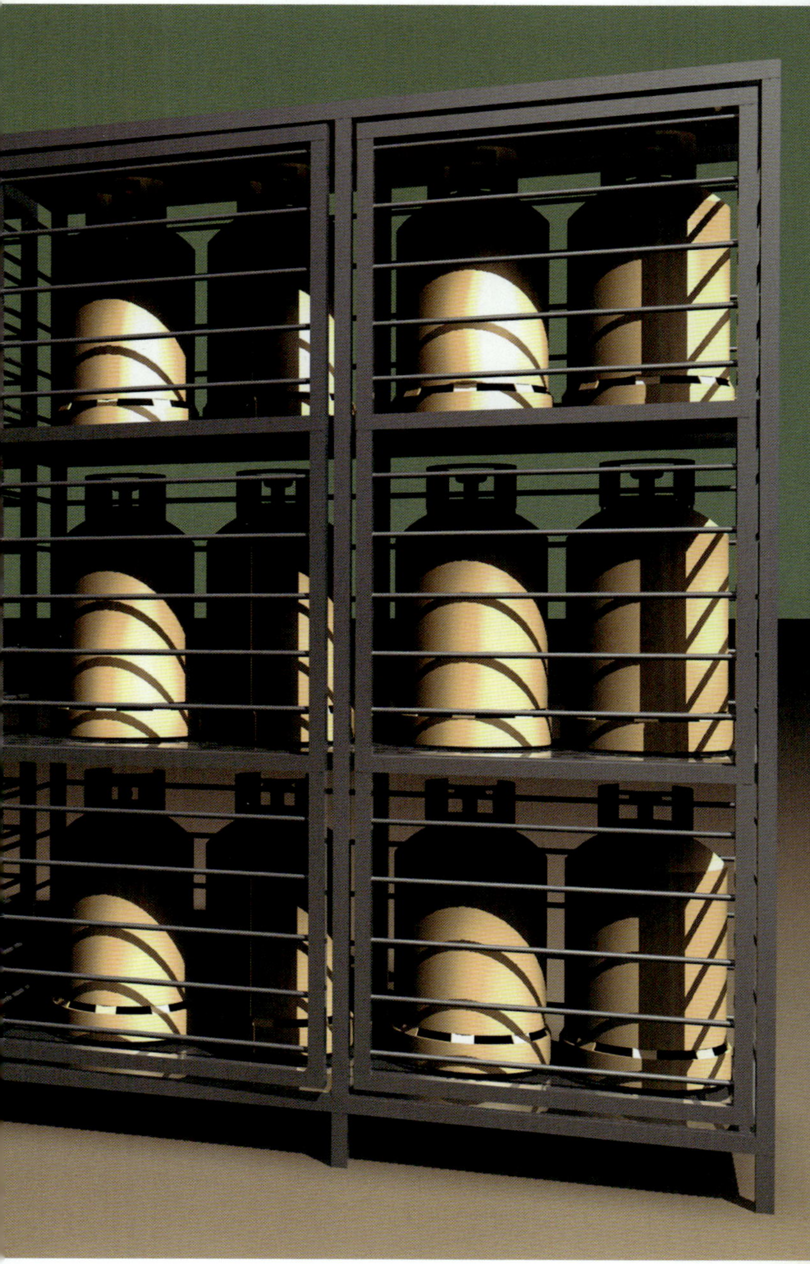

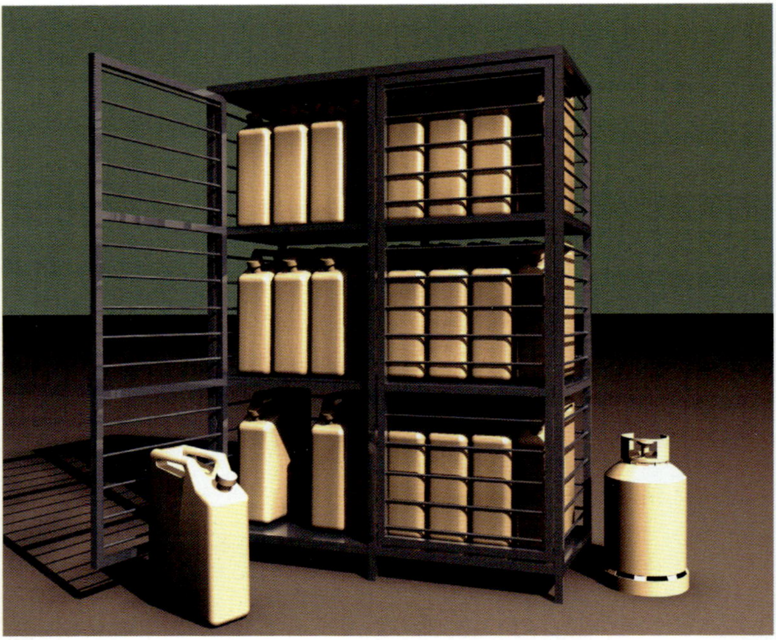

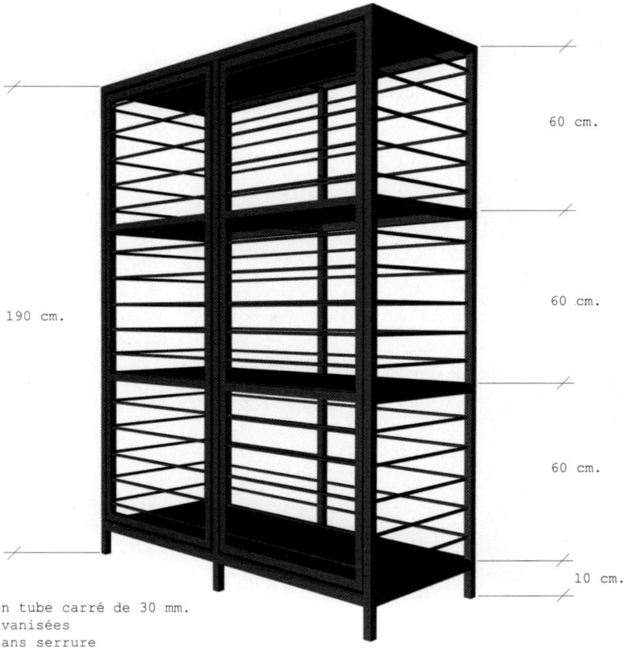

Acier galvanisé en tube carré de 30 mm.
Tôle de 2 mm. galvanisées
Avec deux porte sans serrure

Barreau en acier rond et plein de 12 mm.

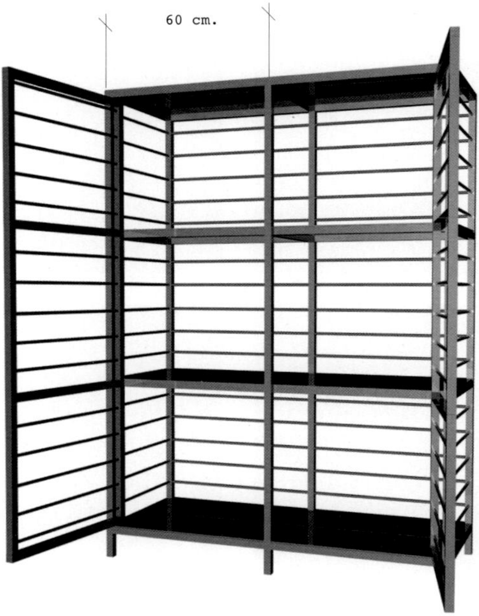

Pneus et chaînes

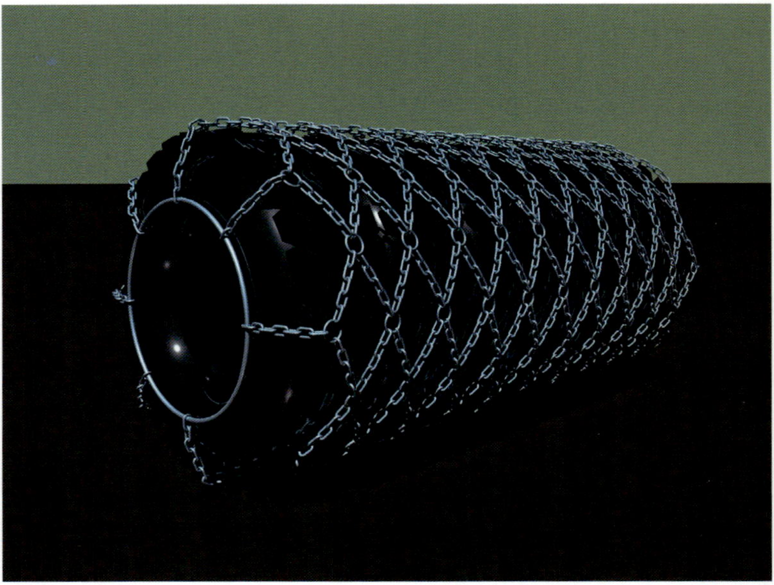

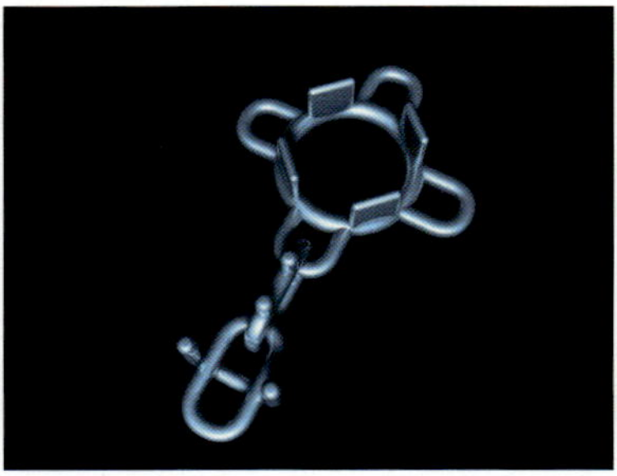

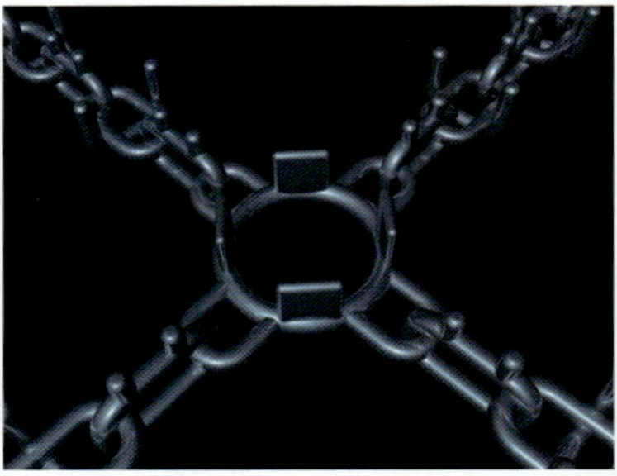

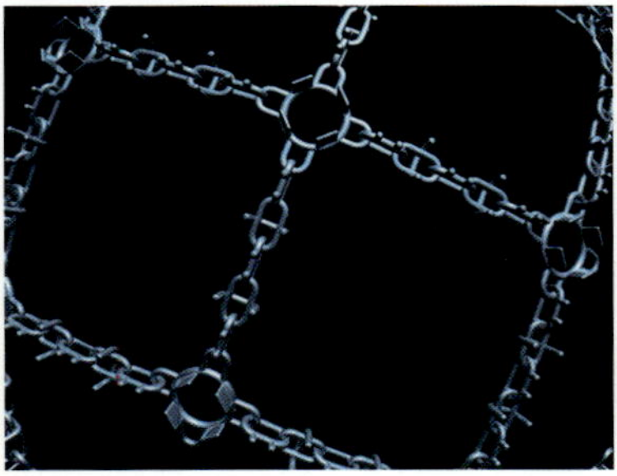

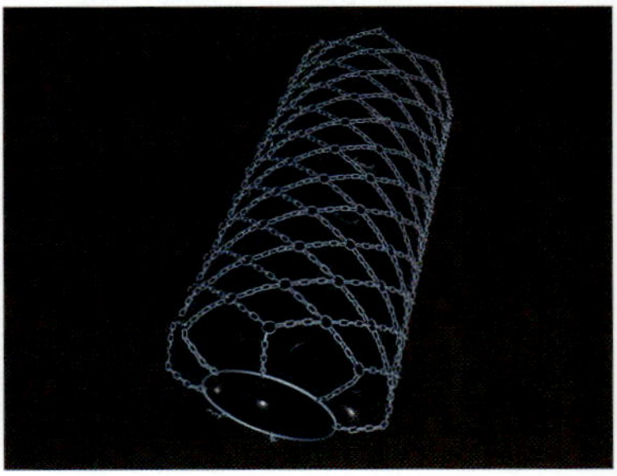

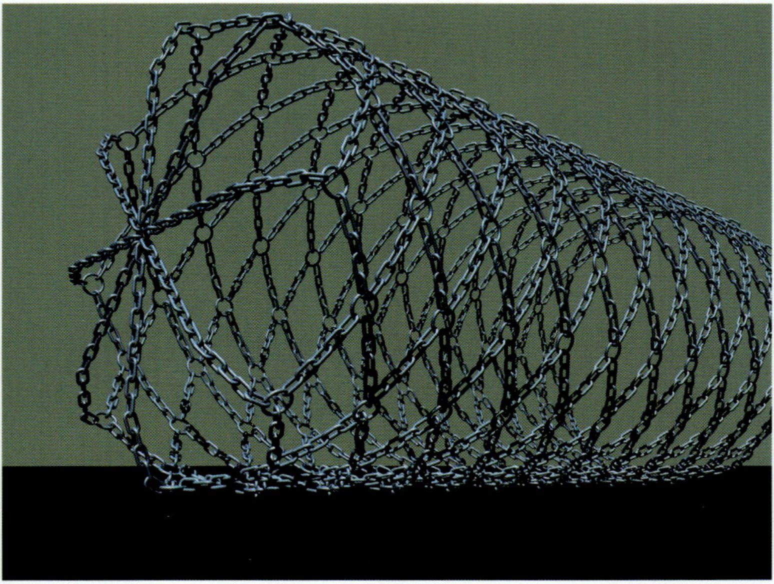

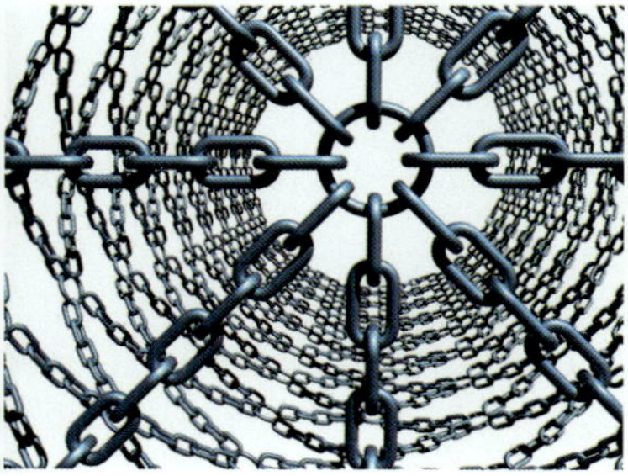

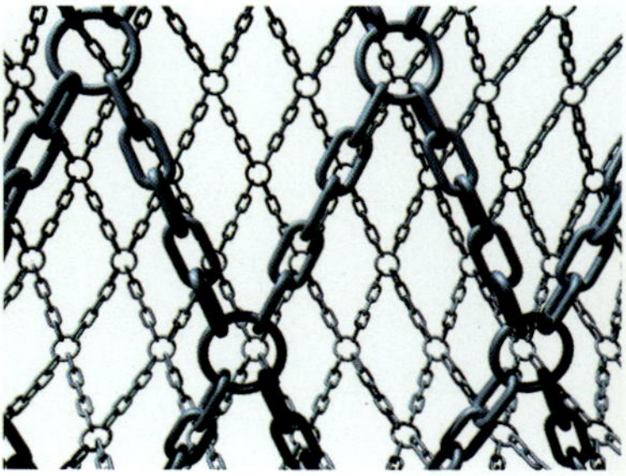

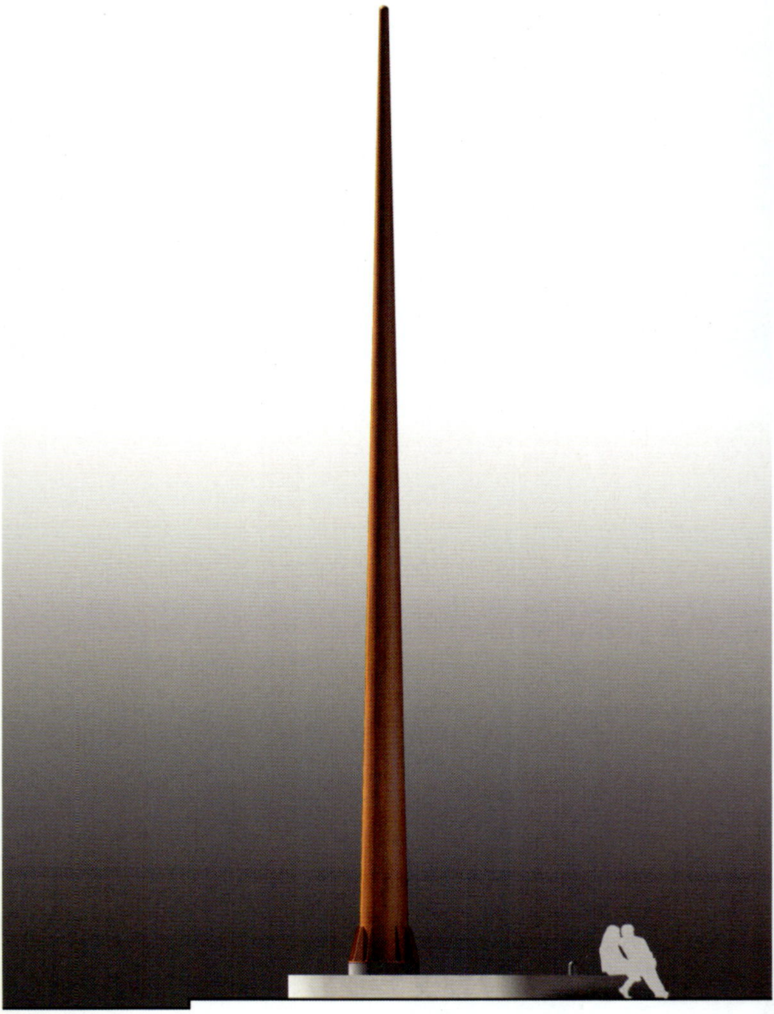

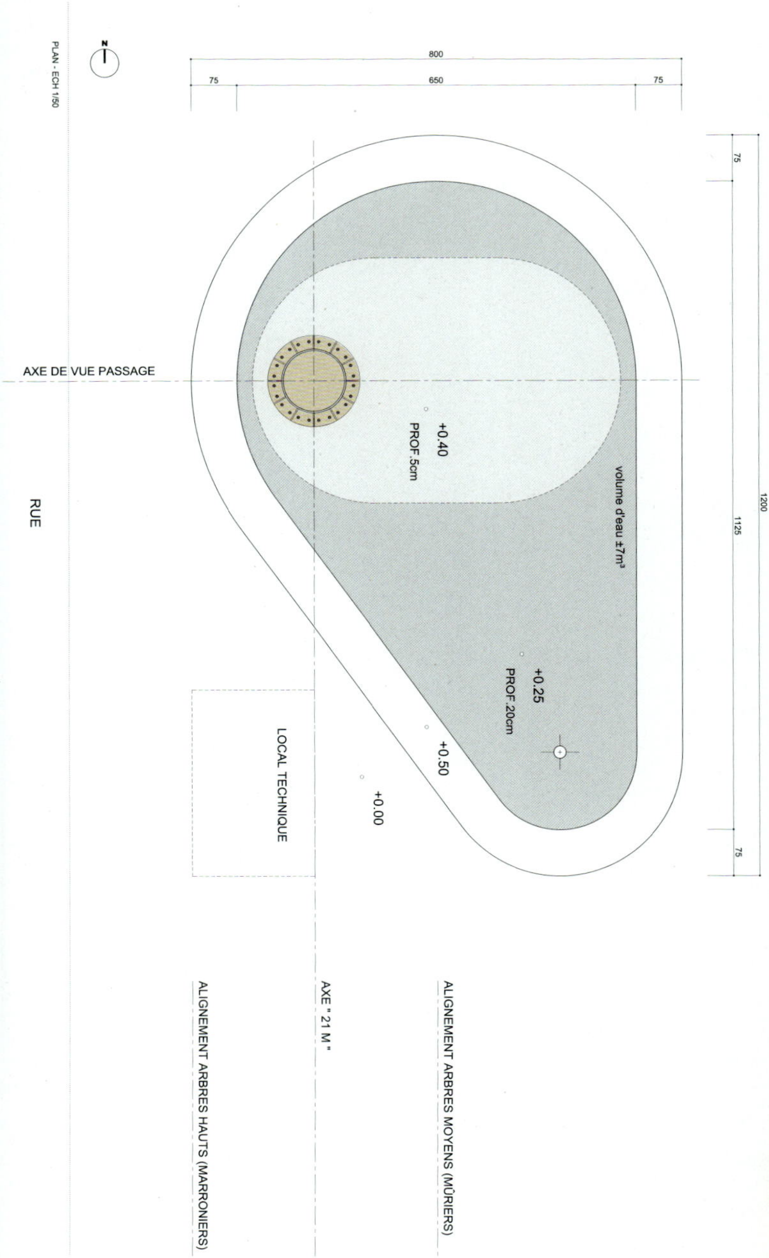
PLAN - ECH 1/50
N
800
75
650
75
75
1200
1125
75
AXE DE VUE PASSAGE
RUE
+0.40
PROF.5cm
volume d'eau ±7m³
+0.25
PROF.20cm
+0.50
+0.00
LOCAL TECHNIQUE
ALIGNEMENT ARBRES MOYENS (MÛRIERS)
AXE " 21 M "
ALIGNEMENT ARBRES HAUTS (MARRONIERS)

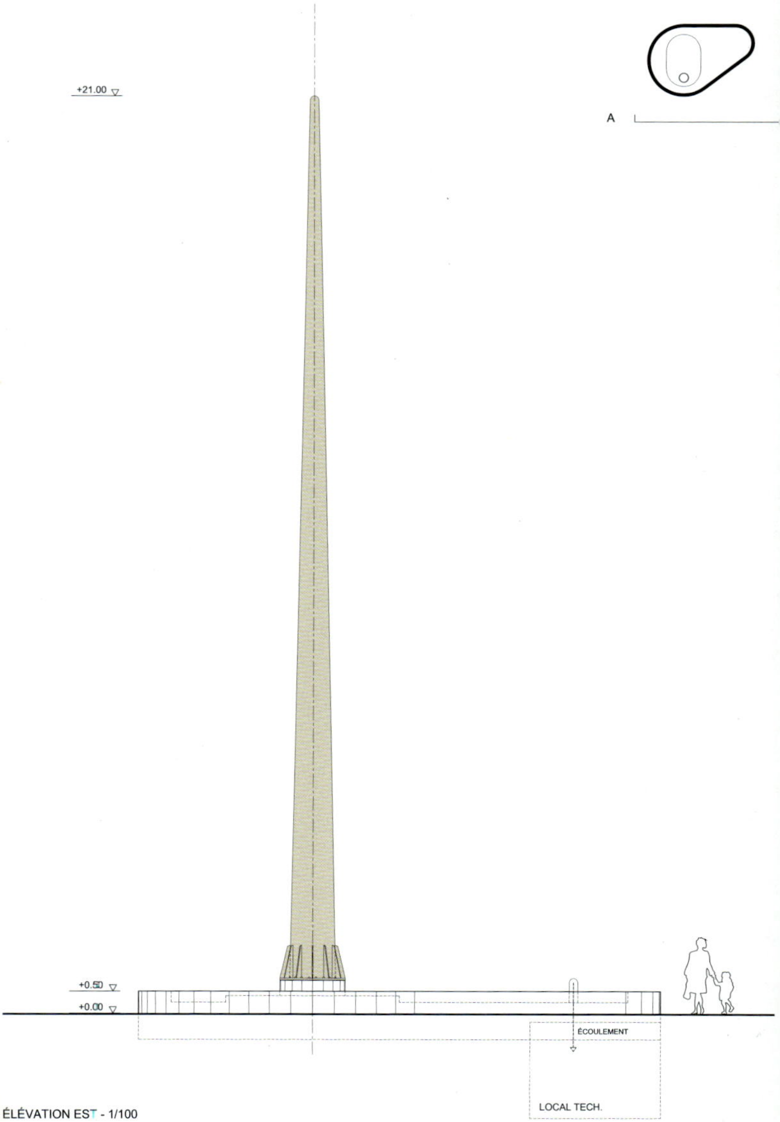

ÉLÉVATION EST - 1/100
AA

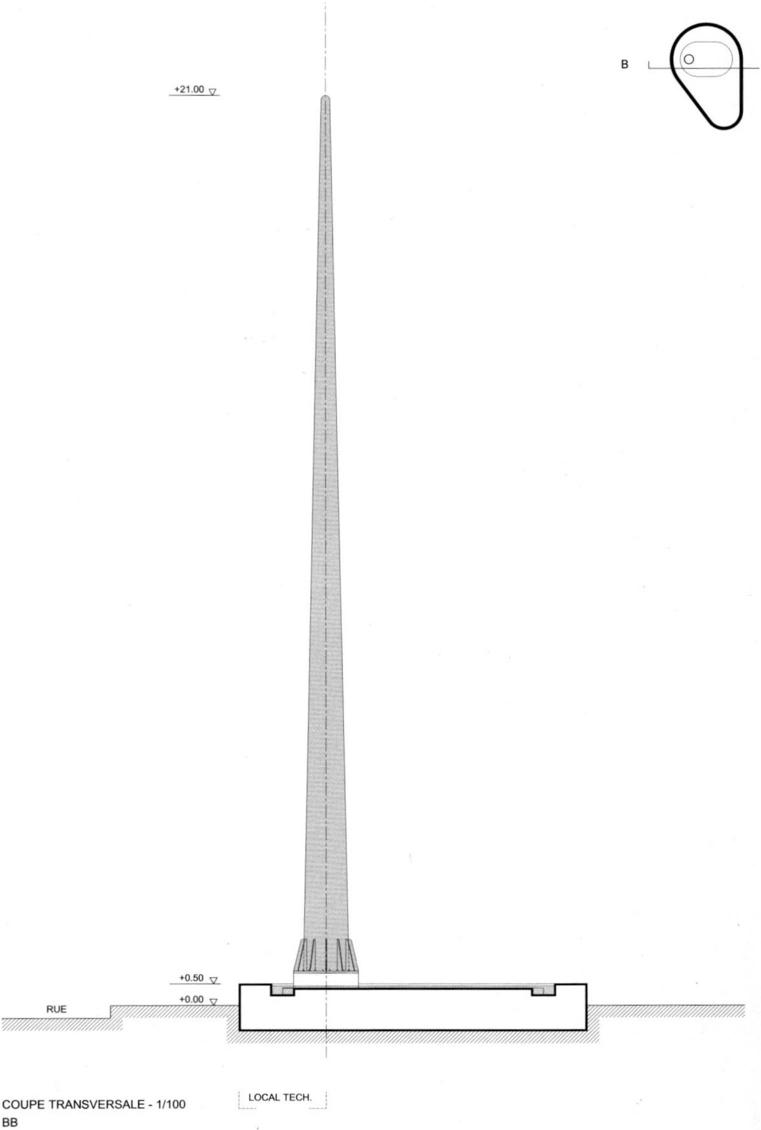

COUPE TRANSVERSALE - 1/100
BB

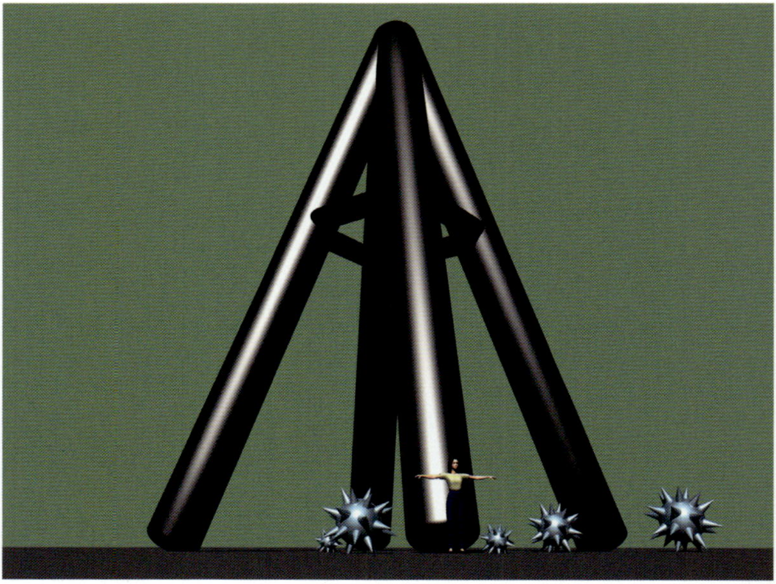

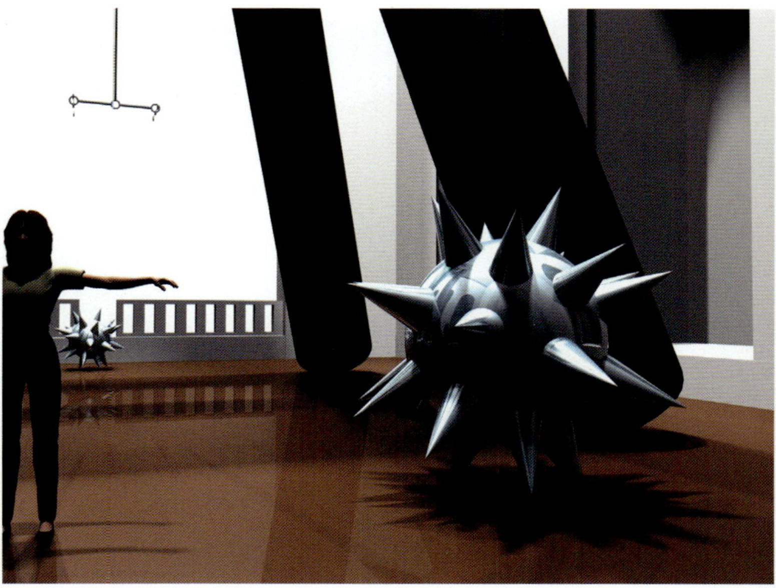

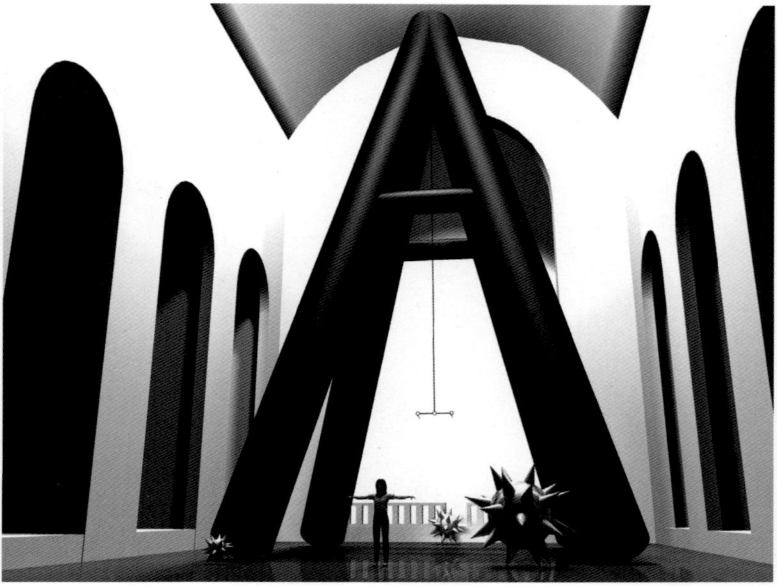

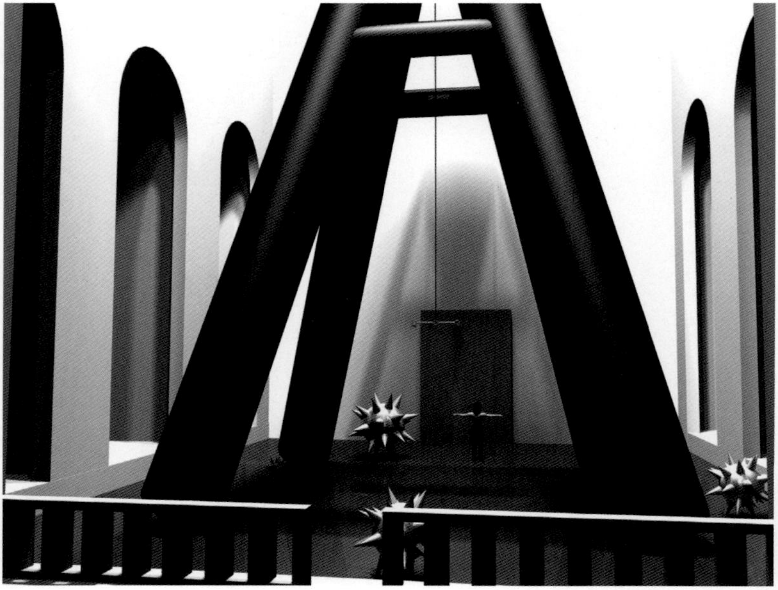

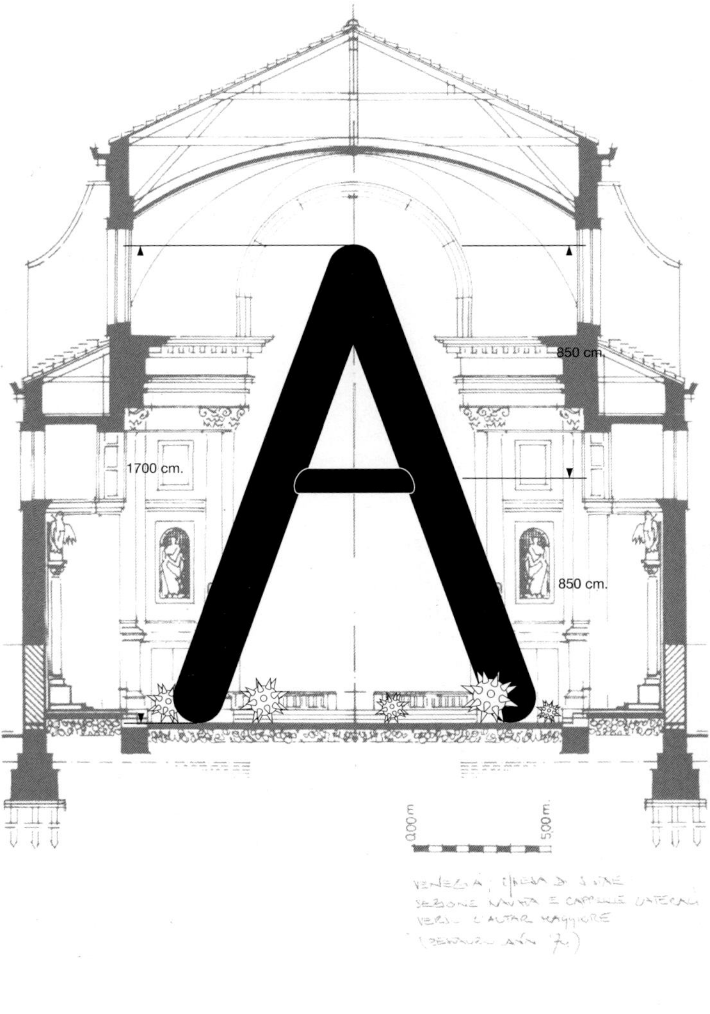
850 cm.
1700 cm.
850 cm.
0,00 m
5,00 m

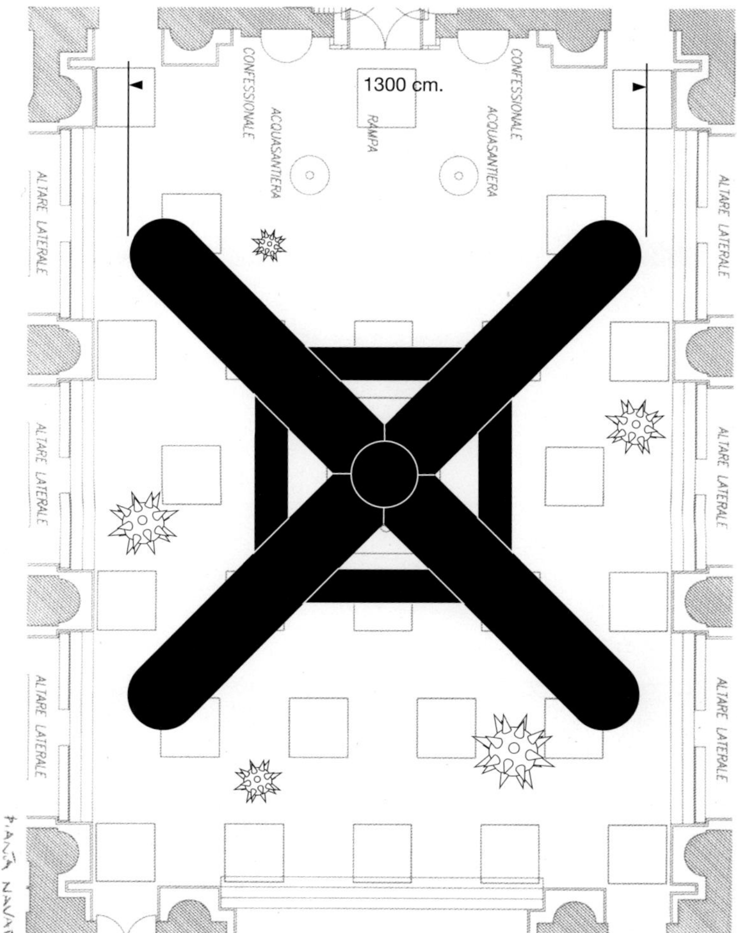
1300 cm.
CONFESSIONALE
CONFESSIONALE
ACQUASANTIERA
ACQUASANTIERA
RAMPA
ALTARE LATERALE
ALTARE LATERALE
ALTARE LATERALE
ALTARE LATERALE
ALTARE LATERALE
ALTARE LATERALE
PIANTA NAVATA

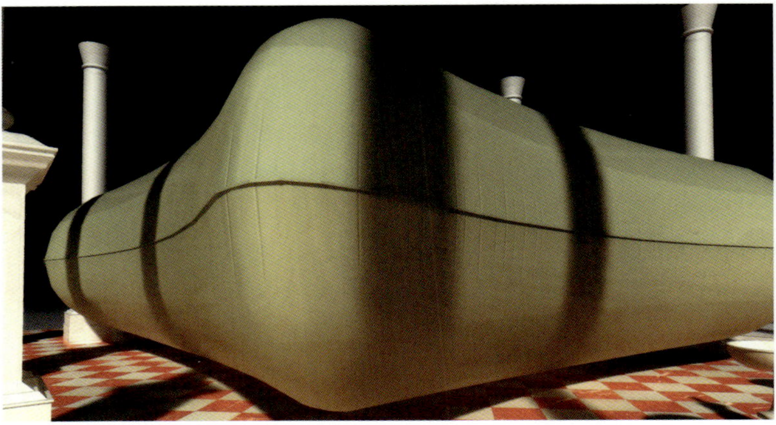

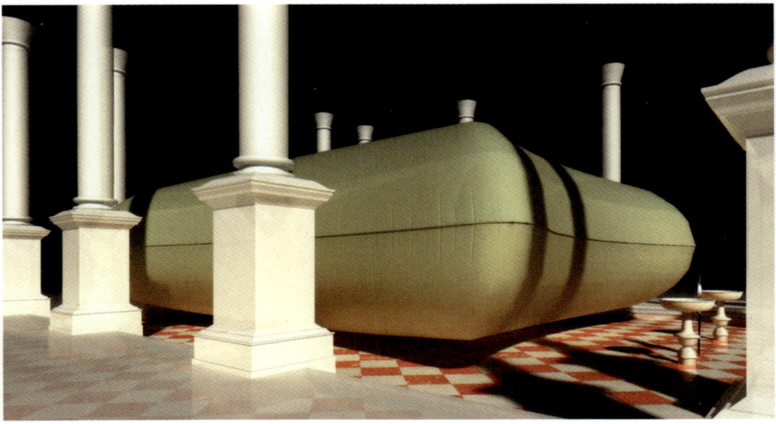

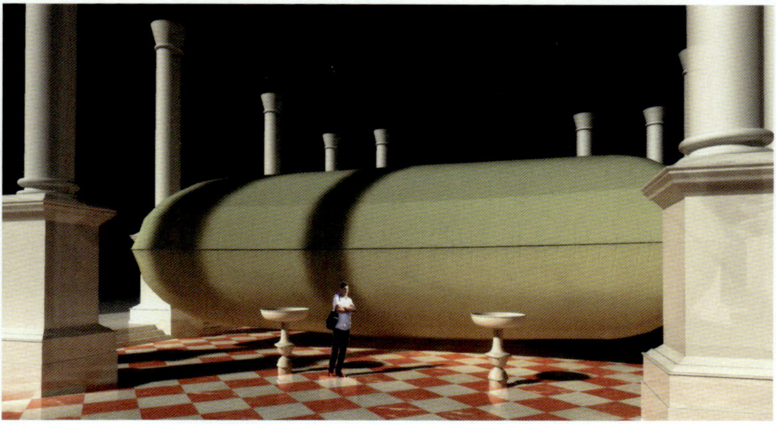

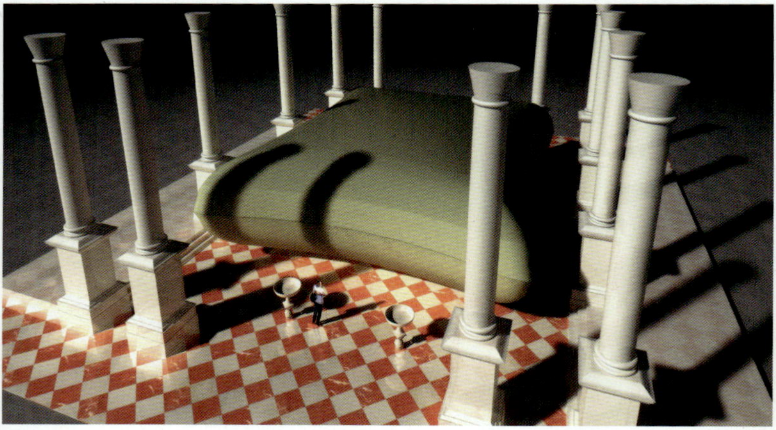

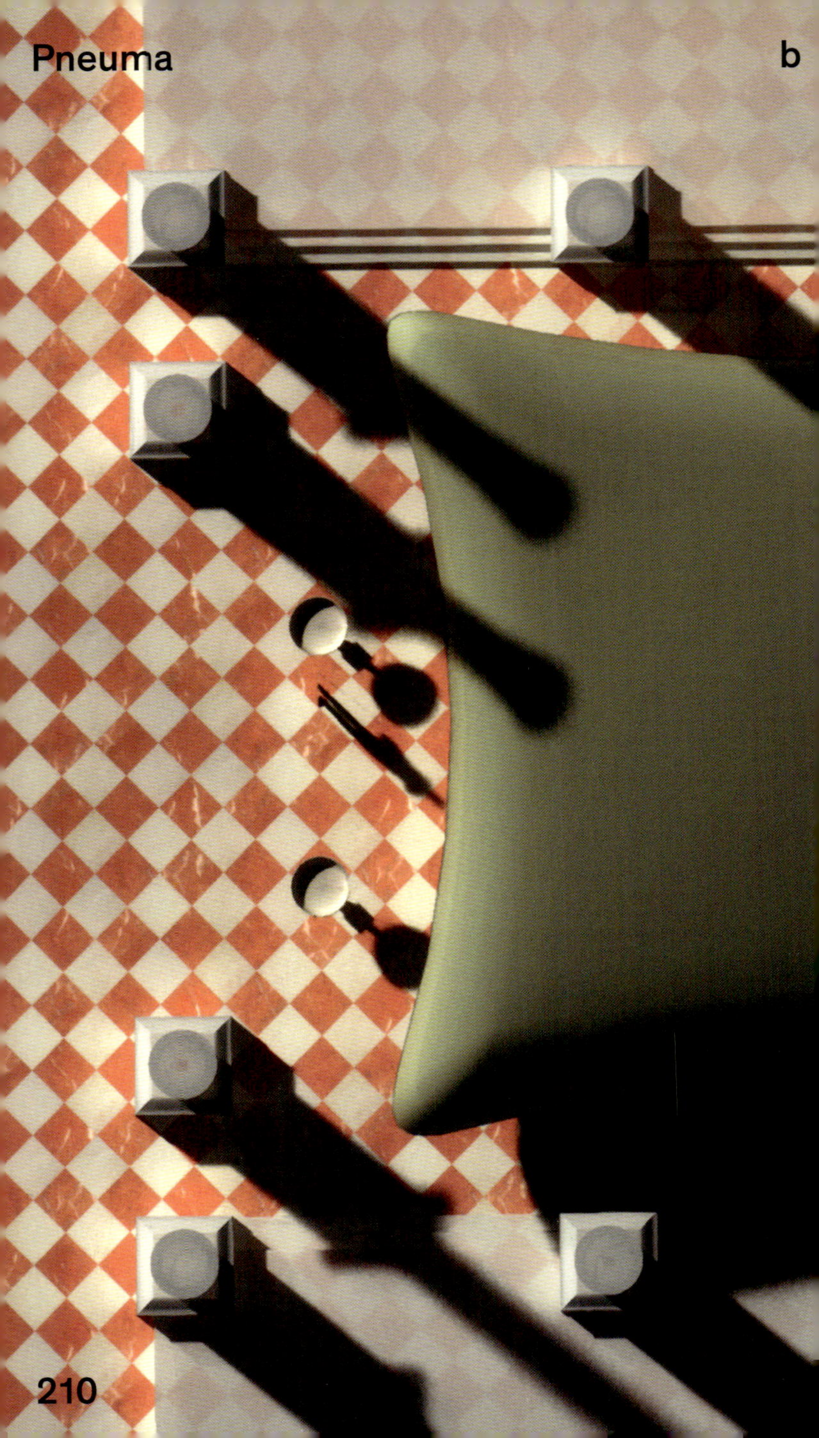

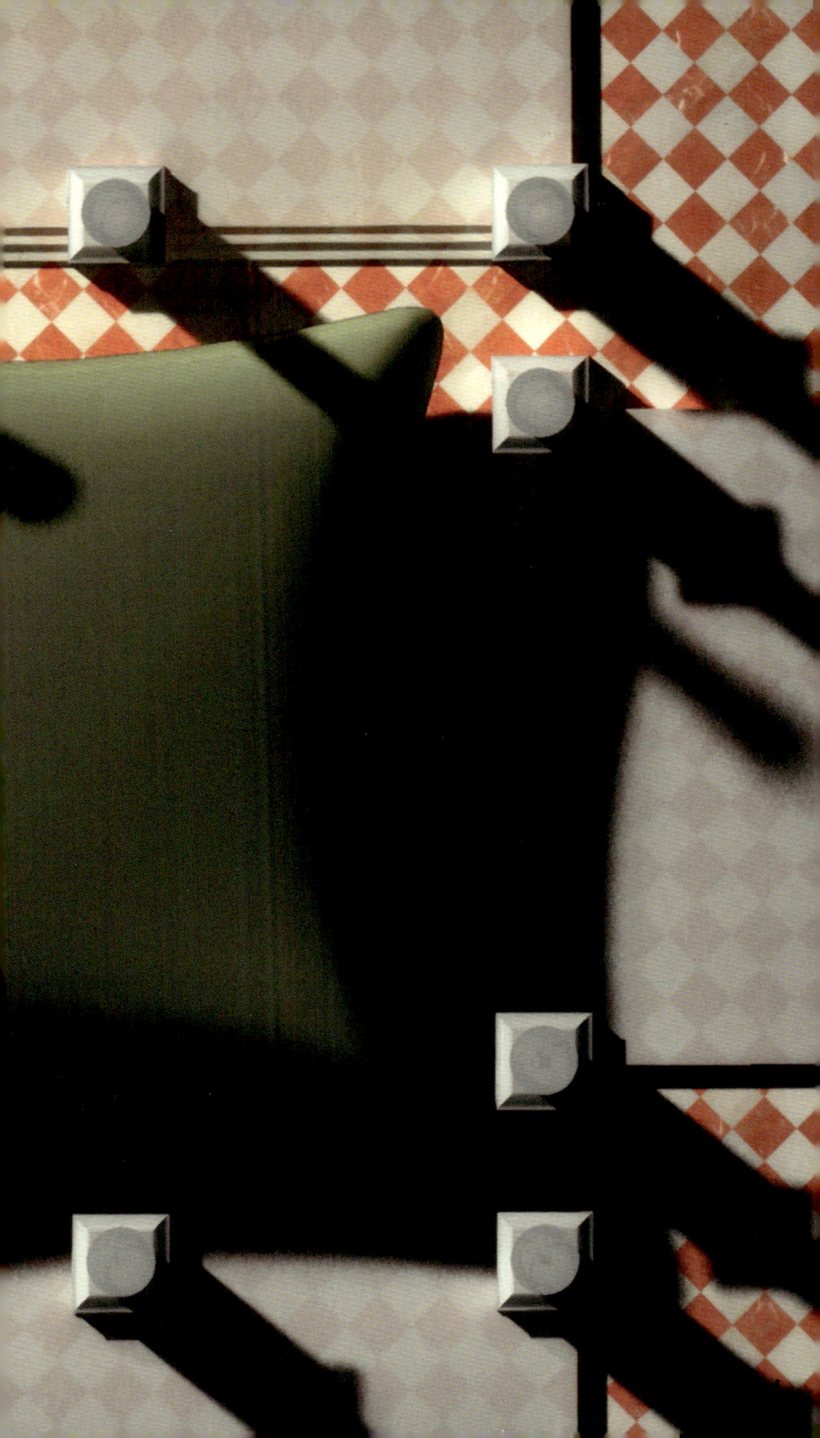

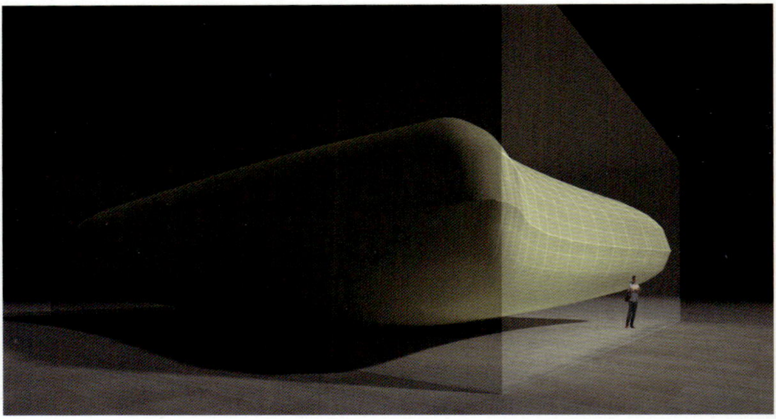

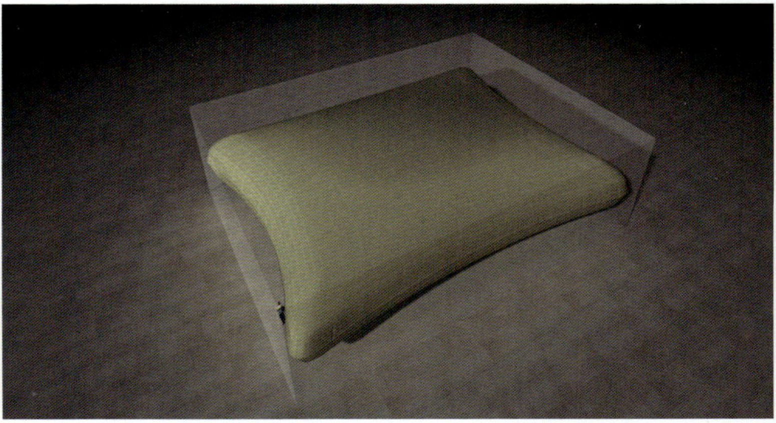

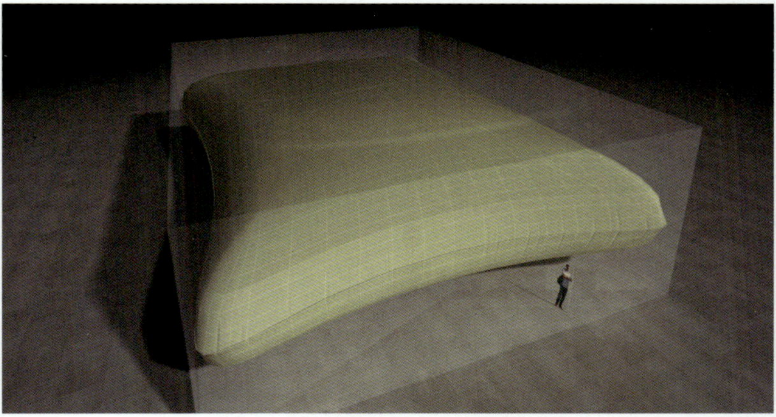

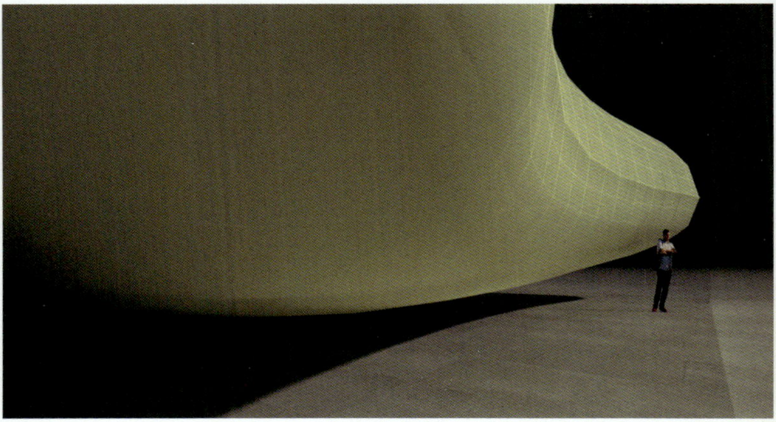

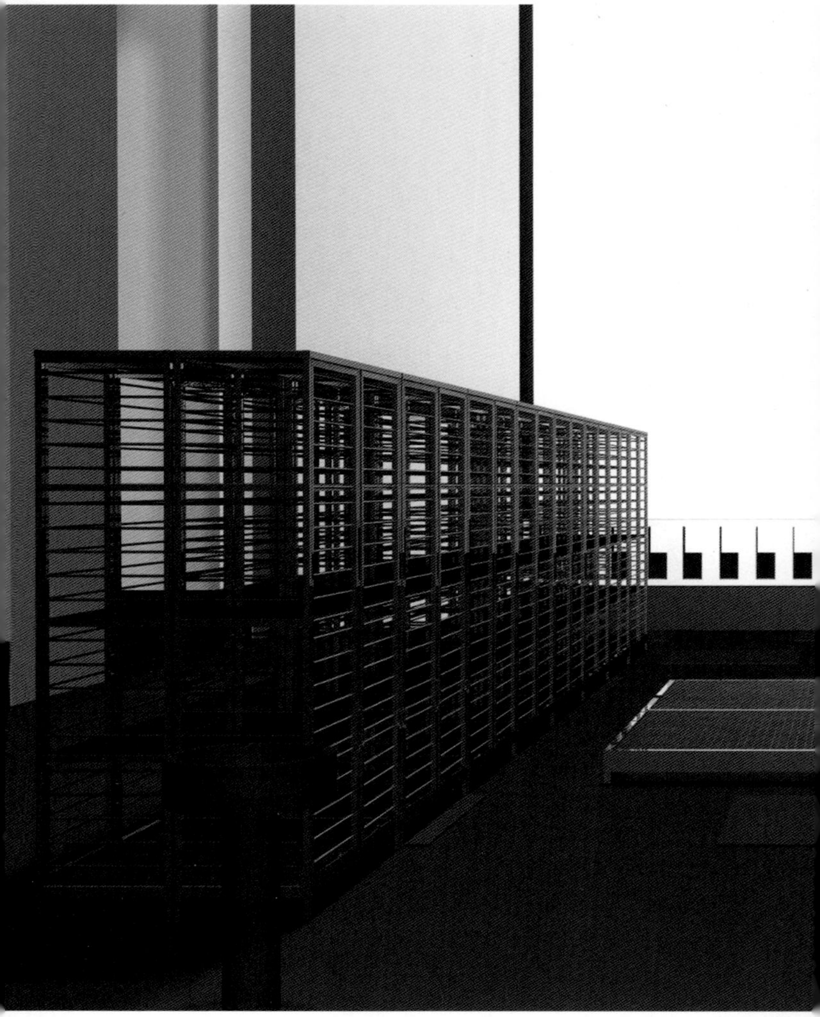

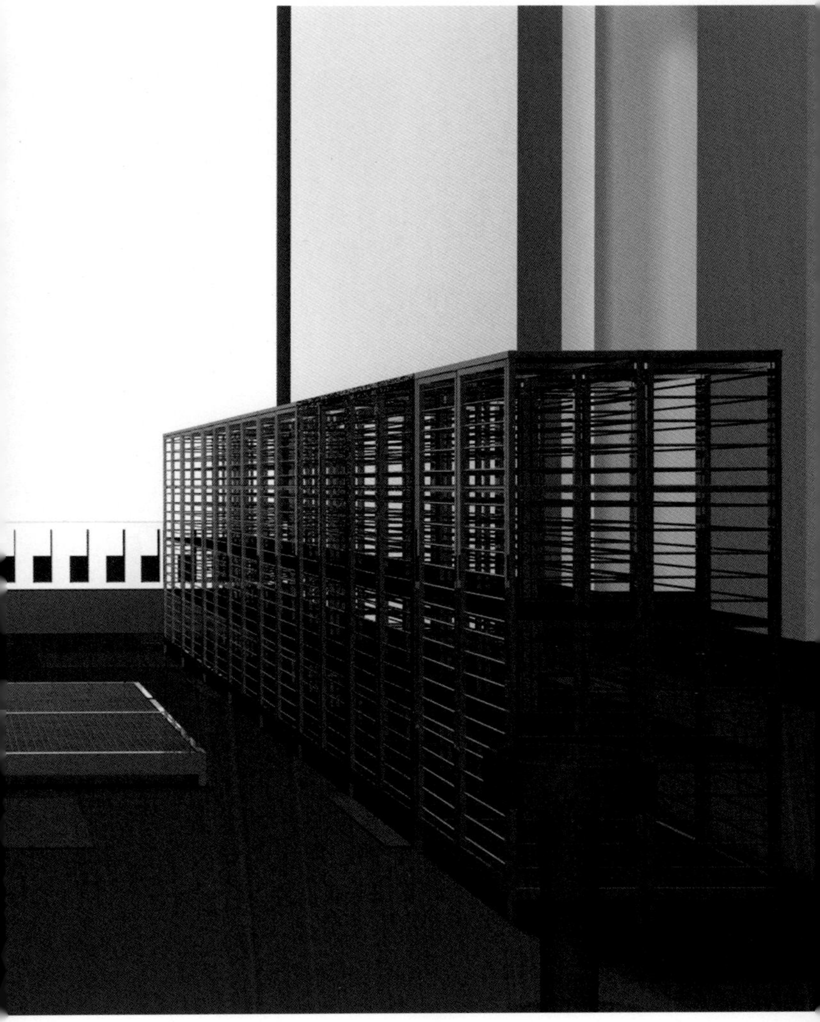

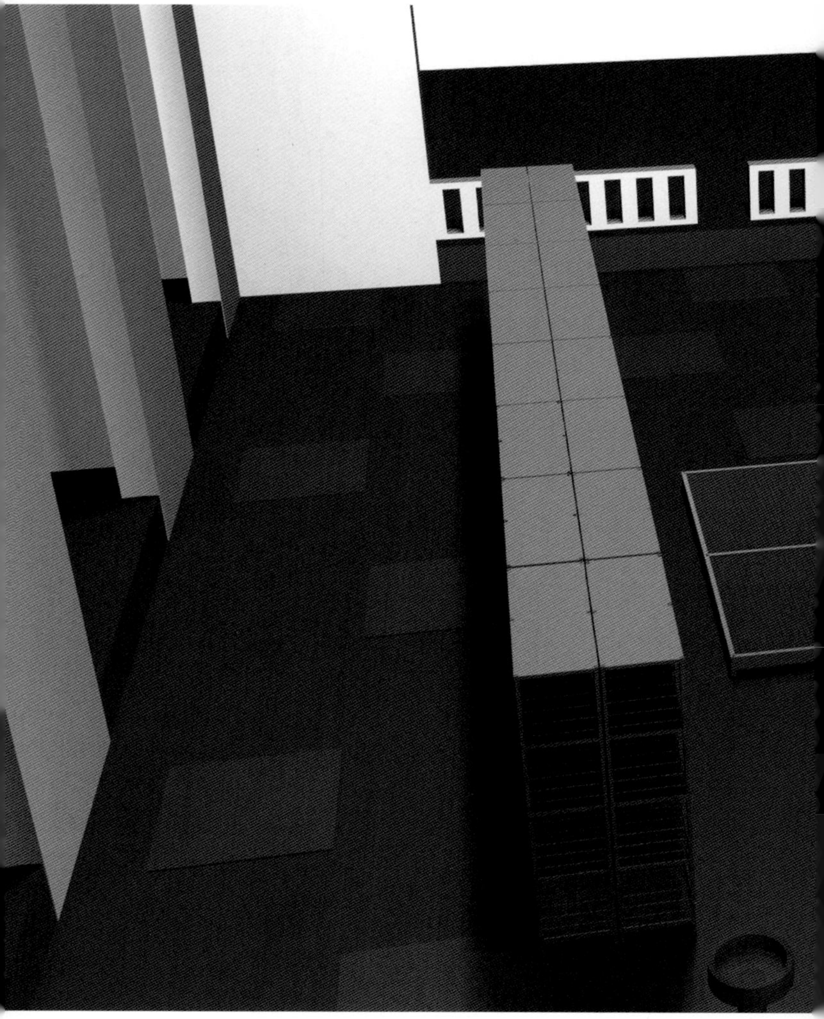

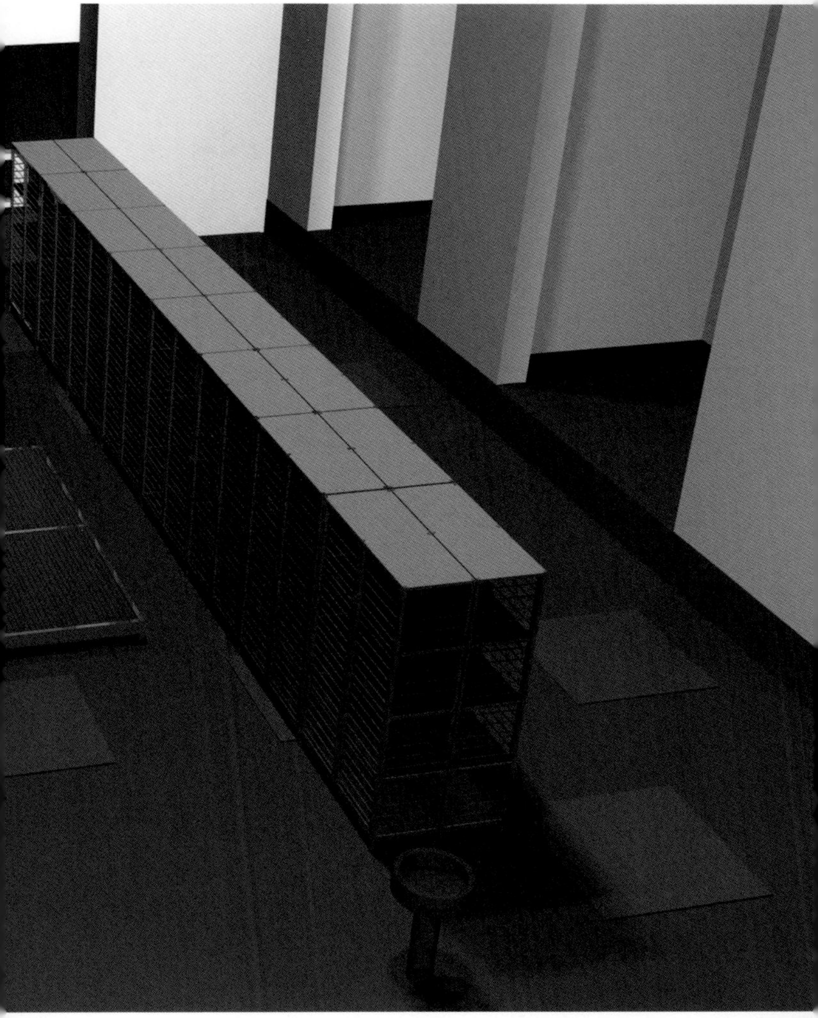

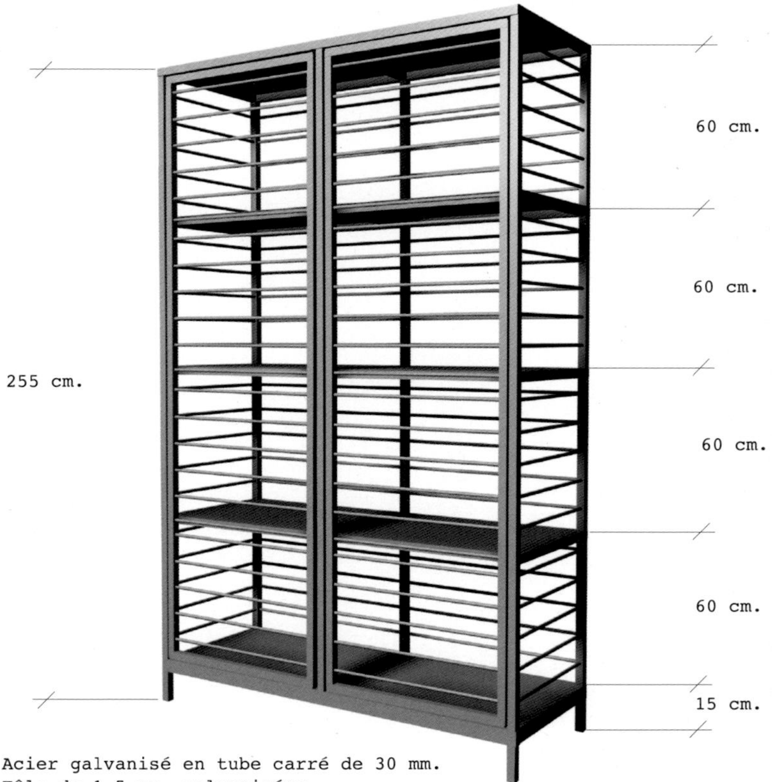

Acier galvanisé en tube carré de 30 mm.
Tôle de 1.5 mm. galvanisées
Avec deux porte sans serrure

Barreau en acier rond 12 mm.

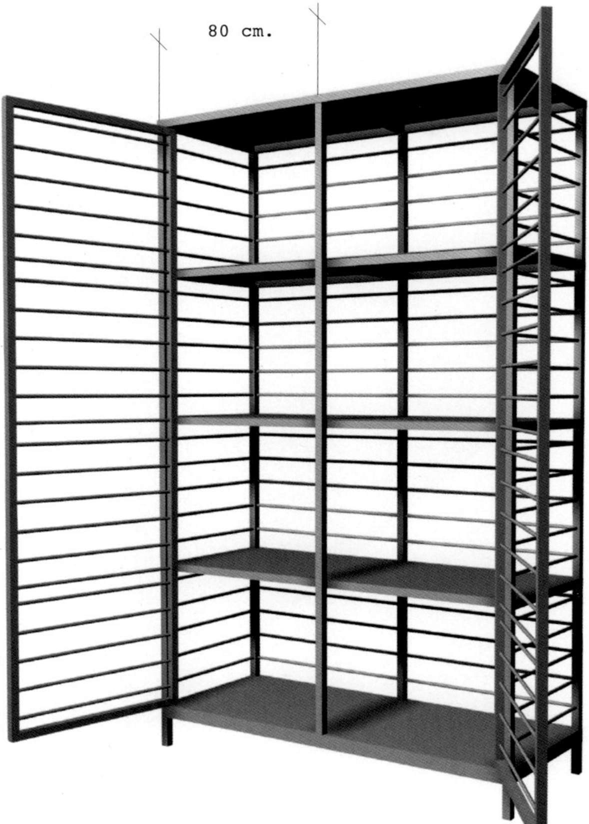
80 cm.

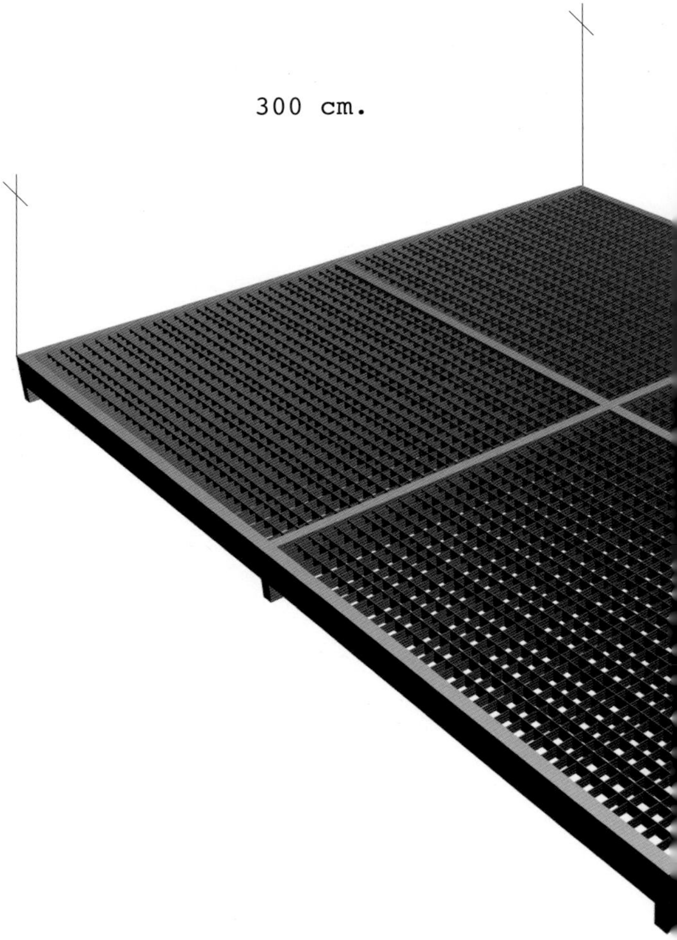
300 cm.

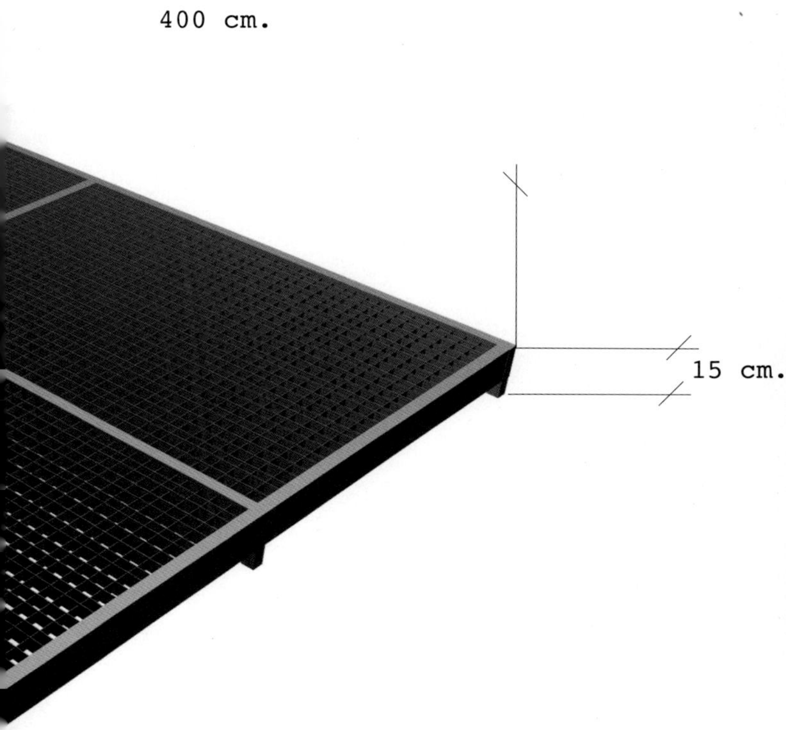
400 cm.
15 cm.

ISBN 978-3-03764-057-9

This book is published by the Swiss Federal Office of Culture on occasion of the Swiss participation at the 53rd Venice Biennale in 2009 (Silvia Bächli in the Swiss Pavilion and Fabrice Gygi in the church of San Stae).
Exhibition: June 6–November 22, 2009

Commissioner: Andreas Münch
Design: Gavillet & Rust, Geneva
Cover: Fabrice Gygi, Igloo
Lithography and Printing: Che Huber, noir sur noir, Geneva
Binding: Buchbinderei Burkhardt, Mönchaltorf

Published by
Swiss Federal Office of Culture, Bern

Schweizerische Eidgenossenschaft
Confédération suisse
Confederazione Svizzera
Confederaziun svizra

Swiss Confederation

Federal Department of Home Affairs FDHA
Federal Office of Culture FOC

with
JRP|Ringier
Letzigraben 134
CH-8047 Zurich
T +41 (0) 43 311 27 50
F +41 (0) 43 311 27 51
www.jrp-ringier.com
info@jrp-ringier.com

JRP|Ringier publications are available internationally at selected bookstores and from the following distribution partners:

Switzerland:
Buch 2000, AVA Verlagsauslieferung AG, Centralweg 16, CH-8910 Affoltern a.A., buch2000@ava.ch, www.ava.ch
Germany and Austria:
Vice Versa Vertrieb, Immanuelkirchstrasse 12, D-10405 Berlin, info@vice-versa-vertrieb.de, www.vice-versa-vertrieb.de
France: Les Presses du réel, 35 rue Colson, F-21000 Dijon, info@lespressesdureel.com, www.lespressesdureel.com
UK and other European countries:
Cornerhouse Publications, 70 Oxford Street, UK-Manchester M1 5NH, publications@cornerhouse.org, www.cornerhouse.org/books
USA, Canada, Asia, and Australia:
D.A.P./Distributed Art Publishers, 155 Sixth Avenue, 2nd Floor, USA-New York, NY 10013, dap@dapinc.com, www.artbook.com

For a list of our partner bookshops or for any general questions, please contact JRP|Ringier directly at info@jrp-ringier.com, or visit our homepage www.jrp-ringier.com for further information about our program.